Zeit für Thailand

Das Land des Lächelns entdecken und genießen

Jochen Müssig · Johann Scheibner

BRUCKMANN

Inhalt

1 Wat Phra Kheo ist Bangkoks wichtigster Tempel. **2** Zu jedem Tempelbesuch gehören Lotuskränze. **3** Luxus auf der Flussbarke »Manohra Song«. **4** Wächterfigur im Königlichen Barken-Museum von Bangkok. **5** Die thailändische Gastfreundschaft ist berühmt.

Das Buch führt durch fünf geografische Regionen, die, auf der Landkarte zusammengesetzt, die Form eines Elefantenkopfes ergeben. Im Norden werden Höhen von 2000 Metern gemessen.
Im Süden liegen Trauminseln mit einigen der besten Strände Asiens. Dazwischen breiten sich der Großraum Bangkok aus, das Herz des Landes, kulturell, politisch, in allen Belangen, sowie die westliche Region mit der berühmten Brücke am Kwai – und der Osten mit der Wiege der Menschheit.
Lassen Sie sich vom alten Siam und dem modernen Thailand gleichermaßen verzaubern – in ruhigen Einstellungen, nicht im Videoclipstil. Nehmen Sie sich »Zeit für Thailand«.

Das Pimalai Resort und Spa am Kantiang Beach auf Ko Lanta ist ideal zum Tagträumen.

Thailands Mythos erkunden

Willkommen im Königreich

Was hat Thailand, das andere Tropendestinationen nicht haben? Schon beim Blick auf die Landkarte besticht den Betrachter thailändisches Glück: Die Konturen Siams sind mit denen eines Elefantenkopfs samt Rüssel fast identisch. Und der mächtige Dickhäuter gilt seit Urzeiten als Glücksbringer im Königreich. Die Orchidee als Nationalblume betört jeden, und die unzähligen Buddha-Statuen überall im Land vermitteln dem Gast sogar in anstrengender Großstadthektik stets eine angenehme Ruhe und Ausgeglichenheit. Neben mythischen Erklärungen gibt es aber auch stichhaltige Argumente. Thailand hat beinahe alles, was sich über Hochglanzprospekte und Reiseveranstalterkataloge gut verkaufen und die Kundenträume wahr werden lässt: von Urwald bewachsene Berglandschaften im Norden, von Palmen gesäumte Traumstrände im Süden, reiche Kulturstätten in der Mitte, dazu freundliche Menschen, eine der besten Küchen der Welt, ein sensationell gutes Preis-Leistungs-Verhältnis und – nicht zu vergessen – einen hohen touristischen Standard. So mancher Deutsche fliegt inzwischen sogar zu einer Operation nach Thailand. In einem Bangkoker Privathospital lässt er sich günstiger behandeln als zu Hause ... Und Thailand ist ein sicheres Reiseland, wie auch Bangkok eine Weltstadt mit der durchschnittlichen Kriminalitätsrate einer Metropole ist. New York, Rio de Janeiro, Neapel oder Berlin sind gewiss heißere Pflaster. Kapitalverbrechen – von denen Thai-Zeitungen in Balkenlettern berichten – geschehen fast ausschließlich unter Thailändern. Ausländer werden in den seltensten Fällen Opfer, und wenn es einmal dazu kommt, dann handelt es sich um Expats, im Land lebende Bürger anderer Nationalitäten, die meistens in obskure thai-interne Machenschaften verwickelt sind.

»Land der Freien« nennen die Thais ihr Reich. Und wenn sie von »Muang Thai« sprechen, dann klingt berechtigter Stolz mit. In ihrer Nationalhymne heißt es unter anderem: »Jeder Zentimeter Thailands gehört den Thais. Das Land hat seine Unabhängigkeit bewahrt, weil die Thais stets vereint waren. Niemandem werden sie erlauben, sie ihrer Unabhängigkeit zu berauben.« Abgesehen von einer sehr kurzen Zeit unter dem Joch der Burmesen, war Thailand auch nie besetzt. Selbst in der Zeit, als ringsherum die europäischen Kolonialmächte ihre Pfründe verteilten, war Thailand eine freie Nation. Vielleicht ist das auch der Grund, warum die Thais allen Fremden unvoreingenommen freundlich, zum Teil sogar herzlich begegnen. *Mai pen arai,* »Das macht doch nichts«, lautet stets die verständnisvolle Antwort, wenn dem Gast ein Lapsus passiert ist. *Mai pen arai* zeigt die große Toleranz und den Gleichmut der Thais. Und dieser Satz sollte auch Schlüsselfunktion für den Farang, den »langnasigen« weißen Fremden, haben, wenn es im Restaurant, im Hotel oder am Ticketschalter nicht so läuft, wie man es gewohnt ist.

Gesellschaftlich gehört das Königreich zu den freiesten Nationen im asiatischen Raum. Strenge Hierarchien gibt es zwar, aber sie sind längst nicht so radikal wie das Kastensystem in Indien oder der bedingungslose Gehorsam in Japan. Die Thais gehen das Leben lässig, spontan, sorglos und mit viel Spaß an. »Sanuk« heißt »Spaß«, und Sanuk bestimmt das Leben. In wohl keiner anderen Sprache existiert für die Begriffe Arbeit und Feiern nur ein Wort. »Ngan« steht für beides ... Alles zu seiner Zeit und an seinem Ort. Dieser Spruch gilt in Thailand nicht. Essen, Schlafen, Arbeiten und Feiern gehen vielfach ineinander über.

Auf 514 000 Quadratkilometern – das entspricht etwa der Größe Frankreichs – leben knapp 60 Millionen Menschen, etwa so viel wie in der früheren Bundesrepublik. Dieses Thailand ist zu einem der beliebtesten Fernreiseziele der Deutschen geworden: Mehr als 500 000 Bundesbürger jährlich verbringen ihren Urlaub zwischen Chiang Mai im Norden und Hat Yai im Süden. Allein ab Deutschland werden wöchentlich knapp 40 Direktverbindungen angeboten. Für die Entfernung von etwa 9000 Kilometern brauchte man früher Wochen, manchmal Monate, aber man hatte die Zeit, sich einzustellen, sich der Region und den Menschen gebietsweise zu nähern. Heute fliegt der Jumbo-Jet knapp elf Stunden.

Baden, Faulenzen, Herumfahren, Sightseeing machen, endlich Tropen, Exotik, endlich Phuket oder Ko Samui, endlich Ayutthaya oder Bangkok ... Egal wie und wo: Der Urlauber wird immer wieder zum Grenzgänger zwischen Tradition und Fortschritt. Der Fremde sieht in ärmlich wirkenden Dörfern einfachste Holzpfahlbauten mit Wellblechdächern, aber er wird auch in der Zehn-Millionen-Metropole Bangkok ähnlich windschiefe Hütten direkt neben hypermodernen Wolkenkratzern oder edlen Geschäften entdecken.

2

3

4

5

Der Reiz des Landes scheint bei der Ankunft in Bangkok buchstäblich in der Luft zu liegen. Der typische Geruch von Kerosin des Flughafens, wohlriechende Räucherstäbchen, Luft verpestende Dreiradtaxis und schwarze Abgaswolken produzierende Uraltbusse sowie duftendes Gedünstetes aus Garküchen, dass einem das Wasser im Mund zusammenläuft, und stinkendes Kanalwasser aus den verbliebenen Klongs, den alten Wasserstraßen der Stadt. Diese Geruchswelten – und unzählige andere – vermischen sich zu einem Cocktail, der schon in den ersten Minuten erahnen lässt, was es alles in Thailand zu erriechen, zu erleben und zu entdecken gibt. Bei Temperaturen, von denen man in kalten europäischen Wintertagen nur träumen kann, die aber, wenn man sie dann haut-

1 Buddha steht überall im Zentrum des Denkens und Handelns, auch in Petchaburi. **2** Mönch auf dem Amulett- und Straßenmarkt neben Wat Mahathat in Bangkok. **3** Kinari – halb Mensch, halb Vogel – in Wat Phra Kheo, Bangkok. **4** Betende im Großstadtgewusel am Erawan-Schrein von Bangkok. **5** Giebeldächer von Wat Benchamabopitr in Bangkok.

nah fühlt, oft ganz schön anstrengend sind. Das Thermometer pegelt sich fast das ganze Jahr über bei knapp 30 Grad Celsius ein. Nur selten und in wenigen Gebieten fällt es deutlich unter die 20-Grad-Marke. Wärme, Sonne und braun werden stehen trotz aller scheinheiliger Aktiv-Wellness-und-Ozonloch-Umfragen immer noch ganz oben auf der Urlauberwunschliste. Wer will, bekommt Entertainment jeglicher Ausrichtung. Wer auf Disco und Drinks verzichtet, landet unwillkürlich im urwüchsigen Thailand. Das liegt irgendwo im fernen Nordosten, im touristisch weitgehend erschlossenen Süden, es kann aber auch in einer *Soi*, einer der Seitengassen, mitten in Bangkok sein, keine zwei Minuten vom Touristentrubel auf der Sukhumvit oder dem geschäftigen Treiben auf der Silom Road entfernt. Selbst im Sündenbabel der Welt, in Pattaya an der Ostküste, ist die traditionelle thailändische Kultur im Alltagsleben nicht ganz verschwunden.

An Zivilisationsgütern sollte man Kulturverlust allerdings nicht dingfest machen. Natürlich gibt es fast überall Internet und Fernsehgeräte, selbst in einer nach stundenlanger Wanderung erreichten Hütte eines Bergstammes im Norden. Und natürlich tragen die Jungen heutzutage lieber Jeans statt Wickeltuch. Aber wenn es um

1 Thais erkunden gerne ihr Land, hier Wat Ratcha Burana in Phitsanulok. **2** Minderheit im Süden: muslimische Mädchen mit Kopftuch. **3** Warten auf den Sonnenuntergang vor Phuket, am Laem Prom Thep, dem Sunsetpoint. **4** Wächter in blütenweißer Uniform vor dem Königspalast von Bangkok. **5** Barmädchen an Phukets offenherzigem Patong-Beach. **6** Erinnerungsfoto im Ang-Thong-Marine-Nationalpark. **7** Ein skeptischer Blick auf den fotografierenden Farang. So werden die Langnasen in Thailand allerorts genannt.

die einfachsten Dinge des thailändischen Alltags geht, unterscheidet die 80-jährige Bäuerin nichts vom 18-jährigen Yuppie aus Bangkok. Beide grüßen mit einem der gesellschaftlichen Stellung entsprechenden *Wai*, die übliche respektvolle Begrüßung, unserem Diener ähnlich. Die alte Frau oder der Yuppie würden sich auch nie so setzen, dass die Füße auf einen anderen – und schon gar nicht in Richtung eines Buddha-Bildnisses weisen würden. Aus dem thailändischen Parlament wurde einmal eine engagierte Frauenrechtlerin aus dem ehrwürdigen Haus verwiesen, weil sie darauf beharrte, mit verschränkten Beinen – und damit Fußsohlen zeigend – zu sitzen! Thailand ist zwar leicht erreichbar, aber eben doch manchmal schwer zu ergründen ...

AIA

Bangkok

Blick über den Chao Phraya auf Bangkoks Geschäftszentrum.

1

2

3

4

Puls, Herz und Seele

Rattanakosin – die Insel im Moloch

Wenn man in Bangkok vom Zentrum spricht, dann ist Rattanakosin Island mit Sanam Luang, Grand Palace und Wat Phra Kheo gemeint. Die Stadtinsel war einst komplett vom Chao Phraya und von Klongs umgeben.

»Bangkok ist die vielleicht preiswerteste Hauptstadt der Welt.« Der das sagt, sollte es wissen: Kurt Wachtveitl, legendärer ehemaliger Direktor des ebenso legendären »The Oriental«. Stünde sein Haus, dem er noch verbunden ist, in London oder Tokio, würde er den dreifachen Zimmerpreis verlangen. Und verlässt der »Oriental«-Gast sein Hotel, um außerhalb Essen zu gehen, wird er sich schwer tun, mehr als zehn Euro auszugeben, selbst wenn der Tisch mit vier oder fünf Gerichten reichlich gedeckt ist. Einen leckeren Khao Phad Gung, gebratenen Reis mit Krabben, gibt es schließlich schon ab 20 Baht, knapp 50 Euro-Cent ...

Bangkok ist aber nicht nur günstig, sondern extrem vielfältig. Wünsch' dir was – Bangkok hat's! In 15 Minuten eine Verabredung am anderen Ende der Stadt erreichen? Skytrain fahren oder, wenn keine Station in der Nähe ist, sich für 40 bis 80 Baht einem der Motorradfahrer in orangenen Westen anvertrauen, die an jeder Ecke auf Kundschaft warten. Lust auf eine Ananas? Es gibt sie überall geschält und mundgerecht geschnitzt in Tütchen als Fast Fruit für zehn Baht. Eine Fuß- oder Kopfmassage für müde Beine? Spätestens in der übernächsten Soi findet man erholsame 15 Minuten Entspannung – oder auch länger. Und ein Platz, wo einem vor lauter Staunen der Mund offen stehen bleibt? Auf zum Großen Palastbezirk mit dem Tempel Phra Kheo ...

Sanam Luang, der Königsplatz, auf dem früher die Einäscherungszeremonien für Könige stattfanden und auf dem heute Drachen steigen oder Amulette gegen böse Geister verkauft werden, der Grand Palace und Wat Phra Kheo bilden das historische, kulturelle und religiöse Zentrum. Es ist Puls, Herz und Seele in einem, und kein Thai versteht, warum ausgerechnet dieses Ensemble kein UNESCO-Weltkulturerbe ist. »Dabei ist es doch viel mehr als das«, sagt Khun Apirak, einer der Führer, die am Palasteingang ihr Wissen anbieten. »In Europa wird von der UNESCO die Gotik von der Gotik von der Gotik ausgewählt. Und bei uns bleibt die Palaststadt

1 Thailands bedeutendster Tempel ist das Zentrum von Rattanakosin. Wat Phra Keo strahlt im Ganzen Erhabenheit aus und **2** zeigt sich auch im Detail einzigartig. **3** Thailands berühmtestestes Hotel gehört ebenfalls zu Rattanakosin: »The Oriental«, hier die Somerset-Suite, hat einen legendären Ruf. **4** Blick von Rattanakosin auf Wat Arun in Thonburi.

1

2

3

mit 200 000 Quadratmetern, hundert Gebäuden und zwei Kilometern Ummauerung, zwei Jahrhunderten thailändischer Geschichte und 400 Jahren Sakralhistorie außen vor ...« Der Guide schüttelt verständnislos den Kopf und der Tourist schließt sich solidarisch an. Als ob es nicht eine UNESCO-Rubrik gäbe, die den Großen Palast, mit dem 1782 Bangkok gegründet wurde, und den Tempel des Smaragd-Buddha als weltweit einzigartig ausweisen könnte.
Auf der Rattanakosin-Insel, umflossen vom Chao Phraya und den Klongs Banglampu sowie Ong Ang, war es Rama I., der erste König der bis heute herrschenden Chakri-Dynastie, der den Grundstein für die heutige Zehn-Millionen-Metropole Krung Thep legte. Der frühere Name für Bangkok erzählt übersetzt eine ganze Geschichte: „Stadt der Engel, größte aller Stätten unsterblicher, göttlicher Juwelen, mächtiger, unbezwingbarer Platz, königliche Hauptstadt, göttliche Unterkunft des wiedergeborenen Vishnu".
Der kleine, aber hochverehrte Smaragd-Buddha verdankt seine überirdische Stellung dagegen einem Zufall. Ein Blitz spaltete der Überlieferung nach 1434 einen Chedi in Chiang Rai. Der Tempelturm verbarg eine unscheinbare Buddha-Statue aus grüner Jade, die später nach Laos verschleppt wurde, wo sie 226 Jahre blieb, ehe sie der spätere König Rama I. 1778 mit Waffengewalt zurück nach Thailand brachte. Heute verknüpfen die Thais das Schicksal ihres Landes mit dem Jade-Buddha, dem göttliche Macht zugesprochen wird. Kein Thailänder würde beim Namen dieses Buddhas schwören und dabei nicht die Wahrheit sagen. Kein Wunder, dass Apirak diesen Platz mit diesem Buddha weit über profane Weltkulturerbestätten stellt.
Mächtige Dschaks ziehen als Tempelwächter bedrohliche Fratzen, um böse Geister fern zu halten. Kinaris, Mischwesen, halb Mensch, halb Vogel, strahlen golden im Sonnenlicht. Spitz zulaufende Chedis streben gen Himmel. Filigrane Wandmalereien, steinerne Elefanten, dämonische Wesen, eine Replik von Angkor Wat aus der Zeit, als Kambodscha Siam angeschlossen war, und unzählige Glöckchen, die leise im Wind klingeln: Wer zum ersten Mal in die Grand-Palace-Welt voller Anmut und Glauben eintaucht, die einher geht mit Größe und Macht, traut seinen Augen nicht. Aber selbst beim dritten Besuch ist die Palastanlage noch überwältigend.
Nur ein paar Schritte in südlicher Richtung sorgt eine weitere Tempelanlage für Aufsehen: Wat Pho, acht Hektar groß, 91 Tempeltürme, komplett ummauert, von 16 Toren unterbrochen. In Bangkoks größtem Tempel ruhen zahllose Buddha-Statuen hinter Glas in Kreuzgängen. Ein zwölf Meter hoher stehender Buddha schaut

4

5

gütig herab. Vollkommene Anmut und Schönheit manifestiert sich jedoch in dem monumentalen, 46 Meter langen und fünf Meter hohen, liegenden Buddha im großen Viharn, dem Heiligtum des Tempels. Die Ruhelage symbolisiert den Moment, in dem Buddha ins Nirwana übergeht. Wer das Gesicht genau betrachtet, erkennt ein absolutes In-Sich-Ruhen ebenso wie Güte und Erhabenheit. Durch die Enge des Außenbaus kommt die Perfektion dieser Buddha-Darstellung aus Ziegeln mit einer Gips- und Blattgoldschicht leider nicht zum Ausdruck. Dennoch gehört der Buddha von Wat Pho zu den beeindruckendsten Bildnissen des Landes. Zudem können auf 1360 Mormorplatten alle Yoga-Positionen studiert werden, und in der berühmten, 1955 gegründeten Thai Traditional Medical And Massage School, darf man sich auf dem Tempelgelände bei einer Massage entspannen. Wer länger in Bangkok weilt, kann sogar einen der mehrtätigen Kurse buchen und sich in die Geheimnisse der traditionellen Thai-Massage einweihen lassen. Last but not least: Für Kinder ist der Phallus der richtige Platz.
Ein Besuch im Nationalmuseum und in der Nationalgalerie am nördlichen Ende des Sanam Luang rundet Rattanakosin, die Insel im Moloch, ab. Das Nationalmuseum ist das bedeutendste und umfangreichste Museum in Thailand, das über die Geschichte von Rattanakosin wie über die Epochen Ayutthaya, Lanna und Sukhothai informiert. Auch Buddha-Bildnisse und Bestattungswagen, königliche Insignien und historische Waffen gehören zu den Exponaten. In der Nationalgalerie wird Thai-Kunst ausgestellt. Gleich dahinter befindet sich auch das Nationaltheater.
Der einstigen Insel Rattanakosin nähert man sich am besten per Expressboot, welches das historische Stadtzentrum in zehn Minuten mit dem Hotel »Oriental« verbindet. Die Sous-Chefs Somchai Chanharong sowie Paderm Hemyakorn sind seit 44 Jahren mit dem Hotel verbunden und die Grande Dame des Hauses, Ankana Kalantananda, 90 Jahre alt, ist seit 64 Jahren dort beschäftigt. Noch heute fährt die Guest Relations Consultant jeden Tag mit dem Auto ins Hotel: »So lange ich weiß, wo es steht, fahre ich auch«, sagt Khun Ankana. Der Service von mehr als tausend Angestellten ist das Erfolgsrezept des Hotels, das nach Yes-No-

1 Kein Bangkok-Besucher lässt sich Wat Phra Keo entgehen. Bei großer Hitze schützt auch mal ein Regenschirm vor der Sonne. **2** Fabelwesen tragen auf dem großen Tempelareal eine goldene Stupa. **3** In Wat Pho darf über die längste liegende Buddha-Darstellung der Stadt gestaunt werden. Sie ist 46 Meter lang. **4** Das Nationalmuseum ist eine Schatzkammer mit Exponaten aller Art und **5** wunderschönen Fresken.

1

2

Prinzip ohne große Abstimmungen geführt wird. Ein erfahrener Oberkellner verdient im »Oriental« mehr als er als Professor an der Thammasat-Universität zu Bangkok beziehen würde.
»The Oriental« war stets die Nummer Eins am Platz, auch als es noch eine Seemannsherberge war. 1876 als erstes Hotel in Thailand gegründet, verkehrten schon neun Jahre später gekrönte Häupter. 1891 bekam es als eines der ersten Gebäude Thailands Strom. Carl Fabergé stellte seine Kreationen aus und die Namensgeber der heutigen Suiten logierten im Hotel: Joseph Conrad wohnte 1888 in Zimmer 1, Somerset Maugham kam, Graham Greene, James Michener erst spät, 1981, in dem Jahr als das »Oriental« zum ersten Mal zum besten Hotel der Welt gewählt wurde – vom US-amerikanischen Wirtschaftsmagazin »Institutional Investor«, das erst 1990 die Nummer-Eins-Position änderte. Von Queen Elisabeth bis Bill Clinton, von George Harrison bis Elton John, von Alfred Hitchcock bis Franz Beckenbauer: (Fast) alle waren da und brachten Bangkok in die Must-Go-Listen. Bis heute wird »The Oriental« ehrfürchtig von der Konkurrenz als der unangefochtene Platzhirsch geführt. Selbst die Verantwortlichen im »Peninsula« sehen sich als Nummer Zwei, obgleich der Hotelriese die deutlich kleinere Hotellegende nicht nur am Nachmittag wortwörtlich in den Schatten stellt. Kurt Wachtveitl »was not amused«, als »Peninsula« 1998 genau vis-à-vis einen Hochhauskomplex hinstellte und seitdem sein Hotel überragt.
An der Vorfahrt steht ein Teil der 30 schwarzen 7-er BMW-umfassenden Hotelflotte, die Lobby im River Wing gibt sich mit Teakholzglocken und Blumengestecken eigenwillig schön und die Restaurantauswahl bietet jedem Gusto etwas. Trotz allem nostalgischen Flair sind Zimmer und Suiten mit modernster Einrichtung versehen. Und nicht nur das Bose-Soundsystem ist ein Genuss. Der Old Wing ist vom Fluss aus kaum zu sehen und liegt verborgen hinter Fächerpalmen. Die Author's Lounge ist ganz in Weiß und in kolonialem Stil gehalten: mit weißen Korbstühlen, weißen Lamellenfenstern. Der Zugang zu den vier Suiten ist nur den Mietern erlaubt.
»Kuwot« sagt seine thailändische Frau Sukkuma, die er Penny nennt und in der Schweiz kennen gelernt hat, neckisch zu Kurt Wachtveitl. Wörtlich übersetzt: »Flasche«. Und das, obwohl er trotz seiner 76 Jahre noch mehr wie rüstig ist, was wohl am geliebten Tennisspiel liegt. Fotos mit Björn Borg (früher) und Roger Federer (kürzlich) belegen, dass Wachtveitl nicht nur im Anzug eine gute Figur macht. Im Penthouse neben dem Court wohnte der gebürtige Allgäuer lange, ehe dort Khun Prasanna aus dem indischen Kerala mit seiner Abteilung einzog: Er leitet seit 2007 die Ayurveda-Abteilung des »Oriental«-Spa. Sie ist die erste ihrer Art in Thailands Hauptstadt und verfügt über eine besondere Sauna: Ein Holzschwitzkasten, aus dem der Kopf herausschaut. Nach ayurvedischer Lehre soll der Kopf nicht erhitzt und damit geschwächt werden.
Enttäuschend im »Oriental« sind nur die Flure, an denen man sieht, dass die letzte große Renovierung, 30 Millionen Euro teuer, schon zehn Jahre zurück liegt. Bei Vollbelegung bieten die beiden Poolanlagen wenig Fläche und es geht zu wie in einem Mittelklassehotel auf Mallorca. Auch von außen sehen River und Garden Wing eher nach Zweckbauten denn nach bestem Hotel aus. Und von Thailändern hört man ab und an, sie fühlten sich eher zweitklassig behandelt. Da hätte Khun Kurt ebenfalls »not amused« sein müssen ... Aber er sagte: »Ich weiß, was für den jeweiligen Gast notwendig ist, was er bekommen will, damit er happy ist, wenn er wegfährt. Schließlich fügt er hinzu: »Ich war immer der Sklave meiner Gäste«. Man darf gespannt sein, wie es sein Nachfolger handhabt.

3

1 Swimming-Pool mit Ruhepagoden des »Peninsula« im Abendlicht und mit Blick auf Rattanakosin. **2** Die eigenwillige, lichtdurchflutete Lobby des »Orientals«. **3** Der einfache Charme eines Mittelklasse-hotels: die »Arun Residence«.

Zeit für Bangkoks Zentrum

Anreise/Lage

Rattanakosin Island liegt 60 Taximinuten westlich vom internationalen Flughafen Suvarnabhumi. Die besten Verbindungen von Deutschland bieten Air Berlin ab Düsseldorf und München sowie Lufthansa ab Frankfurt. Die Flugzeit beträgt rund elf Stunden. Zur Einreise genügt der gültige EU-Reisepass. Bei der Einreise gibt es ein Visum für 30 Tage. Rattanakosin ist innerstädtisch sehr gut über den Chao Phraya per Expressboot, erkennbar an einer gelben, orangenen oder blauen Flagge, erreichbar. Sie verkehren tagsüber regelmäßig und halten an den Piers Nr. 8, Tha Tien (für Wat Pho), und Nr. 9, Tha Chang (für Wat Phra Kheo). Pier Nr. 1, Tha 1 Oriental, ist zehn Minuten entfernt. Eine Fahrt kostet keine 50 €-Cent. Als Währung dient der thailändische Baht, 1 € = knapp 40 Baht.

Info/Auskunft

Tourism Authority of Thailand, 17/1 Phra Arthit Road, Tel. 02-16 72, www.tat.or.th. Flughafen, Tel. 02-132 18 88, www.airportsuvarnabhumi.com. Hilfe: Tourist Police, Tel. 02-11 55, Deutsche Botschaft, Tel. 02-287 90 00.

Sehenswürdigkeiten

Grand Palace,Wat Phra Kheo sowie der 45-Meter-Buddha von Wat Pho sind Highlights.

Übernachten

The Oriental***, 48 Oriental Avenue, Tel. 02-26 59 90 00, Fax 02-26 59 00 00, www.mandarinoriental.com, E-Mail: orbkk-reservations@mohg.com.
Legendäres Haus, direkt am Fluss, mehrfach zum besten Stadthotel der Welt gekürt. Bei Vollbelegung bleibt das Hotel hinter den Erwartungen zurück. Zwei Pools, Tennis- und Squashplatz, Top-Spa, Kochschule.
Arun Residence**, Boutiquehotel, Soi Pratu Nokyung/Maharat Road, Tel. 02-221 91 58, Fax 02-221 91 59, www.arunresidence.com, E-Mail: service@arunresidence.com.
Charmantes kleines Hotel direkt am Chao Phraya. Nahe an Wat Pho. Unbedingt ein Zimmer zum Fluss reservieren.

Restaurants

Le Normandie, exklusiv, 48 Oriental Avenue, Tel. 02-26 59 90 00. Elegante französische Küche, in der häufig3-Sterne-Gastköche am Herd stehen. Einziges Restaurant in Thailand mit Dresscode, Jackett und Krawatte zum Dinner.
Tha Tien Pier, günstig, 240/1 Tha Tien Pier, kein Tel. Garküche mit kleinen Tischen am Chao Phraya. Kein Gericht kostet mehr als 4 €, alles ist lecker.

Tipp

Ganzjährig liegen die Temperaturen bei 30 Grad. Die beste Reisezeit ist von März bis Mai (fast wolken- und regenfrei). Die Regenzeit liegt zwischen Juni und Oktober.

1

2

3

4

Di Caprio und die Folgen

Banglampu: 300 Meter Bangkok

Seit sich von der Traveller-Straße Khao San Leonardo di Caprio auf die Suche nach »The Beach« machte, brechen im Viertel Banglampu alle Dämme. Weit ruhiger geht's am Golden Mount und am Platz der Großen Schaukel zu.

In den frühen 80er Jahren war die Khao San Road noch ein Tipp. Kaum ein Taxifahrer wusste, wo sie liegt. Aber immer mehr Rucksackreisende kamen, machten das unscheinbare Sträßchen bekannt und brachten schließlich die Filmmotiv-Scouts auf den Plan. Für den 2000 in die Kinos gekommenen Neo-Hippie- und Aussteigerstreifen »The Beach« wurde auch im Viertel Banglampu gedreht – mit Leonardo di Caprio als Star. Auf genau diesen 300 Metern Bangkok, die von jungen Reisenden aus aller Welt verändert wurden wie kein anderer Platz in der thailändischen Hauptstadt.
Erst zogen aus der Khao San Road viele ältere Ladenbesitzer aus. Thai-Kunden kamen nicht mehr, denn die neue Kundschaft schreckte ab. Viele Traveller wirkten wie Darsteller aus einem billigen »Hair«-Remake mit schlabbrigen Klamotten und zotteligen Haaren. Sie rauchten Haschisch, soffen Bier oder Mekong, den heimischen Billigfusel, hingen rum oder glotzten Tag und Nacht Videos. Mit dicken Edding-Stiften wurde – und wird bis heute – die Programmfolge der Videostreifen auf abwaschbaren Tafeln annonciert. An den Schwarzen Brettern der billigen Gästehäuser hingen Tipps, Telefonnummern und Nachrichten: »Hey Su, bin ein paar Tage auf Ko Samet. Abhängen. Kommst Du? Leave message at ›Paradise Bungalows‹, Phone ...« So mancher spielte mit seinen paar Dollar den großen Max. An anderen Ständen konnten die »Abgerissenen« aber auch ihre Habseligkeiten gegen bare Baht eintauschen, um die nächsten Tage nicht auf die nötige Batterie Singha-Bier verzichten zu müssen. Und geklaut wurde auch. Das machten die Farangs allerdings unter sich aus ...
Dann verließen sogar die Studenten der nahen Thammasat-Universität ihre bis dahin noch günstigen Unterkünfte in der Khao San Road. Das Geschäft begann zu laufen, für Thai-Verhältnisse explodierten die Preise. Protestiert hat keiner der Studenten, nur gemurrt wurde ein bisschen. Obgleich in der zehnspurigen Parallelstraße, am Rajadamnoen Klang, das abstrakte Demokratie-

1 Süße Zöpfchen für junge Blondchen in der Traveller-Straße Khaosan Road. **2** Der Tempel auf dem Golden Mount ist das schönste Monument in Banglampu. **3** Glocken, die Glück versprechen, am Golden Mount. **4** Alltägliches ist in Banglampu selten geworden. Nur noch an den letzten verbliebenen Klongs wohnen Einheimische.

Denkmal, das an die Ausrufung der konstitutionellen Monarchie erinnert, symbolisch gen Himmel ragt, und das bei allen Studentendemonstrationen und -unruhen immer im Mittelpunkt stand. Die meisten Khao-San-Besucher lassen es bis heute schlicht und schnöde links liegen.

Zu dieser Zeit war der Golden Mount die höchste Erhebung der flachen Stadt. Hochhäuser gab es noch nicht. Die spitzen Chedis von Wat Phra Kheo waren weithin sichtbar, wie auch das auf der Anhöhe thronende, gold-glänzende Wat Sakhet. Die Nähe zur Thammasat-Universität brachte es mit sich, dass dort täglich ab Mittag Novizen anzutreffen waren und sind. Mit Bleistift oder Kugelschreiber notieren sie bis heute eifrig jede neue englische Vokabel in ihr persönliches Wörterbuch. So verbessern sie ihr Englisch, fragen die Studenten oder Touristen häufig auch selbst nach neuen Wörtern und Fremde mit neugierigen Augen auch nach dem Namen, Herkunftsland, wie einem Bangkok und Thailand gefalle sowie vorsichtig, welcher Religion man nahe stehe. Andererseits erklären sie ernst, dass Buddha kein Gott sei und der Buddhismus keine Religion. Die grell-orange gewandeten Novizen sprechen dabei von sich aus stets nur Männer an. Kommt ein Gespräch jedoch in Gang und meldet sich die Freundin des Angesprochenen auch zu Wort, haben die jungen Klosterbrüder meist nichts dagegen: »Can speak, cannot touch!«, sagt einer, reden erlaubt, berühren verboten!

318 Stufen tiefer und keine zwei Kilometer westlich besteht die Roh-Reis-Straße, so die Übersetzung, heutzutage zwar weiterhin aus Gästehäusern – wobei die Billigstbretterverschläge weitgehend verschwunden sind – aus Kneipen mit inzwischen größer gewordenen Video-Bildschirmen, Klamotten- und Schmuckläden, Waschsalons, Reisebüros und Ständen, an denen man Visitenkarten ebenso in Auftrag geben kann wie gefälschte Führerscheine oder Presseausweise. Mittlerweile haben die ersten Buden für Kebab, Gyros und »Mc Donald's« ihren Platz gefunden und selbst einige Inder sind eingezogen: Ihre Maßschneidereien sind ein deutliches Indiz, dass auch eine betuchtere Klientel in der Straße zu finden ist – wenn auch nur besuchsweise. Die Khao San Road ist zu einer Touristenattraktion geworden, bei der die einen, gesetzteren Urlauber die anderen, flippigeren Traveller anschauen gehen: gepiercte, tätowierte, besoffene, hübsche, hässliche, Leute, die einfach nur auf ihr Visum nach Kambodscha oder Myanmar warten, und andere, die diese Straße zwei, drei Wochen lang nicht verlassen, weil sie dort ihre eigene, abgeschlossene

4

1 Es ist schon tagsüber laut in der Khaosan Road. Aber mit der Dämmerung wird die Dauerstraßenparty noch lauter. **2** In der nur 300 Meter langen Straße und ihren Satellitengassen gibt es nichts, was es nicht gibt. Vom Sightseeing-Angebot über **3** Telefon- und Internetcafés bis zu Klamotten, gefälschten Ausweisen und gebratenen Heuschrecken. **4** Das Demokratie-Denkmal ums Eck wirkt wie ein Fels in der Brandung.

24-Stunden-rund-um-die-Uhr-Welt haben, die aber dennoch durch Internet und Video-Telekommunikation so globalisiert ist wie kaum anderswo. Die Community hat inzwischen sogar eine eigene Website eingerichtet. Die Schwarzen Bretter in den Gästehäusern sind überflüssig geworden. Die Su von 1980 würde im 21. Jahrhundert mit einer E-Mail antworten: »Ok. Komme nach Ko Samet. Su ☺«.
Es wäre zumindest nicht verwunderlich, wenn Su, jetzt um die 50 Jahre alt und mit grauen Haaren, die am Ansatz sichtbar sind, auch beim achten Bangkok-Besuch nicht im Park am nahen Chao Phraya beim schneeweißen Prasumen Fort, eine der beiden letzten erhaltenen Wehranlagen aus der Gründerzeit der Stadt, ein paar Minuten meditieren oder zumindest einmal in der Khao San Road vorbeischauen und die Straße von heute mit der guten alten Haschisch-Zeit vergleichen würde. Als Erstes fällt auf: Der im sowieso schon lauten Bangkok infernalische Lärmpegel in dieser Straße, der aus Hunderten von Boxen wummert, quält zuweilen das Ohr. Die einstige Traveller-Romantik ist passé. Aber dennoch sind sie alle da, auch rund 30 Jahre später: die Traveller, die Alternativen oder diejenigen, die sich zumindest dazu zählen, die Alt- und Neu-Hippies, die 20-Baht-Billiger-Sucher, die Szenigen, die Ohrringträger, die Dosenrandabwischer, die Runtergekommenen. Amerikaner treffen Israelis, Australier Deutsche, Italiener Südafrikaner und – Thailand trifft die Welt. Neu sind nur die Mittelklassehotel-Touristen, die nebenbei an den zahllosen Ständen das eine oder andere Stück erstehen.
Am Kopfende der Khao San Road liegt Wat Chanasongkhram, ein Hort der Zuflucht, falls die Traveller-Meile zu viel Hirnsausen verursacht. Der von Mon-Mönchen gegründete Tempel beruhigt mit knapp hundert Buddha-Statuen und Geschichtsunterricht: Die Wandmalereien erzählen unter anderem vom Sieg der Thailänder über die Burmesen. Ganz friedlich kann man sich von einem der Mönche auch als Farang ein Sai Sing, ein Freundschaftsband, ums Handgelenk binden lassen, das man übrigens mindestens drei Tage lang tragen sollte, wenn es Glück bringen soll.
Ebenfalls in unmittelbarer Nähe der Khao-San-Welt findet man Wat Bovornives, den Sitz des Sangha Raja, dem Oberhaupt der

thailändischen Mönchsgemeinschaft. Vom Massentourismus unbeachtet, beherbergte dieser Tempel die meisten thailändischen Könige während ihrer Novizenzeit. Auch der amtierende Regent Bhumipol Adulyadej war in Wat Bovornives, um im Alter von 21 Jahren für 15 Tage sein Mönchsversprechen einzulösen, wie es in der Regel jeder junge thailändische Mann tut. Die Statuen der Tempelwächter, bärtige Dämonen auf Krokodilen stehend, und die Torvergoldung wurden übrigens von Opiumhändlern gestiftet, mit dem unverhohlenen Wunsch nach weiterhin guten Geschäften. Ein Beispiel dafür, wie die viel zitierte thailändische Toleranz auch aussehen kann.

Neben der überlauten Krachmusik und tagtäglichen kleinen Deals ist längst auch das große Geschäft in der Khao San Road zu Hause. Die Herstellungs- und Textilindustrie Thailands erwirtschaftet schließlich inzwischen fast doppelt so viele Devisen wie der Export von Reis und steht hinter dem Tourismus an zweiter Stelle, was auch der Herstellung der verschiedensten Kopien zu verdanken ist. Ein Blick auf die Straßenmärkte von Bangkok – sei es auf der Patpong, in der Sukhumvit oder Khao San Road – zeigt, was in Thailand alles gefertigt und gefälscht wird: Calvin-Klein-Jeans, Lacoste-Polos, Ralph-Lauren-Hemden, Armani-Slips, Nike-Shorts und Boss-Anzüge. Eine große Anzahl international renommierter Marken und Modeschöpfer lässt in Thailand fertigen, weil gute Qualität bei niedrigen Arbeitslöhnen angeboten wird. Nicht selten entstehen aber neben den Dependancen der Markenfirmen, in denen die Originale hergestellt werden, in unmittelbarer Umgebung Zweitwerke, wo man die entsprechenden Kopien produziert. Außerdem fällt bei den Lieferungen der Originale auch immer wieder das eine oder andere Stück vom Laster, sodass man auf der Khao San Road letztlich alles bekommt: so manches Original und massenhaft Plagiate, jeweils zum gleichen Spottpreis.

Elektronikerzeugnisse vom Fernsehgerät und PC über Computer-Programme, Mikrochips, Musik-CDs, Film-DVDs vom jüngsten Blockbuster bis zum armseligen Porno belegen innerhalb des Herstellungssektors den zweiten Platz und gesellen sich an den Straßenständen, oftmals mehr schlecht als recht kopiert, zu Plagiaten wie Ledertäschchen à la Louis Vuitton, Koffer à la Samsonite und Uhren à la Rolex oder Omega. Sogar die ganz teuren Chronometer gibt's kopiert. Plagiate nach dem Muster von Manufakturen wie Jaeger-Le Coultre oder Patek Philippe kursieren aber unterhalb des Ladentisches und erzielen im Vergleich zur Batterieware sogar kleine Liebhaberpreise.

Gute Geschäfte möchte jeder machen. Und jeder Thailänder hat seinen ganz persönlichen Tempel, um für die Segnungen des Handels zu bitten. Wat Suthat am Platz der Großen Schaukel, etwa einen Kilometer südlich vom Democracy Monument, ist jedoch ein besonders häufig aufgesuchter Wat, um für gute Geschäfte und Erlöse zu bitten. Es ist der einzige Tempel Bangkoks ohne Chedi. Dafür erhebt sich mächtig die Große Schaukel vor den Toren der Anlage. Bis in die 1930er Jahre wurden dort einmal jährlich spektakulär die Hindu-Götter Shiva und Vishnu gefeiert. Auch zu gewinnen gab's dabei etwas: Derjenige, dem es gelang, seine Schaukel bis in 25 Meter Höhe zu treiben und mit den Zähnen einen in dieser luftigen Höhe befestigten Beutel zu schnappen, durfte ihn – prall gefüllt mit Geld – behalten ... Vielleicht rührt daher die Beliebtheit von Wat Suthat als Platz, um monetäre Bitten an die Götter zu richten? Und wahrscheinlich ist es deshalb auch kein Wunder, dass in den Straßen der Umgebung, besonders in der Bamrungmuang Road, auch Buddhas von zwei Zentimetern Größe bis zu vier, fünf Metern Höhe verkauft werden: als kleiner Talisman oder Glücksbringer für die Eingangshalle der neu gegründeten Firma.

Zeit für Banglampu

Anreise/Lage

Das Viertel Banglampu liegt nördlich vom Sanam Luang und Rattanakosin Island. Wichtigste Straße ist der zehnspurige Rajadamnoen Klang; für die jungen Reisenden aus aller Welt ist es eine kleine Parallelstraße dazu: die Khao San Road. Sie ist innerstädtisch sehr gut über den Chao Phraya per Expressboot erreichbar. Der entsprechende Pier ist die Nr. 13, Tha Phra Arthit.

Sehenswürdigkeiten

Auf der nur 300 Meter langen Khao San Road bekommt man wirklich alles. Diese Straße gehört in ihrer bizarren Gesamtheit inzwischen zu den Sightseeing-Spots der Thais selbst, ist aber auch für westliche Besucher ein Erlebnis. Und die Geschäfte für den Farang-Gusto sowie der lokale Banglampu-Markt lassen keine Einkaufswünsche offen.

Übernachten

Viengtai Hotel***, 42 Rambuttri Road, Tel. 02-281 81 53, Fax 02-28 05 39 29, www.viengtai.co.th, E-Mail: info@viengtai.co.th. Unscheinbarer Zweckbau mit 200 Zimmern, aber sehr gutem Preis-Leistungs-Angebot. Liegt in einer etwas ruhigeren Parallelstraße zur Khao San Road, mit Außenpool.

Buddy Boutique Hotel**, 265 Khao San Road, Tel. 02-629 44 77, Fax 02-629 47 44, www.buddylodge.com, E-Mail: booking@buddylodge.com. Kleines Hotel, hinter dessen fader Außenfassade sich eine ganz nette Oase mit Fitnesscenter, Sauna und Dachpool verbirgt.

Restaurants

Mayom Puri Siam, mittlere Preisklasse, 22 Chakrapong Road, Tel. 02-629 38 83. Den kurzen Weg ums Eck und weg von der Khao San Road sollte man sich schon gönnen, denn alle Restaurants auf der Traveller-Meile kredenzen nicht nur fast dasselbe, sondern auch mehr schlecht als recht. Zu empfehlen: der scharfe Papaya-Salat, der mit viel Chili aus unreifen Früchten gehobelt wird. Hier sitzt man in einem ruhigen Garten.

The Old Phra Arthit Pier, günstig, 23 Phra Arthit Road, Tel. 02-282 92 02. Kleines ruhiges Thai-Lokal mit Bambusinterieur direkt am Fluss. Das Pad Thai Gung (Thai-Nudeln mit Erdnüssen, Tofu und Krabben) ist herrlich.

Tipp

Die Khao San Road beherbergt nicht nur die Reisebüros mit den günstigsten Preisen, sondern auch mit den versiertesten Mitarbeitern. Von dort bekommt man am schnellsten die Visa zu weiteren Reisen.

1 In schöner Lage am Fluss liegt das Prasumen Fort, eine der beiden letzten erhaltenen Wehranlagen aus der Gründerzeit der Stadt. **2** Wat Suthat ist ein Ruhepol in Banglampu und der einzige Tempel in Bangkok ohne Chedi. Er wird aufgesucht, um für gute Geschäfte zu bitten. **3** Dachpool und **4** angenehme Atmosphäre im »Buddy Boutique Hotel«.

1

2

3

和成興大金行
聯成興大金行
聯成興大金行
興大金行
ห้างขายทอง
เลี้ยงเซ่งเฮง
ที่สุดของทองคำ
โทร. 02-62
02-65
MONEY EXCHANGE

4

Die Geheimnisse des Apothekers

Chinatown – kleines Reich der Mitte

Yaowarat sagen sie in Bangkok zu Chinatown, dem Viertel, in dem eine konzentrierte Ansammlung von Thais chinesischer Abstammung lebt und arbeitet. König Rama I. ließ die Siedlung mit der Stadtgründung anlegen.

China gilt als Herkunftsland der Thai. Sie machten aber nur Anleihen bei der chinesischen Zivilisation und schufen eine eigenständige Mischkultur. Nirgendwo auf der Welt sind die Chinesen, die sich sonst in den Großstädten in ihr unverwechselbares, abgeschlossenes Chinatown-Schneckenhaus zurückziehen, so integriert wie in Thailand. Rund sechs Millionen von ihnen leben im Königreich. Und nur das geübte Auge erkennt einen Thai-Chinesen. Die Nachkommen der frühen Händler sprechen häufig sogar kein Mandarin mehr. Würde man einen unerfahrenen Touristen irgendwo in Bangkoks Chinatown aussetzen, würde er das Viertel mutmaßlich nicht einmal als Chinatown identifizieren. Auf den ersten Blick verraten nur die chinesischen Schriftzeichen der Reklameschilder, wo man sich befindet. Ansonsten brausen die »Tuk-Tuk« umher wie anderswo in der Stadt, die Gehwege sind vollgestellt mit Ständen, Garküchen und Schemelchen, damit man mitten im Gewühl auch eine Suppe oder Krabben vom Grill goutieren kann. Der Hauptbahnhof Hua Lumphong zeigt sich renoviert in Kolonialstilarchitektur, und die Märkte gehen ineinander über.
Erst auf den zweiten Blick gibt sich Chinatown lupenrein chinesisch. In der Sampeng Lane, eine ewig lange schmale Gasse und seit jeher die Pulsader des chinesischen Marktes, läuft ein frisch geköpftes Huhn noch ein paar Meter den Marktgang entlang, ehe es tot umfällt. In roten Geschenkkartons werden die wichtigsten Utensilien für Todesfälle in der Verwandtschaft verkauft: Eingepackt sind Papiergeld, Handyattrappe, Goldschmuck aus Karton, Räucherstäbchen, eine Plastikuhr sowie sogar ein Taschenrechner für die ersten Geschäfte im Jenseits. Ein junger Mann betritt mit einer lebenden Schlange um den Hals ein Minilokal, um sich und seinen Freunden die Delikatesse dort zubereiten zu lassen.
Irgendwann endet auch die lange Sampeng Lane und geht grenzenlos zu den indischen Händlern über, wo das Auge auf einmal von grellen Farben und den Ständen der Sari- und Tuchhändler

1 Auf dem Nakhon-Kasem-Diebesmarkt werden schon lange keine Diebeswaren mehr verkauft. Aber nicht immer ist alles so alt, wie es aussieht. **2** Im Indischen Viertel, am Pahurat Markt, gibt es Gewürze und **3** allerlei Exotisches zu kaufen. **4** Chinatowns pulsierende Ader heißt Yaowarat Road. Sie folgt den Kurven eines Drachenschwanzes.

1

2

3

gebannt wird. Viele Verkäufer tragen nun Turban, und die Frauen schmücken sich mit einem Bundy, dem meist roten Punkt auf der Stirn. Sogar Rudraksh bekommt man in diesem herrlichen Markt an der Chakrabhed Road, die natürlicherweise mit einem Loch in der Mitte gewachsene Beere, die in Indien die Sadus tragen. Natürlich gibt's Läden mit echtem Gold und Stände mit Goldschmuckimitaten – alles in tausendfachen Formen und Designs. Mittendrin ragt der Siri-Guru-Singh-Tempel mit seiner goldenen Kuppel hervor, der größte Sikh-Tempel außerhalb von Indien. Indische Kaufleute, die in Thailand zu Wohlstand kamen, haben ihn finanziert. Auch die täglich um acht Uhr angebotene Armenspeisung bezahlen sie. Willkommen im indisch geprägten Phahurat-Markt – mitten in Chinatown ...
Der Anlieferverkehr erfolgt bei Chinesen und Indern aufgrund der Enge durch Mopeds, die auch zu Stoßzeiten hoch aufgetürmt Waren herankarren. Dazwischen tutet der mobile Eismann, klingelt die alte Verkäuferin, die ihren Ziehwagen mit Obst, Säften und Süßigkeiten ebenfalls heil durch die Menge bringt. Geschubst wird nicht. Die Menschen gleiten mit asiatischer Geschmeidigkeit aneinander vorüber. Man spürt förmlich, dass die Leute die Enge und die Massen von Menschen seit jeher gewöhnt sind.

Die Hauptstraße, die Yaowarat Road, folgt den Kurven eines Drachenschwanzes und macht ihn deshalb zu einem idealen Standort für Geschäfte. Die Restaurants bieten Haifischflossen- oder Vogelnestsuppe an. Und in den Apotheken rätselt der Besucher über allerlei in Gläsern ausgestellte Ingredienzen. »Seepferdchen«, erklärt Wang, der chinesische Doktor und Apotheker der Bird's Nest Farmacy in der Yaowarat Road, »legt man zwei Wochen in Alkohol ein. Dann isst man sie, um Nierenprobleme zu lindern.« Ein Stück kostet zwei bis 20 Euro, etwa für ein 25 Zentimeter großes Prachtstück. Es gibt auch Froschschenkel, Schlangenköpfe und teure Vogelnester. Besonders exklusiv ist aber Fischmagen: »In einer Suppe gekocht, gibt er fast alle nötigen Vitamine und reinigt die Leber«, sagt Wang. 250 Gramm können bis zu tausend Euro kosten! Irgendwie gut, dass der westliche Lifestyle zwar ein wenig von Chinas alter Kultur, wie Teezeremonien und Ansätze chinesischer Medizin für Gesundheit und Wohlergehen entdeckt hat, aber anscheinend doch noch nicht in die tieferen Geheimnisse des Apothekers in der Yaowarat Road vorgedrungen ist ...
Neben den Apothekenschätzen bietet Chinatown aber auch eine echte Sensation aus purem Gold. Sie ist sicherlich nicht die bedeutendste und gewiss auch nicht die größte unter den zigtau-

4

5

send Buddha-Statuen. Aber der Buddha von Wat Traimit in Bangkoks Chinatown ist definitiv der wertvollste mit der kuriosesten Vergangenheit. Und er hat eine Geschichte mit Symbolkraft: Die Figur stammt aus dem 14. Jahrhundert, einer Zeit, in der die Burmesen zeitweise in Thailand einfielen und dort plünderten. Aus diesem Grund wurde die Statue mit einer unscheinbaren Gipsschicht überzogen. Die Burmesen fielen auf den Trick herein und ließen die scheinbar wertlose Figur außer Acht. Der wahre Kern geriet im Laufe der Zeit aber auch bei den Thailändern in Vergessenheit. Es dauerte schließlich bis ins 20. Jahrhundert und es bedurfte eines großen Zufalls, um den wahren Wert wiederzuentdecken. 1955, als der vermeintliche Gips-Buddha ins Wat Traimit umquartiert wurde, fiel er beim Transport versehentlich zu Boden. Der Gipsmantel sprang, und zum Vorschein kam blankes Gold. Schnell entdeckte man, dass die Figur nicht nur vergoldet ist, wie die meisten Buddhas im Land, sondern aus insgesamt sechs Tonnen massivem 18-karätigem Gold besteht.

In der Charoen Krung Road, Chinatowns zweiter großer Straße, die nahe am Wat Traimit vorbeiführt, spielt Gold allerdings nur eine untergeordnete Rolle. Zwar reiht sich dort – zwischen der Soi 30 zur River City und der Silom Road – ein Schmuckgeschäft an das

1 Das Indische Viertel mit dem Pahurat-Markt ist ein Teil von Bangkoks Chinatown. **2** Grillstand an der Yaowarat Road, an dem es fast alles zu probieren gibt, was vom Schwein kommt. **3** Im Gemischtwarenladen nebenan darf auch im nicht-kulinarischen Bereich geforscht werden. **4** Es geht meist sehr eng zu in Chinatown. **5** Auf keinen Fall verpassen: sich einen Leckerbissen von der Ente zu gönnen.

andere. Zu erstehen gibt es aber ausgefallene Stücke aus Silber und Edelsteine aus Afghanistan. An der Ecke Silom und Charoen Krung Road, einst die längste Straße Bangkoks, stößt man zudem auf eines der besten Hotels der Stadt, das »Lebua« im 247 Meter hohen State Tower, dem zweithöchsten Gebäude Bangkoks. Hinsichtlich Höhe, Service, Zimmergröße und -ausstattung oder Restaurantvielfalt gehört das »Lebua« zum Besten, was Thailands Metropole zu bieten hat. Auf die versteckte und unrepräsentative leider Parkhaus-ähnliche Auffahrt folgt aber stilsicherer Luxus vom Doorman mit weißen Handschuhen über eine dezent lang gezogene Lobby bis hin zu großzügigen Suiten. In dem All-Suite-Hotel hat jeder einen Balkon, vor dessen Öffnung der Gast ob der schwindelerregenden Höhe sogar eine Verantwortlichkeitserklärung unterzeichnen muss. Den kleinen Stilbruch nimmt man billigend in Kauf: Zu atemberaubend ist der Blick über den Groß-

1 Der Bangkok State Tower ist das zweithöchste Gebäude der Stadt und Heimat des Fünf-Sterne-Hotels »Lebua«, eines der besten Hotels der Metropole. 2 Es wird gekrönt von der »Sky Bar«. 3 Der Pool liegt auf der 15. Etage. 4 Lobby des »Hotel Grand China Princess«.

stadtdschungel aus den Stockwerken 50 bis 60, in denen das Hotel mit seinen 198 Suiten untergebracht ist. Die Stadt brodelt und rumort bis in diese Höhe. Man sieht – was man sonst nur auf einem großen Stadtplan erkennt –, wie der Chao Phraya seine Schleifen durch die Stadt zieht, vom Hafenviertel Klong Toey im Süden über Chinatown hinweg bis zur futuristischen Strebenbrücke Rama VIII. im Norden.

Auf dem 15. Stockwerk verführt ein 30 Meter langer Freiformpool und gekrönt wird der weiße Skyscraper, der durch die Balkone aussieht wie ein riesiger Bienenstock, von der goldenen Kuppel The Dome, die oberhalb der 68. Etage auf antik anmutenden Säulen ruht. Darunter befinden sich mehrere empfehlenswerte Restaurants und die »Sky Bar«, die wie eine überhängende Klippe am State Tower hängt. Sie darf ohne Konsumzwang besucht werden. Auf dem wechselnd illuminierten Rundgang genießt man den vielleicht besten Blick über die Stadt.

Zeit für Chinatown

Anreise/Lage

Das Viertel Chinatown liegt südöstlich vonRattanakosin Island. Wichtigste Straße ist die Yaowarat Road, von der mehrere Märkte abzweigen. Die zweite Ader ist die Charoen Krung Road, die zum Lebua-Hotel führt. Hier liegt auch Bangkoks Hauptbahnhof Hua Lumphong, der Ausgangspunkt für alle Zugreisen in Thailand. Der zentralste Express-Boat-Pier für Chinatown ist Nr. 5, Tha Rachawongse. Man kann aber auch an der Memorial Bridge bei Nr. 6, Tha Saphan Phut, aussteigen, um sich Chinatown über den indischen Markt an der Chakrabhed Road zu nähern.

Sehenswürdigkeiten

Chinatown ist eine Welt der Kontraste, in der man sich sehr gut treiben lassen kann. Wer sehen will, wo Bangkok sein Obst und Gemüse her bekommt, macht einen Abstecher zum nahen Pak Klong Talat, dem Gemüsemarkt für die Großhändler, direkt am Fluss bei Pier Nr. 7, Tha Rajinee. Trotz aller Märkte: Wat Traimit und seinen massiv goldenen Buddha sollte man nicht versäumen.

Übernachten

Lebua***, 1055 Silom Road, Tel. 02-624 99 99, Fax 02-624 99 98, www.lebua.com, E-Mail: resvn@lebua.com.
Der Shootingstar in Bangkoks Luxushotellerie im riesigen State Tower, Ecke Silom und südlicher Teil der Charoen Krung Road, die direkt nach Chinatown führt. Spielt auf einem Niveau mit **Oriental** und **Peninsula**. Hat die größten Suiten der Stadt und den besten Blick von den Balkonen in schwindelerregender Höhe. Klares Design, modernes, edles Ambiente inklusive Außenpool im 15. Stockwerk. Mitglied der »Small Luxury Hotels of the World«.
Grand China Princess**, 215 Yaowarat Road, Tel. 02-224 99 77, Fax 02-224 79 99, www.grandchina.com, E-Mail: gcp@grandchina.com.
155-Zimmer-Hotel mit Fitnesscenter und Dachpool. Wer die Princess Suite bucht, schläft in einem Kingsize-Baldachin-Bett.

Restaurants

Breeze, exklusiv, 1055 Silom Road, Tel. 02-624 95 55.
Sensationelles Freiluftrestaurant im 61. Stockwerk des State Tower. Der Ober führt den Gast über eine schwindelerregende, transparente Brücke zum Tisch, wo es dann Seafood auf Gourmet-Niveau gibt.
China Town Scala, gehoben, 483 Yaowarat Road, Tel. 02-623 01 83. Ein Tempel für alle, die Haifischsuppe, Abalone, Austern und fein zubereitete Krebse lieben. Typisch chinesische Einrichtung mit viel Lackdeko.

Tipp

Der Besuch einer chinesischen Apotheke, wo meist Englisch gesprochen wird, kann spaßig sein Der Apotheker wird den Fremden mit seinen Erklärungen überraschen. Als Dankeschön sollte man ein Gläschen Tiger- oder den etwas stärkeren Affenbalsam zu 50 € Cent zum Beispiel kaufen. Oder den idealen Tropen-Deodorantersatz: das kühlende Puder Prickly Heat, ebenfalls etwa 50 Cent.

1

2

3

4

Tische mit Aussicht

Lumpini Park – rund um die grüne Lunge

Die berühmt-berüchtigte Patpong liegt ums Eck, 200 Meter darüber diniert die Hautevolee. Die Umgebung um den einzigen öffentlichen Park in Bangkok hat es in sich – und der Park ist nichts weiter als eine große Spielwiese.

Spieglein, Spieglein an der Wand, wer hat das ausgefallenste Restaurant im Land? Der Wettstreit läuft zwischen zwei luftigen Etablissements, die, unweit voneinander entfernt, jeweils in rund 200 Metern Höhe, eifrig um die Gunst des Publikums wettstreiten. Im Open-Air-Restaurant »Scirocco« in Bangkoks zweithöchstem Ge-bäude State Tower wird der Gast vor dem goldenen Dome im griechischen Stil Hollywood-like über eine breite Treppe in der 63. Etage, wie auf einem Laufsteg oberhalb von Bangkoks Häuserfluchten, zum Tisch begleitet. Auch in dieser Höhe ist Bangkok laut und schwül. Erst wenn die easy Jazz spielende Band auf der Terrasse den Ton angibt, scheint die Stadt für die Dauer der Songs Ruhe zu geben. Erst dann verstummt ihr fortwährendes Brummen, Tuten und Lärmen.

Zwei Etagen niedriger und nur fünf Taxi-Minuten entfernt hat der Platzhirsch sein Domizil, das »Vertigo«, das etwas ältere im Januar 2002 eröffnete der beiden höchsten Freiluftrestaurants. Es scheint wie ein Schiff über der Stadt zu segeln. »To suffer from vertigo« heißt übersetzt »an Höhenangst leiden« ... Auf manchen der hundert Plätze im 61-stöckigen Banyan Tree Tower ist das durchaus nicht übertrieben. 80 Prozent der Gäste in beiden Restaurants sind Farang. Kein Wunder, drei Gänge plus Amuse-Bouche, eine Flasche Wein aus Neuseeland, eine Flasche italienisches Mineralwasser macht für zwei Personen rund 200 Euro. 200 Meter tiefer kann man mit dieser Summe und Bier statt Wein sowie Reis statt Edelpasta ungefähr 20-mal hervorragend essen, zum Beispiel auf dem Suan Lum Night Bazar im Lumpini Park, dessen Haupteingang von der großen Statue König Rama IV. markiert wird. Die dortigen Garküchen bieten köstliche Speisen zwischen 50 Cent und einem Euro pro Tellergericht und vor allem auch je nach Gusto: Scharf bedeutet dort wirklich noch scharf. Und so trägt man sich seine Gerichte und die Bierchen von diversen Ständen nach Wunsch zusammen, bis irgendwann der Tisch voll ist und das Schmausen beginnen kann.

1 Blütenpracht im Hotel »Banyan Tree«. **2** Viele Zimmermädchen, die von außerhalb kommen, fahren mit dem Boot zur Arbeit. **3** Zahlreiche Topfpflanzen zieren das »Banyan Tree«. **4** Das »Vertigo« ist das spektakulärste Restaurant des »Banyan Tree« und segelt wie ein Schiff hoch über Bangkok.

Nahe der Sterne steht Bier weder auf der Karte noch auf den Tischen. Serviert wird internationale Küche, im »Scirocco« mit mediterranem Touch. Der Service ist asiatisch formvollendet: respektvoller Begrüßungs-Wai, dem gut gemeinten »Mind your step«, begleitet von der flachen Hand, die auf die eigentlich unübersehbaren Stufen hinweist. Körperhaltung, Schönheit und Grazie der Damen sind schlicht perfekt. Im »Scirocco« wird mehr auf Show, im »Vertigo« eher auf Zurückhaltung Wert gelegt. Wer also den Auftritt sucht, geht ins »Scirocco«; das Dinner zu zweit bucht man besser im »Vertigo«, das auch nur zwei Sitzungen verkauft, während im »Scirocco« schon mal drei versucht werden. Nervend und sich angestrengt in den Vordergrund schiebend zeigen sich nur die Herren für die »Scirocco«-Sicherheit im schwarzen Anzug und mit Knopf im Ohr, als käme jeden Moment der König, Madonna oder Kaiser Franz. Fotoaufnahmen dürfen nicht von der Treppe aus gemacht werden, wo man eine herrliche Totale mit Restaurant und Stadt einfangen kann, »um Paparazzi keine Chance zu geben«, wie es heißt. Doch dann – oh Wunder – wird an den Tischen geknipst und geblitzt, wie es gefällt. Die Paparazzi freut's: An den Tischen sind sie näher dran an ihren Opfern ...

Ein bisschen spürt man schon, dass das »Scirocco« der Newcomer und das »Vertigo« unter den Fittichen des exklusiven und renommierten Banyan-Tree-Hotels steht, das im Gesamteindruck ein souveräneres Restaurant ist. Ohne jeglichen Zweifel steht aber fest: Wer als Luftikus zwei Tische mit Aussicht sucht, sollte auch in beiden Restaurants buchen.

Das Banyan Tree-Hotel selbst – eines der besten der Stadt – ist ein dunkel und edel gehaltenes All-Suite-Haus, in dem man täglich

4

drei unterschiedliche Tageszeitungen plus eine deutsche Fax-Zeitung an die Tür gehängt bekommt und das Bangkoks größtes und vielleicht auch schönstes Spa beherbergt, inklusive einem schmucken Außenpool auf der 21. der insgesamt 61 Etagen. Grandios ist die Idee, ein Sechs-Gänge-Menü zwischen dem 52. Stockwerk, beginnend im Thai-Restaurant »Saffron«, und der 60. Etage einzunehmen, endend im kantonesischen »Bai Yun«. Dazwischen führt die kulinarische Reise ins japanische »Taihei« und in das ganz in Blau und mit großen Wasserbecken ausgestattete »Pier 59«, wo bestes Seafood zubereitet wird.

Nicht um Paparazzi-Opfer, sondern um echte Opfer kümmert sich schon seit 1976 Thailands Touristenpolizei, die potenzielle Täter abschrecken soll. Thailand ist trotz vieler Staatsstreiche, die nicht einmal in allen Fällen in der europäischen Öffentlichkeit registriert werden, für Urlauber ein sicheres und zuverlässiges Land. In der Dienstanweisung heißt es: »Aufgabe der Touristenpolizei ist es, die thailändische Tourismusindustrie zu unterstützen.« So geschehen als Erstes in der Patpong Road, jener kleinen Schmuddelstraße im besten Geschäftsviertel Bangkoks. In der Gegend um die Silom, North und South Sathorn Road haben internationale Firmen ihren Sitz, Luxushotels zeigen ihre Pracht und Botschaften ihre abweisenden Ummauerungen. Auch die deutsche Botschaft hat ihr

1 Unten in den Straßenschluchten tobt das Leben, oben im Luxushotel »Banyan Tree« herrscht wohltuende Ruhe. **2** Ob in einem der Restaurants des Hauses oder **3** in den fein ausgestatteten Suiten. **4** Nicht weit davon entfernt liegt Bangkoks bekannteste Rotlichtstraße, die Patpong. Mit der Zeit wurde sie auch zu einer beliebten Einkaufsmeile.

Domizil in der South Sathorn Road, nur wenige Schritte von den Tophotels »Banyan Tree« und »Sukhothai« entfernt.

Wer »Patpong« sagt, meint eine zugleich merkwürdige wie weltweit wohl einmalige Mischung, die zweierlei beinhaltet, zum einen die Shopping-Meile, die zwar nur 250 Meter lang ist, wo aber dicht an dicht gedrängt die Verkaufsstände Nacht für Nacht in drei Reihen beleuchtet werden, als sei es heller Tag. Die Ware, ob echt – in den Geschäften am Rand – oder falsch – an den Ständen in der Mitte –, muss schließlich die Kunden locken. Und diese kommen in Scharen, um vom Anhänger über die üblichen Rolex- und Lacoste-Plagiate bis hin zu Zeichnungen das eine oder andere Stück zu erwerben. Eingerahmt wird die Marktstraße aber von dunklen Bars und Tabledance-Schuppen, deren Lockvögel für eine Covercharge von zwei Euro ein Bier und ausgefallene Unterhaltung versprechen. Auf der Bühne schießen dann junge Mädchen Tischtennisbälle aus ihrer Vagina in die Zuschauerreihen oder zeigen so manche Fertigkeit mit leeren Bierflaschen an ihrem Geschlechts-

teil. Einen Stock höher spielen dann Mann und Frau auf offener Bühne »Mensch ärgere dich nicht«, und der verdutzte Gast bemerkt erst bei der Rechnung, dass an den versprochenen 100 Baht fürs Bier jetzt plötzlich noch eine Null dranhängt ... Auch deshalb war die Patpong die erste Station der Touristenpolizei in Thailand.

Wenn die Patpong der Spielplatz für Menschen ab 18 Jahren ist, dann darf sich der Lumpini Park als Spielplatz für alle bezeichnen. Drachen steigen, Bälle fliegen, auf dem Rasen spielen Kinder, auf den Wegen traben Jogger, die ihren Sport lieber im Freien ausüben als in den auf Kühlschranktemperatur heruntergekühlten Fitnessstudios mit ihren Laufbändern. Über immerhin zweieinhalb Kilometer erstreckt sich die große Parkrunde. Die Alten machen morgens in stoischer Ruhe ihre Thai-Chi-Übungen, Jüngere praktizieren schreiend Kung-Fu. Und abends öffnet sich der Suan Lum Night Bazar, einer der angenehmsten Märkte Bangkoks und ein wohltuender Kontrast zur Patpong. Auf dem Markt im Lumpini Park gibt es weder Sex noch Nepp, kein Geschiebe und wenig Fakes. Die Händler sind nicht aufdringlich, die Preise wenig verhandelbar, aber korrekt. Discount gibt's nur, wenn man mehr als ein Stück nimmt. Asiatisches Kunsthandwerk und moderne Dekoartikel stehen im Vordergrund, aber auch Textilien, Schmuck, und haufenweise Leckereien sind im Angebot. Ein Händler verkauft vom Fahrradgrill knackige Heuschrecken zum Dessert, ein anderer Obst oder Eiscreme und im Shop daneben wird Thai-Seide feilgeboten. Denn man muss den verführerischen Stoff ja nicht zwangsläufig im überteuerten Jim Thompson's House oder den Filialen kaufen, wiewohl der Besuch im Bangkoker Wohnhaus des ehemaligen Geheimdienstlers im Auftrag der USA durchaus den kurzen Weg vom Lumpini Park auf der Rama IV. Road entlang in die Soi Kasem San lohnt. Thompson erweckte nach dem Zweiten Weltkrieg die Handweberei von Seidenstoffen wieder zu neuem Leben. Und sein aus sechs Teakholzteilen bestehendes Thai-Haus wurde, weil perfekt gebaut und reichlich ausgestattet, berühmt. Ein traditionelles Thai-Haus steht auf Pfählen und gilt als eine der frühesten Fertigbauweisen. Nicht restaurierte und zum Museum umgestaltete original Thai-Häuser, wie die Heimat von Jim Thompson, der 1967 auf bis heute rätselhafte Weise einfach verschwand, sind selten geworden in Bangkok. Ein Beispiel findet sich in der Nähe vom Platz der Großen Schaukel in der Soi Lang Bot Phran auf Hausnummer 47. Es ist bis heute bewohnt und kann deshalb nur von außen betrachtet werden.

Zeit für den Lumpini Park

Anreise/Lage

Der Lumpini Park liegt in Bangkoks Osten und ist bestens mit öffentlichen Nahverkehrsmitteln erreichbar: ob mit der neuen U-Bahn (MRT-Stationen Lumpini und Silom) oder dem Skytrain (BTS-Station Sala Daeng), mit dem man nur drei Stopps weiter auch Anschluss an die Expressboote auf dem Chao Phraya hat (von der BTS-Station Saphan Taksin zum Pier Sathon).

Sehenswürdigkeiten

Die Gegend besonders südlich vom Lumpini Park bietet eine große Vielfalt. Shopping-Centers und Märkte, vor allem natürlich die Patpong und der Suan Lum Night Bazar, Jim Thompson's Thai House und die Schlangenfarm, wo man zuschauen kann, wie den Reptilien ihr Gift zur Serumgewinnung abgezapft wird. Der Lumpini Park selbst ist ebenso erlebenswert wie die sensationellen Ausblicke von den Restaurants »Vertigo« und »Scirocco« aus rund 200 Metern Höhe. Man kann auch einfach an der »Moon Bar« auf gleicher Höhe ein Getränk bestellen, um die Aussicht genießen zu können. An der »Sky Bar« des Scirocco besteht keine Konsumpflicht.

Übernachten

Banyan Tree*****, 21/100 South Sathorn Road, Tel. 02-679 12 00, Fax 02-679 11 99, www.banyantree.com, E-Mail: bangkok@banyantree.com.
Gehört zusammen mit **Oriental**, **Peninsula** und **Lebua** zu den vier besten Hotels der Stadt. Es gibt ausschließlich Suiten mit edler Ausstattung. Mit wunderschönem Spa und Außenpool im 21. Stock.
The Sukhothai*****, mit Aman-Innendesign von Edward Tuttle im Thai-Stil. 13/3 South Sathorn Road, Tel. 02-344 88 88, Fax 02-344 88 99, www.sukhothai.com, E-Mail: info@sukhothai.com. 25-Meter-Pool, Garten und Spa; gehört zu »The Leading Hotels of the World«.

Restaurants

Vertigo, exklusiv, 21/100 South Sathorn Road, Tel. 02-679 12 00. Freiluftrestaurant mit Traumblick aus 200 Metern Höhe, gutem Service und sehr guter internationaler Küche.
Scirocco, exklusiv, 1055 Silom Road, Tel. 02-624 95 55. Höchstes Freiluftrestaurant mit mediterraner Küche im 63. Stockwerk des State Tower. Ein wenig zu viel Show vom Personal.

4

1 Das Jim Thompson House zeigt, wie früher ein Wohnhaus in Bangkok aussah. Außerdem kann man dort beste Seide erwerben. **2** Auch im Inneren erlebt man eine Zeitreise. **3** Biergarten-Atmosphäre à la Bangkok herrscht im Suan-Lum-Nachtmarkt. **4** Der Lumpini Park dient den Einheimischen zum kurzen Ausspannen, zum Sporteln und Meditieren.

Tipp

Muay Thai gilt als eine der ältesten Kampfsportarten der Welt und soll bis ins 16. Jh. zurückreichen. Beim Thaiboxen dürfen nicht nur die Fäuste, sondern auch Ellbogen, Knie und Füße für Treffer eingesetzt werden. Zu sehen im Lumpini Stadium, Rama IV. Road, Tel. 02-252 87 65, jeden Freitag und Samstag ab 18.30 Uhr, Ringplätze gibt's ab 5 €.

1

2

3

4
กรุณาอย่านั่งบนอาสนสงฆ์
DON'T STEP ON PLEASE

Gottgleich verehrt und geliebt

Der Norden – wo der König zu Hause ist

In der Regel wird Bangkoks Norden im Besucherprogramm vernachlässigt. Dabei gibt es einiges zu entdecken, wie die größte Buddha-Statue der Stadt, das wichtigste Königsdenkmal oder den weltgrößten Markt.

Rama XIII. lag tot im Schlafgemach der uneinsehbaren und von einem Wassergraben umgebenen Chitralada-Residenz. Er wurde erschossen. So viel wusste man. Doch niemand durfte im Wohnpalast des Königs ermitteln – und somit den Bruder, den Thronfolger und späteren Rama IX. entlasten oder möglicherweise auch belasten. Der Bruder heißt Bhumipol Adulyadej (gesprochen: Bhumipon), heute der gottgleiche König des Landes. Und trotz aller Verdienste bleibt wegen dieser doch sehr merkwürdigen Thronfolge bis heute noch ein Hauch von fadem Beigeschmack.
In der menschlichen Hierarchie steht in Thailand unangefochten über allen der König. Offiziell wird er zwar nicht mehr als gottgleich angesehen, aber in der Gesellschaft wird ihm so viel Ehre zuteil, dass man meinen könnte, er stehe auf einer geheiligten Stufe mit Buddha. Bei Audienzen sitzen ihm alle zu Füßen. Das gilt sogar für den Premierminister, für Militärgeneräle und andere hochgestellte Persönlichkeiten des öffentlichen Lebens. Wenn ihm etwas überreicht wird, muss der Kopf eingezogen und das zu Überreichende über dem Kopf gehalten werden.
Der König ist im ganzen Land allgegenwärtig. Es gibt keinen Raum ohne Bildnis von ihm – und sei es ein noch so verblichenes Poster in einer noch so schäbigen Wellblechbude. Die Straßen der Umgebung der Chitralada-Residenz jedoch gleichen einer Freiluftgalerie mit übergroßen Bildnissen von Bhumipol Adulyadej: mal in weißer Uniform, mal leger, mal mit Frau, mal mit Familie. Wahre Triumphbögen überspannen die breiten Straßen, und die gelben Königsfahnen flattern noch zahlreicher als sonst üblich im Wind. Auch das politische Leben Thailands hat seine Heimat – als sei es symbolisch – im Schatten der Chitralada-Residenz gefunden. Die Nationalversammlung und alle relevanten Ministerien liegen in der Nähe des Wohnhauses des Königs. Dieser prangt auf Briefmarken, auf jedem Geldschein und jeder Münze. Man darf das Geld natürlich im Portemonnaie verstauen, in die Hosen- oder Brusttasche

1 Umgeben von Kanälen und **2** verziert mit filigranen Elementen bis unters Dach zeigt sich Wat Benchamabopitr, der Marmortempel als Star abseits der touristischen Pfade. **3** Eine Mädchenrunde auf dem Chatuchak-Weekend-Market. **4** Wat Benchamabopitrs Buddhas gehören zu den schönsten in Bangkok.

1

2

3

stecken, aber man sollte niemals darauf treten. Auch nicht, wenn ein Geldschein heruntergefallen ist, und ein Windstoß droht, ihn wegzublasen. Füße auf einem Bildnis des Königs: Das ginge entschieden zu weit! Eine solche Situation könnte für einen Fremden der schlimmste Fauxpas sein, den er, ohne es zu wissen, begehen kann. Die Thailänder schauen über viele Fettnäpfchen hinweg, in die Westler tappen, aber die oben genannte Situation würde niemand freundlich lächelnd überbrücken – auf ein *mai pen arai* (das macht nichts) darf in diesem Fall nicht gehofft werden.
So mancher westliche Ausländer mag diese unfassbare Hochachtung im 21. Jahrhundert als nicht mehr zeitgemäß erachten und sie in manchen Fällen als götzenhafte Verehrung abqualifizieren. Für die Thais ist sie aber weder unmodern noch ein lästiges Pflichtritual. Lediglich Buddha wird noch stärker verehrt. Auch das kann man – im direkten Vergleich – im Norden der Stadt erleben: Ob in einem typischen Wat-Viertel wie Sunthonthamatan in der Pha Niang Road, das von ebenso freundlichen wie fotoscheuen Mönchen bewohnt wird und wo wunderbar arrangierte Buddha-Ensembles in Dreier- oder Vierer-Gruppen aufwarten. Oder ob im Wat Indraviharn, ein zwar schon 1867 begonnener, aber erst 1982 zur 200-Jahr-Feier von Bangkok vollendeter Tempel mit dem größten ste-

4

5

1 Der größte stehende Buddha Bangkoks zeigt sich in Wat Indraviharn. **2** Die Außenfassade von Wat Benchamabopitr. **3** Krank, aber immer noch sehr mächtig und allgegenwärtig: König Bhumipol. **4** Die Krönungshalle mit dem Denkmal von Rama V. befindet sich in unmittelbarer Umgebung des **5** Chitralada Palasts, dem Wohnsitz des Königs.

henden Buddha der Metropole: 33 Meter hoch ragt das vergoldete Bildnis in die Höhe. An den überdimensionalen Füßen wird tagtäglich geopfert. Die Menschen knien vor den Buddha-Zehen, belegen sie mit Lotosblumen und zünden Räucherstäbchen an. Indraviharn dürfte im Wortsinn zu den größten Geheimnissen der Stadt gehören und wird bis heute in so manchem Bangkok-Reiseführer nicht erwähnt, da historisch nicht bedeutend genug.

Oder im bekanntesten Tempel in Bangkoks Norden, im Wat Benchamambophit: Sein Vorgänger musste dem Garten der Chitralada-Residenz weichen. Da der Bau auf Wunsch von Rama V. aus italienischem Marmor errichtet wurde, heißt Benchamambophit bis heute auch Marmortempel. 60-mal verneigt sich eine Besucherin inbrünstig, die gefalteten Hände mit den Fingerspitzen nach oben an die Stirn gelegt. Die Frau erweist jedem einzelnen der 60 Bronze-Buddhas in allen Positionen die Ehre, ob er nun aus Ayutthaya stammt oder Kambodscha, Japan, Pakistan oder anderen buddhistisch beeinflussten Ländern. Die Buddha-Sammlung von Wat Benchamambophit gehört zu den interessantesten Kollektionen der Stadt.

Auch einen Kilometer weiter westlich huldigt auf der Si Ayutthaya Road eine Thai mit Blumen, Reis und Räucherstäbchen einem Bildnis. Das Monument, ein mächtiges Reiterstandbild vor der Krönungshalle, ist stets reichlich geschmückt und sein Sockel beladen mit Geschenken. Autofahrer machen im Vorbeifahren einen tiefen Wai. Und fast hat man den Eindruck, dass Bangkoks Verkehr an dieser Stelle vor lauter Respekt und Ehrerbietung deutlich leiser ist als anderswo. Der stolze Reiter ist Rama V., der wohl einzige Mensch, der, wenngleich schon längst verstorben, König Bhumipol in der Beliebtheit bei den Thais das Wasser reichen kann. Rama V., auch bekannt als König Chulalongkorn, war der Mann, der den Thais im 19. Jahrhundert die Freiheit schenkte und sie von Untertanen zu Bürgern machte. Das danken ihm die Thailänder bis heute.

Nach der demokratischen Verfassung von 1932 geht die Macht vom Volke aus. Die absolute Monarchie gehört seitdem der Vergangenheit an. Aber trotzdem hat König Bhumipol Adulyadej in der Bevölkerung eine Stellung, die Regierung, Militär und Wirt-

1 Von weitem zu riechen ist der Blumenmarkt Thewet. **2** Mit bis zu 15 000 Ständen gehört der Chatuchak-Weekend-Market zu den größten Märkten der Welt; hier ein Satée-Stand. **3** Lobby des »Bayoke Sky Hotels«. **4** Ein Tisch mit Aussicht: Blick vom Restaurant des »Bayoke Sky Hotels« auf den Bayoke-I-Tower, Thailands höchstem Gebäude. **5** Chatuchak Markt.

schaft in allen Belangen in den Schatten stellt. Die gut 20 Putsche, die Bhumipol seit seiner Thronbesteigung 1946 miterlebt hat, zeigten jedes Mal, dass die neuen Machthaber die Gunst des Königs suchen müssen. Denn nur wer die Gunst des Königs besitzt, besitzt in Thailand auch die Gunst des Volkes.

Umgekehrt heißt dies aber auch: Wer Wünsche des Königs nicht respektiert, hat das Volk gegen sich. Aus der Tagespolitik versucht sich der König dennoch weitgehend herauszuhalten. Er eröffnet verfassungsgemäß die Sitzungen des Parlaments und übernimmt hauptsächlich repräsentative und zeremonielle Aufgaben. Aber immer wieder ist er indirekt oder auch direkt ins Geschehen mit einbezogen. So manche Regierungschefs mussten schon erhebliche Abstriche an ihrem ursprünglichen Regierungsprogramm machen. Allerdings: 1971 riefen die Militärs sogar das Kriegsrecht aus, das König Bhumipol erst zwei Jahre später außer Kraft setzte. Auch 1981, ein Jahr vor Bangkoks 200-jährigem Jubiläum, und 1992 griff Bhumipol massiv ins aktuelle politische Geschehen ein, um einerseits einen Putsch zu vermeiden und um andererseits einen Premierminister zum Rücktritt zu zwingen.

Welche Macht der Monarch hat, zeigten Fernsehbilder, die im Mai 1992 auch in Europa ausgestrahlt wurden. »Bangkok brennt«, schrieben die Zeitungen. Bangkok brennt, dokumentierten die Fernsehaufnahmen. Es brannte zwar lediglich zwischen Sanam Luang und dem Democracy Monument, aber rund 200 000 Demonstranten forderten den Rücktritt von Suchinda Kraprayoon als Premierminister, da er vom Militär ernannt und kein gewähltes Mitglied des Parlaments war. Suchinda, später als Schlächter von Bangkok verachtet, ließ mit Maschinengewehrsalven in die Menge feuern, ca. 2000 Demonstranten verhaften und misshandeln. Doch die Opposition um Chamlong Srimuang ließ sich nicht unterkriegen. Die Ausschreitungen hielten an – bis König Bhumipol dem Gemetzel ein Ende bereitete. Er zitierte Suchinda und Chamlong zu sich und appellierte in einer Fernsehansprache an alle, die brutalen Auseinandersetzungen zu beenden. Die beiden Politiker kauerten mit gefalteten Händen zu Füßen des großen Königs – und der ganze Spuk war sofort vorbei. Suchinda verkündete seinen Rücktritt. Und der König hatte sich abermals mit Vehemenz als die große Integrationsfigur in der thailändischen Gesellschaft behauptet.

Zeit für Bangkoks Norden

Anreise/Lage

Der Norden der Stadt zieht sich von der futuristischen Rama VIII. Bridge, die sich kühn über den Chao Phraya spannt (Expressboot-Pier Nr. 14, Tha Rama XIII. Bridge), über die Gegend um die Chitradala-Residenz und Wat Benchamambophit bis hin zum Victory Monument (Skytrain-Station Victory Monument) und dem Bayoke II Tower, mit 343 Metern das höchste Gebäude Thailands. Wichtig für Busreisende gen Norden ist der Northern Bus Terminal am Nordende des Chatuchak-Parks.

Sehenswürdigkeiten

Die Tempelanlagen Wat Benchamambophit, Wat Indraviharn und den mit 33 Metern höchsten Buddha in Bangkok nicht verpassen. Von der Aussichtsplattform im 77. Stock des Bayoke II Tower hat man einen fantastischen Blick. Die Chitralada-Residenz, der Wohnort des Königs, ist ummauert und nicht einsehbar. Der Chatuchak-Wochenendmarkt gilt mit mehr als 15 000 Ständen als der größte der Welt. Von echten und falschen Antiquitäten bis zu lebenden und geschlachteten Zicklein gibt's alles. Blumenfreunde suchen den Thewet-Markt auf, während der Pratunam Market für seine günstigen Textilien berühmt ist.

Übernachten

Sofitel Centara Grand*****, 1695 Phaholyothin Road, Tel. 02-541 12 34, Fax 02-541 10 87, www.sofitel.com, E-Mail: scp@chr.co.th.
Eines der Crew-Hotels von Lufthansa mit gutem »Sofitel«-Service. Fitnesscenter, Außenpool.

Bayoke Sky Hotel***, 222 Ratchaprarop Road, Tel. 02-656 30 00, Fax 02-656 35 55, www.bayokehotel.com.
Bei 673 Zimmern zwischen dem 22. und 74. Stockwerk (von insgesamt 88 Etagen) darf kein perfekter Service erwartet werden. Aber die Zimmeraussichten, besonders in den Suiten der Sky-Zone, sind im höchsten Haus Thailands super. Mit Spa und Außenpool.

Restaurants

Thai on 4, gehoben, 847 Petchburi Road, Tel. 02-653 90 00.
Traditionelle Thai-Gerichte und ebenso gute wie günstige Mittag- und Abendbüffets im beliebten Amari Watergate Hotel.

Mai Thai Restaurant, mittlere Preisklasse, 61/1 Thesaban Rangsan Road, Tel. 02-954 22 93. Direkt am Klong Prapa und in der Nähe des Chatuchak-Marktes gelegen. Gegen den After-Shopping-Hunger hilft das Sour Prawn Curry.

Tipp

Ko Kret ist eine echte und autofreie Insel im Chao Phraya. Sie wird von Mon bewohnt, die hauptsächlich von der Töpferei leben. Am Expressboot-Pier Nr. 33, Tha Pa Kret, gibt's Fahrräder für eine gemütliche Inseltour zu mieten.

1

2

3

4

Spätzünder von drüben

Thonburi – das ältere Bangkok

Die von der anderen Chao-Phraya-Seite, die aus Thonburi, stellen sich auf die Moderne ein, auf Leistungsgesellschaft, Hochhäuser und auf eine gefühlt schnellere Zeit. Ein paar Idyllen werden trotzdem bleiben.

New York hat gelbe Cabs, Berlin langweilig beige Taxen und Bangkok liebt es bunt – quietschbunt: Von schreiend pink über sattgrün, sonnenuntergangsorange oder schrillblau bis knallgelb flitzen die Taximeter durch die Straßen wie Spielzeugautos. Bangkoks Taxifahrer reden nicht viel mit Farang, weil die meisten kaum Englisch sprechen. Wenige können ein paar Brocken. Die haben dann häufig den »I love Farang«-Sticker am Fahrzeug kleben.

Pet ist die große Ausnahme. Er spricht flüssiges Englisch und nimmt das nächstbeste Königsbild am Straßenrand zum Anlass, um ein wenig zu philosophieren: »Man darf gespannt sein, ob der Nachfolger – oder vielleicht doch die Nachfolgerin – seine Größe erreichen wird«. Die Thronfolge beschäftigt das Land, die Hauptstadt und besonders Thonburi. Denn in Thonburi hatten sie mit ihrem König einst schlechte Erfahrungen. Phya Taksin machte sich 1768 selbst zum König und erklärte Thonburi gleichzeitig zur neuen Hauptstadt sowie zum Königssitz. Die Ehre weilte jedoch nicht lange. 14 Jahre später wurde Taksin wegen Wahnsinn zum Tode verurteilt, in einen seidenen Sack eingenäht und dann zu Tode geprügelt. Chao Phya Mahakasatsuck übernahm die Krone, verlegte als erster Rama der Chakri-Dynastie den Königssitz ans andere Ufer und begründete so Bangkok. Seitdem gilt das ältere Thonburi als rückständig.

Das Chaos von Bangkok herrscht auch auf der westlichen Seite des Stroms – aber anders. Thonburi erleidet zumindest nicht täglich Verkehrsinfarkte. Dafür hängt im unendlichen Gewirr von Stromoberleitungen ein riesiger Kamm und transportiert eine Werbebotschaft. Marketingstrategen würden das Umfeld kritisieren und den Werbeplatz mit »Nicht passend für unser Produkt« vom Tisch fegen. Ein Kopierapparat steht vor dem Wühltisch in einem Geschäft für Unterwäsche und würde einem deutschen Filialleiter wohl den nächsten Bypass bescheren. In Thonburi aber passen Sachen zusammen, die scheinbar nichts miteinander zu tun

1 Brettspiel vor einem Wohnhaus in Thonburi. **2** Detailaufnahme aus dem Wat Arun, zu dessen Bau unzählige kaputte Porzellanteller und -tassen verwendet wurden. **3** Mopedfahrer in den engen Gassen von Thonburi. **4** Wat Arun, der Tempel der Morgenröte, und die bekannteste Anlage von Bangkok auf der Thonburi-Seite.

1

2

haben. Sie mischen eben gerne, manchmal etwas skurril, manchmal ungewollt komisch, aber nie lächerlich. Da darf der Buddha schon mal auf dem Hydranten liegen. Wenn sonst gerade kein anderer Platz ist ...

Gegenstände, Zufallsprodukte oder spontane Kunst: Viele Besucher bemerken sie nicht. Zu sehr ist ihr touristischer Tunnelblick programmiert auf goldene Chedi, flinke Tuk Tuk und atemberaubende Hochhäuser. Wir machen ja in der Regel nicht Urlaub im fremden Alltag, sondern eher Ferien wie im Bilderbuch. Und oftmals sieht man deshalb den Wald vor lauter Bäumen nicht mehr. Geblendet von Tempeln, Glaspalästen und Märkten geraten so manche Bilder und Szenen am Wegesrand außerhalb des Blickwinkels. Da beschert eine Taxifahrt durch Thonburi plötzlich eine andere Perspektive. Den großen Schwimmenden Markt gibt's zwar auch in Thonburi nicht mehr und viele Klongs sind zugeschüttet. Erst zum Stadtrand hin findet man wieder mehr Wasserstraßen und Grün als Teer und Beton. Doch die kleinen, flach gehaltenen Häuschen müssen sich nicht ducken wie zwischen Bangkoks Hochhausgiganten. Die Nebenstraßen wirken rückständig, aber gleichzeitig auch wie vergessene Idyllen. Ist das noch ein Geschäft oder schon das Wohnzimmer im Wunderland einer kleinen Soi, in dem sich alles irgendwie vermengt? Eine Familie sitzt um einen köchelnden Suppentopf und isst. Ein Kunde tritt ein, wird sofort bedient. Die anderen schlürfen einfach weiter. Idyllen wie diese scheinen Lichtjahre von den Zwängen der Globalisierung entfernt zu sein.

»Wissen Sie«, hebt Pet noch einmal an: »Wir brauchen einfach einen starken König!« Seine Majestät Bhumipol Adulyadej wurde schließlich 1927 geboren, übrigens in Cambridge, Massachusetts, in den USA. Und weil der König schon so alt und jetzt auch noch krank ist, wird irgendwann in den nächsten Jahren wahrscheinlich ein Playboy der zehnte Rama. Ein seidener Sack würde Kronprinz Vajiralongkorn heutzutage garantiert erspart bleiben, aber ob er der Richtige ist? Nein, so würde das Pet oder ein anderer Thai nie formulieren, aber er würde auch nicht widersprechen. »Wir alle hoffen auf Lila«, fügt Pet optimistisch an. Lila ist die Farbe von Prinzessin Maha Chakri Sirindhorn, der unverheirateten Nummer Drei in der Thronfolgehierarchie – und die Farbe von Pets Taxi. »Sie kommt ihrem Vater am nächsten. Sie begleitet seine Projekte. Sie sorgt sich um alle. Sie liebt alle Thai. Sie ...« ... wär's einfach: Lila auf Gelb, der Farbe Bhumipols, und Thailands Zukunft sähe doch schon viel rosiger aus, oder? Pet lacht und nickt zweimal ...

3

4

1 Gallionsfigur im königlichen Barken-Museum. **2** Mönche im Wat Arun. **3** Wenn man eine Tour mit dem Longtail-Boot auf dem Menam Chao Phraya machen möchte, dann sollte man sich durch die Klongs von Thonburi schippern lassen. **4** Mit etwas Glück trifft man sogar noch auf den einen oder anderen kleinen Floating-Market.

Die Thronfolgefrage ist umso wichtiger, da Thailand nach dem letzten Militärputsch erst Ende 2007 zur Demokratie zurückgekehrt ist. Auch die letzten Unruhen zwischen den Gelbhemden, den intellektuellen königstreuen Demokraten, und den Rothemden, den Anhängern von Thaksin Shinawatra, sind noch gut in Erinnerung. Eine politisch stabile Zukunft ist längst nicht gesichert. Derzeit regiert als Ministerpräsident Abhisit Vejjajiva. Er löste Samak Sundaravej ab, der als Marionette seines Vorgängers galt, den wegen Korruption verurteilten und exilierten Millionär und Fußballclubbesitzer Thaksin Shinawatra. Massendemonstrationen gegen Thaksin endeten schließlich mit dem vorläufig letzten Militärputsch. Das Verfassungsgericht löste Thaksins Thai-Rak-Thai-(Thai-lieben-Thai)-Partei wegen Wahlbetrugs auf und mehr als hundert führende Politiker, darunter Thaksin, wurden für fünf Jahre aus politischen Ämtern verbannt. Doch Thaksins Anhänger gründeten die Peoples Power Party (Partei der Volksmacht) und die PPP gewann als stärkste Partei die Wahl, was wiederum abermals die königstreue gelbe Opposition auf die Straßen brachte ...
Die Fahrt mit Pet durch Thonburi nähert sich dem Ende. Wobei man Thonburi an dieser Stelle auch wenigstens einmal korrekt definieren sollte: Thonburi war einst Königssitz, dann eine eigenständige Provinz, ist heutzutage aber nur noch einer von 50 Stadtbezirken Bangkoks, den so genannten Khet. In der allgemeinen Wahrnehmung der Touristen steht Thonburi jedoch für die komplette Agglomeration auf der anderen Flussseite, nämlich dort wo man Wat Arun trotz der Übersetzung Tempel der Morgenröte meist in der Abenddämmerung besucht. Der Ton-Steine-Scherben-Tempel – zum Bau wurden unzählige kaputte Porzellanteller und -tassen verwendet – ist das große Thonburi-Highlight. Arun war der Königstempel als Thonburi noch Hauptstadt war, und sein 79 Meter hoher, im Khmer-Stil errichteter Prang glitzert ob des eingemauerten chinesischen Porzellans, als sei das noch heute so. Das nur wenige Schritte entfernte Wat Kanlayanamit bleibt dagegen von Urlaubern weitgehend unbesucht. Schade: Bangkoks größter sitzender Buddha, mit rund 15 Metern Höhe, lohnt zum einen. Zum anderen ist das der Tempel für alle Reisenden, die sich dort Glück und Sicherheit für unterwegs wünschen. Und schließ-

1 Rasend schnell und unglaublich laut sind die Longtail-Boote auf dem Chao Phraya und den Klongs. **2** Allgegenwärtig in Thonburi und im ganzen Land sind die Hausschreine. **3** Die originelle Gästebarke für das Luxushotel »Peninsula«. **4** Genauso mächtig, aber deutlich schlechter als das »Peninsula«, ist der Nachbar aus der »Hilton«-Familie.

lich erlebt man in Bangkok kaum anderswo eine solche Tempelnormalität. Ein Mönch raucht mal eine Zigarette, bei einer Frau, die gerade betet und bittet, klingelt unvermittelt das Handy. Keinen stört's und trotzdem herrscht eine Atmosphäre von ruhiger Anmut. Der Doorman des »Peninsula« öffnet mit weißen Handschuhen die lila Taxitüre. Die Hitze schlägt einem entgegen, ehe nach ein paar Schritten die Lobby einen größeren Schweißausbruch verhindert. »The Pen«, wie das Fünf-Sterne-Hotel gerne kurz genannt wird, ist die heimliche Nummer Eins der Stadt, obwohl es bei den Spätzündern von drüben, also auf der Thonburi-Seite des Chao Phraya liegt. Doch das »Peninsula« wirft seit 1998 einen großen Schatten aufs »Oriental« auf der Bangkok-Seite, als sei der mächtige Hotelbau ein riesiger Zeigefinger mit Symbolkraft. Soll heißen: Die Spätzünder kommen langsam, am Ufer sind Hochhäuser entstanden und so manche Firma hat ihren Sitz dorthin verlegt. Auf jeden Fall hat das »Pen« die Hotelszene kräftig aufgemischt. Denn die Moderne macht vor Thonburi nicht Halt. Damit schleicht die globalisierte Welt bis in die Hinterhöfe und die gefühlt schneller laufende Zeit auf der Bangkok-Seite bestimmt dann eben auch Thonburi. Trotzdem: Ein paar Idyllen werden bleiben.

Letztlich ist auch das »Pen« trotz der stattlichen Größe eine Idylle. Es wirkt manchmal wie ein geradezu sündig luxuriöses Boutique-Hotel. 370 Zimmer? Spürt man nicht! Den Weg über den Fluss nach Bangkok legt man in der Regel romantisch und kostenfrei mit einer Holzbarke zurück. Der Pool ist lang und schmal, als sei er ein Klong, der dem Chao Phraya entgegenstrebt. Er ist auch mit Brückchen überbaut, wie früher die Kanäle. Der Service ist persönlich, freundlich, perfekt, allenfalls manchmal etwas zu thailändisch-devot. Die Bedienung muss nicht auf die Knie gehen, wenn man gerade in einem tiefen Sessel sitzt und sich auf einen Cocktail freut – denkt der Farang. Aber sie geht in die Knie, weil sie sich wegen der Tiefe des Sessels nur so unterhalb des Gastes positionieren kann ... Und in den Top-Suiten gibt's dann sogar noch ein Sahnehäubchen: Zwei Suiten im 37. Stock verfügen über jeweils ein Dachterrassen-Jacuzzi, und sechs Suiten zum Chao Phraya bieten dem Gast lichtstarke Ferngläser auf Stativ: Dann wollen wir doch gleich mal sehen, was die da unten machen – die vom kleinen »Oriental« ...

Zeit für Thonburi

Anreise/Lage

Westlich vom Chao Phraya ist noch vor Besiedlung des Ostufers Thonburi entstanden. Das Expressboot hält auf der Thonburi-Seite an den zentralen Piers Nr. 10, Tha Wang Lang, Nr. 11, Tha Thonburi Railway, und Nr. 12, Tha Phra Pin Klao Bridge, von der man zu den Königlichen Barken gehen kann. Wat Arun und Wat Kanlayanamit ist mit Fähren vom Ostufer aus erreichbar. Die großen Hotels in Thonburi bieten einen kostenfreien Shuttle mit schönen Holzbooten ans andere Ufer. Es verkehren weder Skytrain noch U-Bahn. Man nimmt am besten ein Taxi. Verkehrsstaus sind nicht zu befürchten. Im Süden Thonburis liegt der riesige Southern Bus Terminal für alle Fahrten in Richtung Süden.

Sehenswürdigkeiten

Wat Arun, Wat Kanlayanamit sowie der Bootsschuppen mit den Königlichen Barken sind die Highlights. Sehenswert sind auch die portugiesische Kirche Santa Cruz und das Siriaj Hospital an. Im dortigen Forensischen Museum gibt es mumifizierte menschliche Körper zu sehen.

Übernachten

The Peninsula***, 333 Charoennakorn Road, Tel. 02-861 28 88, Fax 02-861 11 12, www.peninsula.com, E-Mail: pbk@peninsula.com.
Die heimliche Nummer eins der Stadt liegt direkt am Chao Phraya und ist in jeder Hinsicht ein perfektes Haus. Man kann sich wahlweise mit dem Helikopter (die Landeplattform ist auf dem Dach des »Pen«), Rolls-Royce oder einem Mercedes der S-Klasse vom Flughafen abholen lassen. Tennis, Top-Spa mit Fitnesscenter und Außenpool.
Millennium Hilton***, 123 Charoennakorn Road, Tel. 02-442 20 00, Fax 02-442 20 20, www.hilton.com, E-Mail: bangkok@hilton.com.
Sehr modernes Hotel, direkt am Fluss gelegen. Spa mit Fitnesscenter und Außenpool.

Restaurants

Thiptara, gehoben, direkt am Fluss gelegen, ausschließlich im Freien sitzend. 333 Charoennakorn Road, Tel. 02-861 28 88.
Sehr gute, in der Schärfe etwas abgemilderte Thai-Gerichte und sogar einige Flaschen trinkbaren Thai-Weines stehen auf der Karte. Der Snow Fish ist ein Gedicht.
Supattra River House, gehoben, Soi Wat Rakhang/Arun Amarin Road, Tel. 02-411 03 05. Das traditionelle Thai-Haus liegt ebenfalls direkt am Chao Phraya, vis-à-vis des Grand Palace. Riesige Auswahl von Thai-Speisen, gute Küche.

Tipp

Das Hotel »Peninsula« bietet täglich auf einem herrlichen Teakholzboot eine »Chao Phraya Cruise« zum Sonnenuntergang an. Es gibt leckere Kanapees, Wein und Cocktails sowie den orangefarbenen Himmel als ideale Kulisse für Wat Arun.

1

2

3

4

Alles im Fluss

Chao Phraya – die Lebensader

Der durch Bangkok fließende Strom und die darauf verkehrenden Expressboote sind ein Schlüssel zu angenehmer und schneller Beförderung in der Zehn-Millionen-Stadt. Am Fluss gibt es rund 30 Haltestellen, die Fahrpreise sind gering.

Schlichte Pfahlwohnhäuser, Flussterrassen mit herabhängenden Topfpflanzen und badende Kinder im lehmbraunen Wasser: Die Wellen klatschen an Uferbefestigungen, Treppen und Pfahlbauten, als sei man schon am nahen Ozean, und die Kleinen plantschen im Fluss, als wäre er das Meer. Direkt am Chao Phraya ist alles verschachtelt und eng auf eng gebaut. Man sieht junge Mädchen, die Knoblauch pulen. Erwachsene Frauen sortieren Chili. Ein Fahrradhändler kündigt klingelnd auf dem Steg sein Kommen an. Er verkauft scharfe Suppe, der Topf ist auf dem Gepäckträger fest verankert. Ein Mann wäscht sich mit Flusswasser, und in Marktnähe steigt einem der Duft von Koriander in die Nase, der sich mit dem Geruch von getrocknetem Fisch und Diesel vermischt.
Eine Expressbootsfahrt ist das vielleicht günstigste Vergnügen bei einem Bangkok-Besuch – sowie gleichzeitig eines der schönsten. Der Bootsverkehr auf dem »General«, so die wortwörtliche Übersetzung des 372 Kilometer langen Flusses, ist bestens geregelt, auch wenn es auf den ersten Blick nicht danach aussieht, weil vor allem die Langschwanzboote mit großer Geschwindigkeit und noch größerem Lärm durch die Fluten pflügen wie bei einem Wettrennen.
Bangkoks altmodischer Alltag, abseits von Buddha- und Shopping-Tempeln sowie Hochhäusern und zehnspurigen Stadtautobahnen, zeigt sich geruhsam statt schillernd und gleichzeitig faszinierend unaufgeräumt. Auf dem Weg zu 400 Tempelanlagen, 4000 Kleinigkeiten am Wegesrand oder 40 000 Garküchen begegnet man dem Alltag zwar immer wieder – am intensivsten aber direkt am Chao Phraya, wo sich auch gesellschaftliche Unterschiede am plakativsten herauskristallisieren. Hier die lauthals badenden Kinder im schmutzigen Wasser, dort, an der Landungsbrücke, eine Dame in schneeweißem Kostüm mit schwarzer Desginerhandtasche. Ein Mädchen in Schuluniform steht zwischen dem Yuppie im gestylten Outfit und dem Mönch in orangener Kutte. Ein paar Meter weiter

1 Hotelfähre für betuchte Gäste und **2** die stets rege frequentierte öffentliche Fähre, die an mehreren Stellen den Chao Phraya überquert. Eine Passage kostet nur wenige Baht. Fahrten lohnen sich auch für Touristen. **3** Gemischtwarenladen am Fluss. **4** Er wacht direkt am Wasser: der Große Buddha von Wat Bang Chak.

1 Blick auf die Veranda und **2** in eine Kajüte der Luxusbarke »Manohra Song«, die von Thonburi nach Ayutthaya verkehrt. **3** Pool des Hotels »Royal Orchid Sheraton«, der auf dem Gelände der portugiesischen Botschaft liegt. **4** Bedienung im »Sheraton«.

eine Garküche mit Hockerchen und duftenden Speisen auf Plastik, daneben das vollklimatisierte Restaurant, ebenfalls mit Flussblick, aber mit edler Innenausstattung sowie zelebrierter Kochkunst auf dreieckigem Porzellan.

Die Stadt ist eigentlich ein Mikrokosmos ohne wirkliches Zentrum. Sie ist Wildwuchs entlang des Chao Phraya und für Städteplaner ein Albtraum: windschiefe Wellblechhütten, atemberaubende Wolkenkratzer, versteckte Bordelle, goldene Chedis, alles willkürlich zusammengewürfelt und trotzdem harmonisch vereint. Wahrscheinlich ist es das Chaos, das anzieht. Bangkok, die 24-Stunden-Power-Stadt, bedeutet Faszination und Erschrecken zugleich sowie Liebe und Hass.

Auf den Expressbooten – erkennbar am schrillen Pfeifen des Schiffsjungen – werden Farangs längst nicht mehr bestaunt wie Außerirdische. Die Piers sind ausgeschildert, Bootslinienpläne hängen aus, und für wenige Baht, zu zahlen beim Bootsmädchen, das mit ihrer blechernen Geldbüchse klappernd durch die Reihen geht, erreicht man die schönsten Tempelanlagen: ob Wat Phra Kheo, Wat Pho oder Wat Arun. Chinesische Tempel sind ebenfalls zu sehen, wie auch Kirchen und Moscheen. Per Boot kann man Märkte besuchen wie den Pak Klong Talat, und gleich daneben, am Pier Nr. 5, die Cha Phet Kondominiums bewundern, Bangkoks teuerstes Mietshaus. Das Wichtigste der 184 Museen der Stadt, das Nationalmuseum, wie auch die Bootshalle für die Königlichen Barken können angesteuert werden, oder man geht auf historische Tour. Am Fluss siedelten sich schließlich die ersten Bauten an, Kolonialstilgebäude wie der alte Flügel des »Oriental«, das Postamt und Feuerwehrhaus daneben, aus dem Investoren ein luxuriöses Boutiquehotel machen wollen, das 1901 erbaute Handelshaus der East Asiatic Company und die weiße Assumption Cathedral von 1822 dahinter. Besonders an den Kirchen am Fluss lassen sich die europäischen Beziehungen zu Thailand ablesen. Die Portugiesen waren die Ersten, zu sehen an der Holy Rosary Church von 1787 und der Kirche Santa Cruz von 1913. Aber schon 1511 segelten portugiesische Schiffe den Chao Phraya flussaufwärts, und fünf Jahre später wurde ein Freundschaftsvertrag zwischen Portugal und Thailand unterzeichnet. Soldaten und Missionare, Kaufleute und insgesamt 2000 Portugiesen gründeten die erste europäische Siedlung im Land der Freien. Das Botschaftsgelände, das König Rama II. 1818 Königin Mary II. schenkte, ist bis heute im Besitz Portugals und liegt ebenfalls am »Maenam«, am Fluss, wie die Thais kurz zum Chao Phraya sagen. Das Hotel »Royal Orchid Sheraton« hat übrigens seinen wie eine Doppelacht geschwungenen Gartenpool auf dem Gelände der portugiesischen Botschaft gebaut. Und so geht man vom Flusspool auf thailändischem Territorium nur ein paar Schritte und gleichzeitig sinngemäß Tausende von Kilometern nach Portugal zum Gartenpool. Ein Schild weist Schwarz auf Gold auf diese einzigartige Konstellation von Gastfreundschaft hin: »Though a one-of-a-kind gentlemen's agreement, the Royal Orchid Sheraton guests are most welcome guests of the Portuguese Ambassador in the Garden of Portugal.«

Zeit für Chao Phraya

Anreise/Lage

Thailands wichtigster Strom, der Chao Phraya, fließt in mehreren Schleifen mitten durch Bangkok. Die Expressboote verkehren tagsüber regelmäßig und halten an 33 Piers zwischen Tha Ratburana im Süden und Tha Pa Kret im Norden. Die Fährkosten liegen zwischen 35 und 70 €-Cent. Anschluss vom Expressboot an die Skytrain-Station Saphan Taksin hat man vom Pier Tha Sathon.

Sehenswürdigkeiten

Eine Fahrt mit dem Expressboot beschert einem bei mehreren Stopps eine Art Best-of-Bangkok-Programm: Man kommt ohne Stau zu den schönsten Tempelanlagen, zu Kirchen, Chinesen-Tempeln und Moscheen.

Übernachten

Royal Orchid Sheraton*****, Soi 30/Charoen Krung Road, Tel. 02-266 01 23, Fax 02-236 83 20, www.sheraton.com, E-Mail: 00172.info@sheraton.com.

Panoramablicke von allen Zimmern auf den Fluss. Empfehlenswert in dem wie ein Y geformten Hotel direkt am Chao Phraya sind die Towers Floors mit eigenem Check-in, ruhiger Frühstücksatmosphäre und kostenfreien Cocktails zum Sonnenuntergang. Bei 740 Zimmern kann der Service allerdings nicht perfekt sein. Tennis, Mandara-Spa, 24-Stunden-Fitness-Center und zwei Außenpools.

Marriott Resort & Spa*****, 257 Charoennakorn Road, Tel. 02-476 00 22, Fax 02-476 11 20, www.marriott.com, E-Mail: bangkokmarriott@minornet.com.
Modernes Hotel mit eleganten, asiatisch eingerichteten Zimmern, knapp auf Fünf-Sterne-Niveau, aber Bangkoks schönstes Gartenresort, direkt am Fluss. Spa, Fitnesscenter und Außenpool.

Restaurants

Sala Rim Naam, was »Pavillon am Fluss« bedeutet: exklusiv, 489 Charoennakorn Road, Tel. 02-437 94 17. Auf der Thonburi-Seite gelegen, gehört das schöne Thai-Haus zum Hotel Oriental und bietet eine wunderbare Reise durch die Küche des Landes, mittags in Büffetform, abends begleitet von klassischem Thai-Tanz als Menü.

Trader Vic's, exklusiv, 257 Charoennakorn Road, Tel. 02-476 00 22. Ein Hauch von Südpazifik direkt am Chao Phraya. Sehr außergewöhnlich sind die Speisen vom chinesischen Holzofen aus der Han-Dynastie, sehr gut der Sonntags-Brunch inklusive Wein.

Tipp

An einigen Piers können Langschwanzboote für eine private Tour gechartert werden (ab 15 € pro Stunde, zwei Stunden etwas mehr). Darauf achten, dass nicht die gängige Route am Chao Phraya und die Runde über den Klong Bangkok Noi zurück zum Chao Phraya gefahren wird.

1

2

3

4

Himmelszug für Engel

Skytrain – ganz cool durch die Stadt

Bangkok lässt keinen kalt. Es sei denn, er nimmt den Skytrain. Eine Fahrt spart Zeit, Nerven und gibt unbekannte Blicke auf Thailands Hauptstadt frei. Und ganz nebenbei kann man sich mal so richtig abkühlen lassen.

Draußen ist die Hölle los. Presslufthammer, Tuk-Tuk-Knattern, Musikboxdröhnen – eine Kakofonie, die die Sinne betört. Bangkok ist laut – immer, zu jeder Tages- und Nachtzeit. Nur im Skytrain nicht: Eine Säuselstimme flüstert zweisprachig die nächste Haltestation, zwei Mädchen in Schuluniform tuscheln. »Das ist doch ...« Ein Blick schräg hinüber auf die andere Sitzbank: »Ja, das ist sie!« Kichern, verstohlene Blicke, ein Wunsch in den Augen: ein Autogramm von ihr, von Areeya Chumsai, der thailändischen Claudia Schiffer.

Areeya nutzt das Geburtstagsgeschenk des Königs regelmäßig. Die weiß-blau-rote Hochbahn wurde am 5. Dezember 1999 eingeweiht: König Bhumipol Adulyadej, die Hauptstadt und das ganze Land feierten an diesem Tag den 72. Geburtstag des Monarchen und den Start des Skytrain. Fast lautlos flitzt die jetzige Filmregisseurin per Himmelszug quer durch die Stadt zu ihrer Produktionsfirma. Die Ex-Miss-Thailand ist begeistert: »Der Himmel auf Bangkoks Erden! Bei mir war es Liebe auf den ersten Blick. Schnell, sauber, sicher und pünktlich auf die Sekunde – nur etwas zu kalt.« Man fährt Skytrain in Bangkok – zumindest wo es geht.

Die Schulmädchen sind begeistert. Sie bekommen ein Autogramm von der Ex-Miss. Areeya Chumsai gehört nicht zu den Dummchen der Branche. Sie bezieht Stellung, wird um ihre Meinung gefragt. »Zitronengras«, sagt sie kurz, als sie das Einatmen des Reporters und seinen fragenden Blick bemerkt. »Wissenschaftler haben herausgefunden, dass die in der Thai-Küche sehr oft verwendeten Zutaten Zitronengras, Koriander und Minze nicht nur einen angenehmen, sondern auch einen anziehenden natürlichen Körpergeruch erzeugen.« Das Ex-Coca-Cola- und L'Oréal-Model lacht: »Es ist wirklich kein Parfum! Es ist nur unser Essen!«

Rund 60 Stufen tiefer, unter den mächtigen, fast 15 Meter hohen Stelzen des Skytrain, erschlägt einen die Hitze, ducken sich alte Häuschen und Garküchen. Rund 40 000 Kleinküchen soll es geben in Bangkok. Das sind 40 000 unterschiedliche Düfte, 40 000-mal

1 Tempeltänzerinnen am Erawan-Schrein. **2** Passagiere im modernen Skytrain. **3** Konzert im »Grand Hyatt Erawan«, dem Hotel, das Bangkoks Society am liebsten für Empfänge wählt. **4** Schnelle Fahrt über dem alltäglich tosenden Verkehr von Bangkok: mit dem Himmelszug »Skytrain«.

1

3

Lust. Eine Köchin brutzelt – mit Zitronengras, Koriander und Minze – im Wok Reis mit Gemüse für ein paar Baht. Die schwarzen Rauchwolken der alten Stadtbusse kämpfen mit den verlockenden Gerüchen. Der Verkehr tost über achtspurige Straßen, die schnell zu zwölfspurigen umgewandelt werden. Bangkok brütet in der Mittagshitze. 35 Grad und dicke Luft, im wahrsten Sinn des Wortes: Die Jasminblüten-Händlerin hat zum Schutz ihren Kopf in den Armen vergraben, schläft glücklich ein paar Minuten mitten im Chaos. Ein älterer Tuk-Tuk-Fahrer bietet geschäftig seine Dienste an.

Oben boomt Bangkok. Oben wird gebaut, was das Zeug hält: Hotels, Shopping Center, Bürogebäude, zum Himmel strebende Türme wie der 343 Meter hohe Bayoke II Tower, der so konstruiert ist, dass er bei Bedarf noch weitere zehn Stockwerke aufgesetzt bekommen kann. Oben spiegeln sich Glasfassaden, glitzern Paläste moderner Architektur, rollt der Verkehr auf mautpflichtigen Hochautobahnen mitten durch die Stadt, schwebt der Skytrain. Oben ist Bangkok auf dem Weg vom chaotisch-faszinierenden Moloch zur geordnet-funktionierenden Metropole. Oben kühlt der Skytrain Kopf und Körper. Unten kocht die Stadt.

40 volle Tage verbringt ein Autofahrer in Bangkok jedes Jahr hinterm Lenkrad, also mehr als zehn Prozent seiner zur Verfügung stehenden Zeit. Ein Grund, das Milliardenprojekt Skytrain zu realisieren, das übrigens das erste ausschließlich private Massentransportmittel seit 1863 ist. Damals öffnete die Londoner U-Bahn ihre Pforten.

»Der Skytrain ist ein Ausdruck von Lifestyle.« Martyn Linford, Chefarchitekt des Megaprojekts, meint sogar: »Er macht Bangkok kosmopolitisch.« Einst waren die Klongs das Verkehrsnetz der Stadt. Dann wurden die Wasserkanäle bis auf wenige zugeschüttet und Straßen entstanden. Heute baut man Stelzen darauf und schwebt durch Bangkok. Zwei Touristinnen aus Berlin sind zwei von gut 200 000, die den Himmelszug an einem gewöhnlichen Wochentag nutzen. »Wir haben schnell erkannt, dass das Überqueren von Hauptstraßen in Bangkok eine Mischung aus Überlebenstraining, Meditation und blindem Vertrauen den anderen gegenüber ist«, sagt die eine. »Wenn man nicht den Mut, die innere Ruhe und das Vertrauen hat, einfach loszugehen, dann steht man garantiert eine Stunde oder länger, ohne einen Schritt gemacht zu haben«, meint die andere. Also benutzen sie die Übergänge der Skytrain-Stationen. »Und manchmal fahren wir auch mit dem ›Kühlschrank‹.« Nämlich dann, wenn das ganz bestimmte Röckchen nicht im ultramodernen Emporium Shopping Center zu finden ist, oder die zwei doch noch mal das kleine Schwarze in einer Boutique im World Trade Center anprobieren möchten. In ein paar Minuten ist die Distanz dazwischen überbrückt – vor ein paar Jahren noch undenkbar.

1 Ein typisches Bangkok-Bild mit Tuk Tuks und Garküchen. **2** Wie ein Ungetüm bahnt sich die Skytrain-Trasse ihren Weg durch die Stadt. **3** Unten tost der Verkehr: Rotlicht an der Ampel – alle warten auf Grün … **4** Nachtstimmung an der Skytrain-Station an der Rama-I.-Road. **5** Bunte Verführung: das Shopping Center Siam Paragon.

Auf dieser Linie flitzt der Zug auch über den Erawan Shrine. Zusammengedrängt auf wenige Quadratmeter finden sich Gott und die Welt zusammen: der Handy-Man im weißen Hemd mit dunkler Krawatte, die Köchin vom kleinen Essensmarkt ums Eck, der Schutzmann, der mit Atemmaske den Verkehr regelt, die Studentin, die sich in den nahen Szenekneipen mit Freundinnen trifft, ab und an auch Areeya. Alle besuchen den Minischrein, soll das Geisterhäuschen des Gottes Brahma doch helfen, alle Wünsche zu erfüllen. Von sechs bis 23 Uhr beten und opfern die Menschen. Die einen schmücken den Schrein mit Blumengirlanden, die anderen mieten Musiker und Tänzerinnen, um den Gott auf ihren Wunsch aufmerksam zu machen. Der Taxifahrer nimmt beim Vorbeifahren sogar beide Hände vom Steuer, um mit gefalteten Händen auf Stirnhöhe seinen Respekt zu bezeugen – und sich ebenfalls schnell etwas zu wünschen. Die Touristen staunen über

1 Am Erawan-Schrein lohnt das Aussteigen aus dem Skytrain auf jeden Fall. **2** Eine Lobby, die sich wie ein Botanischer Garten gibt. So zeigt sich das »Grand Hyatt Erawan« von Innen. **3** Das Fünf-Sterne-Hotel hat trotz noch größerer und modernerer Konkurrenz seinen Platz unter den besten Häusern der Stadt behauptet.

Hunderte von Räucherstäbchen, die den Smog in Geruch und Schwadenstärke übertreffen, vor allem aber auch wenn sie im Taxi sitzen und ängstlich den Wai ihres Chauffeurs beobachten ...
Den Schrein erkennt im Vorbeifahren nur das ortskundige Auge. Das Aussteigen an der Station Chidlom lohnt aber. Nirgends sieht man besser, wie Bangkoks Moderne und alte Traditionen auf wenigen Quadratmetern zusammenschmelzen. Der Erawan Shrine ist ein Stück typisches Thailand, ein Platz, an dem Bangkoks Herz schlägt. Dabei entstand der Schrein nur durch Zufall. Mitte der 1950er Jahre wurde das »Erawan Hotel« gebaut, aber es passierten so viele Unfälle, dass die Arbeiter ihre weiteren Dienste verweigerten. Erst als ein Astrologe vorschlug, einen Schrein für den viergesichtigen Brahma zu errichten, kehrten die Arbeiter zurück. Das Gebäude wurde ohne weitere Zwischenfälle vollendet.
1991 ersetzte das neue »Grand Hyatt Erawan« das alte Hotel. Der Schrein blieb selbstredend an seinem Platz, und die US-amerikanische Hotelkette entschloss sich ganz entgegen ihren Gepflogenheiten ihr neues südostasiatisches Flaggschiff nicht nur wie sonst weltweit üblich nur »Grand Hyatt« zu nennen, sondern das Haus respektvoll mit dem Zusatz »Erawan« zu versehen.
Auch Sanuangghit besucht den Schrein häufig. Nicht nur deshalb, weil sie Stammgast im Skytrain ist, der im Übrigen von Siemens entwickelt wurde. Es ist auch ihr täglicher Weg von Saphan Taksin bis Nana, wo sie vis-à-vis vom »Landmark« an einem Straßenstand an der Sukhumvit Road T-Shirts, Polos, Hemden, Jeans und Shorts verkauft. »Markenware, perfekt imitiert und spottbillig«, sagt die 22-Jährige strahlend, wohlwissend, dass ihr Stand nur aus Gewohnheitsrecht geduldet ist. Sanuangghit interessiert das wenig. Sie fand in ihrer Heimatstadt Khon Kaen im Nordosten des Landes keine Arbeit und ist jetzt heilfroh über ihr kleines Reich. »Den größten Profit hat zwar mein Chef, aber ich lebe ganz gut. Und Englisch lerne ich auch dabei.«
Sie wohnt in Thonburi am Klong Mon und fährt jeden Tag mit dem Expressboot den Chao Phraya hinunter. An der Taksin Brücke steigt Sanuangghit in den Himmelszug um: ein Zeitsprung von einem Jahrtausend ins andere. »Die Bahn ist mehr als doppelt so teuer wie das Boot«, sagt sie. Was ihr aber überhaupt nicht passt: »An meinem Stand unter den mächtigen Skytrain-Stelzen ist es jetzt um einiges dunkler und stickiger als früher.«

Zeit für den Skytrain

Anreise/Lage

Der von Siemens gebaute Skytrain flitzt schadstofffrei mit 35 Stundenkilometern in kurzen Zeitabständen an den Dächern Bangkoks vorbei – von 6.00 Uhr morgens bis Mitternacht. 25 Kilometer sind auf zwei Linien fertiggestellt. Die Fahrtzeit für die längste befahrbare Strecke von Mo Chit im Norden bis On Nut im Südosten dauert weniger als eine Stunde, die Fahrtzeit per Taxi bis zu zwei Stunden und kostet nicht unter 300 Baht (6 €). Die Ticketpreise für den Himmelszug liegen zwischen 10 und 40 Baht, das sind etwa 20 bis 80 €-Cent. An den Stationen Mo Chit, Asoke und Sala Daeng kann man in wenigen Schritten Anschluss an die U-Bahn bekommen. Dafür ist ein neues Ticket zu lösen. Eine Verbindung zu den Expressbooten hat man an der Station Saphan Taksin, wo ebenfalls ein neuer Fahrschein gelöst werden muss. Und von Ekkamai aus erreicht man den Eastern Bus Terminal für alle Busfahrten gen Osten des Landes.

Sehenswürdigkeiten

Lohnenswerte Stationen: Mo Chit (Chatuchak-Wochenendmarkt) und auch Victory Monument, Siam Centre (Shopping Malls), Chit Lom (Erawan Shrine), Nana und Asoke (Sukhumvit Road) sowie auf der Südlinie Sala Daeng (Patpong und Lumpini Park).

Übernachten

Grand Hyatt Erawan***, 494 Rajdamri Road,
Tel. 02-254 12 34, Fax 02-254 62 44, www.hyatt.com,
E-Mail: hotel.ghbangkok@hyatt.com.
Klasse Hotel, das betuchte Thais und manchmal auch Mitglieder des Königshauses anzieht. Isawan-Spa, Pool, Squash- und Tennisplätze.
The Metropolitan***, 27 South Sathorn Road,
Tel. 02-625 33 22, Fax 02-625 33 30, www.metropolitan.como.bz,
E-Mail: res.bkk@metropolitan.como.bz. Kühl minimalistisch, Spa und Pool.

Restaurants

Baan Khanitha, exklusiv, Soi 2/Ploenchit Road,
Tel. 02-253 46 38. Gewann den »Bangkok Dining & Entertainment's Best Restaurant Award« in der Kategorie Thai-Küche. Dazu gibt's viel Kunst, Grün und Botschafter als Publikum.
Lemongrass, gehoben, mit viel Thai-Antiquitäten. Soi 24/Sukhumvit Road, Tel. 02-258 86 37. Die Qualität der Thai-Gerichte ist superb. Den Lemongrass-Eistee probieren!

Tipp

Wer nicht auf Märkten einkaufen möchte und ShoppingMalls bevorzugt, steigt an der Skytrain-Station Siam Centre aus, um im Siam Paragon, Siam Centre, Discovery Centre, Mah Boon Krong und Elektronik-Freaks im True Urban Park IT einzukaufen.

ลายทัวร์

Der Süden

Ganz entspannt im 28 Grad warmen Wasser am Pattaya Beach auf der Insel Ko Li Pe.

1

2

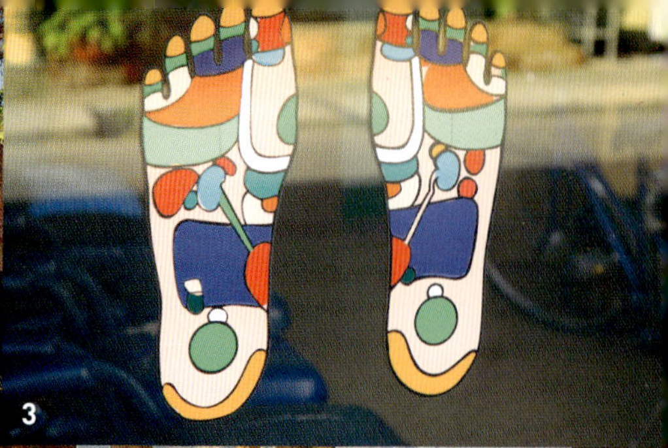
3

4

Am Rüssel entlang

Von Bangkok bis Hat Yai – ab in den Süden

Der Petchkasem Highway, die Straße Nummer 4 des Landes, und die beinahe parallel verlaufende Eisenbahnlinie verbinden Bangkok mit Hat Yai im tiefen Süden, mit George Town in Malaysia sowie mit Singapur.

Der Verkehrspolizist bläst vehement in eine Trillerpfeife. In den Gläsern seiner Sonnenbrille spiegelt sich der Stau. Bangkok überlebt täglich mehrmals Verkehrsinfarkte und dürfte wohl die einzige Stadt der Welt sein, die aufgrund ihres Verkehrs in Deutschland aktenkundig ist, nämlich beim Landgericht Frankfurt am Main, das eine Reisemängelklage wegen Verkehrschaos abzuweisen hatte. Es geht gen Süden – hoch erhaben im modernen Überlandbus mit Liegesitzen. Der Streifenpolizist scheint trotz Uniform und Pfeife auf verlorenem Posten zu stehen. Aber es stört ihn nicht. Stopp and go ist auch auf den Ausfallstraßen Bangkoks die immerhin schon etwas schnellere Art der Fortbewegung. So rollt man Stück für Stück klimatisiert, weit weg von Lärm und Hitze, von drei Millionen Autos und noch mal so vielen Mopeds, auf der 4 Richtung Petchaburi.

Petchaburi wird wenig besucht trotz des Beinamens »Stadt der vielen Wats«. Von den rund 30 Tempelanlagen ragt im Zentrum Wat Mahathat heraus, vor allem wegen seiner fünf Maiskolben ähnlichen Stupas und dem Chedi mit dem Vierfachkopf von Brahma. Auch Wat Kamphaeng weist fünf Prangs auf, die während der Khmer-Herrschaft im 12. Jahrhundert errichtet wurden. Über allem thront jedoch etwas außerhalb und 120 Meter hoch gelegen Wat Khao Banda It. Neben den zahlreichen Meditationsgrotten mit Buddha-Bildnissen ist besonders die Aussicht auf Petchaburi, den Kaeng Krachan National Park, flächenmäßig der größte des Landes, bergig, schwer zugänglich und komplett von dichtem Regenwald bedeckt, sowie die schmale Südregion lohnenswert. Rüssel des Elefantenkopfs wird sie genannt. Der Blick auf eine Thailand-Landkarte mit leicht nach links geneigtem Kopf belegt, warum.

An der engsten Stelle ist Thailands Rüssel gerade mal 14 Kilometer breit, aber er zeigt sich durch seine wilden Karstlandschaften zuweilen als schmale Märchenwelt. Cha Am gilt an der südlichen

1 Fünf Leute auf einem Moped? In Thailand ist das auf dem Land immer noch und immer wieder mal zu sehen. **2** Buddhas in Wat Khao Takiap von Hua Hin, dem ältesten Seebad Thailands. **3** Symbol für eine Fußreflexzonenmassage. **4** Höhle, Tempel und ein mysthischer Platz in einem: Khao Luang in der Petchaburi-Provinz.

1

2

3

4

Golfküste, von Bangkok aus gesehen, als erster großer Badeort. Und es ist ein typisches Seebad für die modernen und betuchten Großstädter: Hoch- und Apartmenthäuser prägen das Erholungszentrum, das einst ein kleines Fischernest war. Kein Mensch geht ins Wasser, denn zum Schwimmen fährt man besser auf die Inseln. Zu groß ist die Gefahr, von den häufig an diesem Küstenstreifen auftauchenden großen Quallen gebrannt zu werden. Dafür findet man 13 gepflegte Golfplätze, die so manche Ananas-Plantage verdrängt haben, und auch Weinreben. Zwischen Cha Am und Hua Hin gedeihen die Trauben, die unter den Etiketten Monsoon Valley und Mont Clair von der Siam Winery vertrieben werden. »Shiraz und Chenin Blanc sind unsere wichtigsten Sorten«, sagt Kathrin Puff, die von ihrer Heimat Deutschland über Italien nach Neuseeland ging, um als Winemaker schließlich die neue Weinwelt von Thailand kennenzulernen sowie diese weiter voranzubringen.

Auch Hua Hin wird von mächtigen Hochhaushotels bestimmt, wenngleich sich neben den Ketten hier und dort Resortperlen verstecken. So gehörte das »Chiva Som« zu den ersten Resorts mit Spa und seine damaligen Manager galten als Mitbegründer der Wellness-Idee, die inzwischen längst zu einem regelrechten Wahn

1 Der Fischerhafen von Hua Hin. **2** Die Markthalle von Chumphon. **3** Hua Hins Strand und **4** der altehrwürdige Bahnhof sind die Highlights der Stadt. **5** Khao Takiab, der chinesische Tempel, liegt etwas außerhalb. **6** Immer noch wunderschön, wenngleich von einer Hotelkette übernommen, ist das »Sofitel Central«, das ehemalige »Railway Hotel« von 1921.

5

6

und damit zu einer schier unerschöpflichen Geldquelle mutierte. Spa steht ja schließlich für *Sanus per aquam*, was so viel wie »Gesundheit durch Wasser« bedeutet – im Übrigen auch für die Controlling Reports der am Wellnessboom verdienenden Konzerne. Und wer heute aus gesundheitlichen oder welchen Gründen auch immer lauwarmes Wasser zum ganzheitlich körnigen Dinner wünscht, statt eines leichten Chablis oder eines Chenin Blanc aus dem nahen Monsoon Valley zum frischen Fisch aus der Andamanensee, der muss bereit sein, sündhaft viel Baht zu bezahlen, ist jedoch in diesem Fall im »Chiva Som« goldrichtig. Eine Hotelbuchung ohne Spa-Reservierungen wird gar nicht erst akzeptiert. Andere wählen fürs gute Geld doch lieber Luxus pur, ohne Gesundheitsfeigenblättchen, aber trotzdem mit Wellness-Angebot plus Polo-Turnier, bei dem Elefanten statt Pferde eingesetzt werden. Dafür ist das »Anantara Resort & Spa« die richtige Adresse. Diesen Zusatz dürften sich inzwischen fast alle Hotels in und um Hua Hin zugelegt haben, die über eine Massageliege verfügen – wobei im Falle des »Anantara« die Bezeichnung Spa einwandfrei ist.

Hua Hin ist ebenfalls längst kein Fischerdorf mehr. Vor mehr als 70 Jahren wurde mit dem Royal Hua Hin Golf Course der erste Golfplatz Thailands eröffnet – gleich hinter dem rot gestrichenen Holzbau des altehrwürdigen Bahnhofs, der sogar über eine königliche Warte-Sala verfügt. Denn in der Regel gesellte sich einmal im Jahr der König unter die Sommerfrischler, weshalb der Ort trotz enormen Touristenaufkommens seinen konservativen Seebadcharme bewahrt hat. In Hua Hin ist oben ohne ein Tabu und Bars wie in Pattaya oder Patong sind weit und breit nicht zu finden. Und der braune statt Insel-weiße Sandstrand stört niemanden, denn auch an den Hua-Hin-Stränden ging (und geht) niemand ins Meer wegen der gefährlichen Quallen.

»Fern aller Sorgen« heißt die königliche Sommerresidenz, die heutzutage der Öffentlichkeit zugänglich ist. Und fern aller Sorgen nimmt man im charmanten Railway Hotel unter langsam drehenden Deckenventilatoren einen Drink zu sich – trotz Modernisierung und Vereinnahmung des Kolonialstilhauses durch eine französische Hotelkette. Zu Ehren von Rama VI. wurde das Hotel 1924 eröffnet und in seiner Lobby wurde 1984 mit »The Killing Fields«, dem in Thailand gedrehten, erschütternden Vietnam- und Anti-Kriegsfilm, Filmgeschichte geschrieben. Fern aller Sorgen kann man sich auch auf den Weg zum Wat Takiap machen, das mit einem 19 Meter hohen Buddha-Standbild hoch über der fünf Kilometer langen, leicht sichelförmigen Bucht seine Heimat hat. Und

1

2

3

abends begibt sich sogar so mancher Chiva-Somler, gestresst von all den gesunden Dingen und dem lauwarmen Wasser, reumütig auf den Nachtmarkt, um zu gucken, zu shoppen und zu schlemmen: ein ganzer Snapper, frisch vom Grill, ein Krebs-Curry, Krabben mit Reis, reichlich Singha-Bier – und alle Sorgen sind in weite Ferne gerückt.
Die bessere Alternative zu Cha Am und Hua Hin lautet Pranburi. Das dortige »Evason Hideaway & Six Senses Spa« lässt Sorgen nämlich nicht nur weit wegrücken, sondern sie komplett vergessen, weil es ein perfektes Resort ist. In den 55 blattgedeckten Pool-Villen bekommt man nichts mit von einem Hotelbetrieb. Es gibt nur Gärtner, die aus natürlichen Ressourcen Kunst machen, einen Butler, der hilft, wenn es etwas zu helfen gibt, und einen Tisch im Lotosteich auf Augenhöhe mit den Lotosblumen und -blüten, an dem man frühstücken kann – wenn man dieses Ambiente der Villa-eigenen Sala am sieben Meter langen privaten Pool, ebenfalls auf Augenhöhe mit dem Wasser, vorzieht. Fast alles in diesem Resort ist aus Naturmaterialien gemacht, etwa aus Bambus, von der Dachrinne bis zum Kleiderbügel. Auch das Earth Spa mit kubischen Behandlungsgrals ist nicht nur aus Erdmaterialien erbaut, die Anwendungen erfolgen darin ausschließlich mit Produkten wie Avocado, Kokos oder Aloe vera, die auch essbar sind. In den Villen stehen wunderbare Zitronengrasshampoos, -gels und -cremes und sogar ein Zitronengrasinsektenabwehrmittel zur Verfügung. Selbst die Dienstkleidung der Angestellten erinnert an das geerdete, einfache Leben auf dem Land: Die Baumwollzweiteiler sehen aus wie der Anzug eines Reisbauern aus alter Zeit. »Unsere Gäste wollen nichts anderes als ihre Ruhe«, sagt Butlerin Poonim ganz in Hellblau mit einem herzlichen Zahnspangenlächeln. »Mal ein Spa-Treatment und am Ende des Aufenthalts einen Transfer.« Der wird allerdings nicht mit dem Pferdefuhrwerk gemacht, sondern im klimatisierten 5er BMW.
Trotz aller »Evason«-Schönheit und -Harmonie: Die Inselwelt des Südens beginnt freilich erst am Kap Prachuap nahe der Provinzhauptstadt Prachuap Khiri Khan, wenngleich auch erst einmal nur im Kleinformat. Gut zu sehen vom nahen 415 Stufen hohen Spiegelberg Khao Chong Krachok, der von dreisten Affen bewohnt wird. Die drei vorgelagerten Inselchen mit beschaulichen Sandstränden, flankiert von Kalkfelsen, wecken Lust auf mehr. Die kann mit einer Fährpassage von der nächsten, allerdings nicht sehenswerten Provinzhauptstadt gestillt werden. Von Chumpon aus werden Fahrten nach Ko Tao, eine der schönsten Inseln im

4

1 Ein Traum zum Speisen und **2** zum Schlafen: das wunderschöne »Evason Hideaway & Six Senses Spa« mit seinem Pavillon-Restaurant und den Villen mit privatem Pool. Feiner, ruhiger und atmosphärischer lässt es sich in Hua Hin nicht nächtigen. **3** Impressionen aus Songkhla: am Samila Beach und **4** aus Wat Matchimawat.

Golf, angeboten. Wer Ko Samui und seine Schwesterinseln im Visier hat, fährt jedoch noch weiter nach Surat Thani. Die Stadt ist der Mittelpunkt der größten Provinz im Süden und auch die große Durchgangsstation aller Rucksackreisenden, die nicht mit dem Flieger nach Ko Samui reisen.

Noch weiter südlich beginnt die Heimat der thailändischen Moslems, und im tiefen Süden fangen auch die Probleme mit dieser Minderheit an. Abgesehen von touristischen Gebieten wie Phuket oder Krabi zählt der südlichste Teil des Königreichs zu den ärmsten Landstrichen Thailands. Mehr als hundert Fabriken schlossen in den letzten Jahren ihre Pforten, andererseits verloren nicht weniger als 3000 Menschen, die bei Demonstrationen für ihre Unabhängigkeit kämpften, bei Unruhen und Aufständen ihr Leben. In Gegenden, wo Teile der Bevölkerung den 11. September feierten wie einen Befreiungstag, greift das thailändische Militär stets mit äußerster Härte durch. Ein Kreislauf der Gewalt, der schwer zu durchzubrechen ist, so lange keine der beiden Seiten nachgibt. Doch die Sturheit hat Geschichte: Schon 1642 rebellierten die Bürger von Songkhla gegen die damaligen Herrscher aus Ayutthaya. Songkhla ist bei Farangs lediglich durch das dem Kopenhagener Vorbild nachempfundene Denkmal der Seejungfrau bekannt, ansonsten aber eine Domäne der lokalen und malaysischen Urlauber. Abgesehen von einigen Küstendörfern, welche die Ausgangspunkte zu verschiedenen vorgelagerten Inseln sind, hat der Rest des tiefen Südens nichts mit dem Tourismus zu tun, sodass eine lukrative Einnahmequelle als Standbein entfällt. In Yala beherrscht die große Moschee am Pattani-Fluss das Bild. Die 130 000-Einwohner-Stadt Hat Yai ist gesichtslos. Und selbst in der ehemaligen Hafenstadt Trang werden Touristen häufig noch bestaunt wie vor 30 Jahren. Spürbar fehlt dem muslimischen Süden die buddhistische Leichtigkeit. Es sei denn, man geht einmal ins Kino, auch wenn man dabei kein Wort versteht.

In der Provinz stellt das Lichtspielhaus oft genug die einzige Unterhaltungsmöglichkeit dar. Dementsprechend verehrt werden die Schauspielstars, die von riesigen, manchmal noch handgemalten Plakatwänden auf ihre treuen Fans herunterblicken. Jeder der

1

2

1 Mönch im Wat Phra Mahathat von Nakhon Si Thammarat. **2** Zu dem Tempel gehört auch der 77 Meter hohe Chedi Phra Baromathat. **3** Das »Chiva Som« von Hua Hin zählt zur Kategorie Health-Resort und wird gerne von Prominenten und Gesundheitsaposteln aufgesucht. **4** Pavillon im »Evason Hideaway & Six Senses Spa«.

Topakteure dreht bis zu 40 Filme pro Jahr, wobei die Handlung fast immer die gleiche ist: Armes Mädchen verliebt sich in reichen Jungen oder umgekehrt. Liebesgeschichten, hundert Prozent sexfrei, sogar Küssen ist verpönt. Sinnlich, kitschig, bunt sind die Schmachtstreifen in Bollywood-Manier produziert, und das nach allen Irrungen und Wirrungen folgende Happy End ist im thailändischen Kino ein absolutes Muss.

In Nakhon Si Thammarat oder Nakhon, wie die Thais die Stadt kurz nennen, spielen aber auch noch an die 300 fingerfertige Figurentheaterkünstler. Die Ursprünge des Schattenspieltheaters liegen im indonesischen Raum, wo die sogenannten Wayang-Kulit-Aufführungen manchmal die ganze Nacht dauern. Im Süden Thailands spielt man die Epen, Geschichten und Anekdoten dagegen deutlich kürzer und oft nur zu bestimmten Anlässen wie bei Tempelfesten. Besonders schön ist das Schattenspieltheater im Wat Mahathat, dem ältesten und interessantesten Tempel in Nakhon. Er verfügt über einen beeindruckenden Wandelgang mit rund hundert Buddha-Statuen und einen mit Edelsteinen besetzten 77 Meter hohen Chedi.

Keiner Theater- oder Kinohandlung entsprungen ist eine Geschichte aus der Provinz Nakhons: Es war am 21. März 2008, als eine Frau auf ihrer eigenen Beerdigung erschien. Die Mönche und die Trauergemeinde gerieten in Panik, als bei dem für sie gedachten Verbrennungsritus im Wat Lam Nao die für tot erklärte Duangkae Sudchu auftauchte. Selbst ihre Mutter hielt sie zunächst für einen Geist, musste aber dann doch erkennen, dass Duangkae aus Fleisch und Blut und am Leben ist. Man hatte den Leichnam offensichtlich falsch identifiziert. Die 30-jährige Duangkae wollte zwar, ohne eine Nachricht zu hinterlassen, weg von Heimat und Familie, weil sie mit ihrem bisherigen Leben sehr unzufrieden war, ertrug es aber letztlich nicht, von ihren beiden Kindern getrennt zu sein.

Zeit für Hat Yai

Anreise/Lage

Wer nicht fliegen möchte, kann sich mit komfortablen Überlandbussen oder mit der Bahn Stück für Stück nach Süden vorarbeiten. Von Bangkoks Hauptbahnhof Hua Lumphong fahren täglich elf Züge über Hua Hin nach Surat Thani, fünf davon gehen weiter nach Hat Yai und einer sogar bis Malaysia. Ab dem Southern Bus Terminal bieten Busunternehmen täglich Fahrten zu praktisch allen größeren Städten im Süden an. Die Preise für Bahn und Bus liegen ab Bangkok ungefähr zwischen 10 € ins 250 Kilometer entfernte Hua Hin, bis 30 € nach Hat Yai (ca. 700 km); jeweils für die einfache Fahrt in der Liegesitzklasse. Besonders zwischen den Provinzen Songkhla und Narathiwat ist Malaria-Prophylaxe anzuraten.

Sehenswürdigkeiten

Karstlandschaften und Reisfelder; die Stadt der Wats, Petchaburi, das Königsbad Hua Hin sowie das reizvoll gelegene Prachuap Khiri Khan. Außerdem: den zweithöchsten Stupa Thailands, den Phra Borommathat im Wat Mahathat von Nakhon Si Thammarat (77 m hoch, im ceylonesischen Stil, aus dem 12. Jh.).

Übernachten

Evason Hideaway & Six Senses Spa***, 922 Moo 5, Pranburi, Tel. 0 32-61 82 00, Fax 0 32-61 82 01, www.sixsenses.com, E-Mail: reservations-huahin@evasonhideaways.com. 55 Pool-Villen, fast komplett aus Naturmaterialien. Wunderbare Ausstattung und Atmosphäre. Gute Restaurants, Weltklasse-Spa, großer Pool am Meer, Wassersport, Tennis.

4

Anantara Resort & Spa***, 431 Petchkasem Road, Hua Hin, Tel. 0 32-52 02 50, Fax 0 32-52 02 59, www.anantara.com, E-Mail: huahin@anantara.com. Luxuriöses Boutique-Resort, Essen, wo man möchte, auch am Strand. Kochschule, außerdem kann man Elefanten-Polo lernen. Sehr gutes Spa, zwei Pools Wassersport, Tennis.

Restaurants

Coco 51, mittlere Preisklasse, Soi 51/Petchkasem Road, Hua Hin, Tel. 0 32-51 55 97. Schöner und näher am Meer kann man im Zentrum von Hua Hin nicht sitzen, sowohl die Thai- als auch die europäischen Speisen enttäuschen nicht.
Supatra by the Sea, mittlere Preisklasse, 12263 Takiap Road, Hua Hin, Tel. 0 32-53 65 61. Unterhalb des Takiap-Buddha, am Sandstrand. Seafood, Thai-Gerichte.

Tipp

Mehrfach pro Jahr verkehrt auch der luxuriöse Eastern & Oriental Express auf der Strecke ab Bangkok über Hua Hin, Surat Thani, Hat Yai nach Malaysia und Singapur. www.orient-express.com

1
SANTIBURI

2

3
OPEN
Local Handicraft

4

Der Star im Golf

Ko Samui – vom Hippie zum Yuppie

Binnen 30 Jahren hat die Insel Samui die ganz große Karriere gemacht, zunächst Aussteiger und Hippies begrüßt, dann Rucksackreisende, etwas später Pauschaltouristen und nun den Jetset.

Frühstück am nördlichsten Felszipfel auf der erhabenen Teakholzterrasse des »Evason Hideaway«: Das erste Longtailboot tuckert vorbei und bahnt sich den Weg ins offene Meer, das in der Bucht so ruhig daliegt, als schlafe es noch. Nach dem lauten Geknattere dürften jetzt alle wach sein im Resort. Dabei sind die Longtails, so benannt wegen der weit aus dem Rumpf nach hinten ragenden Motorschraube, durch so manchen Einbau von Schalldämpfern schon deutlich leiser geworden – aber eben immer noch laut genug, um den Schall weitere Minuten zu hören. Es gibt Mango und Papaya, Spiegeleier und Toast, Tee und sogar die »Bangkok Post« – so kann ein Tag beginnen. Unten am Strand macht ein Frau Yoga wie im Reiseprospekt und blinzelt aufrecht sitzend in die Morgensonne. Ein Rastloser übt sich in Liegestützen im weichen Sand. Während Sairung, die bildhübsche Frühstücksbedienung, fragt, ob es noch etwas Guave-Saft sein dürfte.

Keine Frage – die Inseln Samui, Phangan, Tao und der Ang Thong Marine National Park erfüllen alle Wünsche: die von Yoga-Freaks und Langzeit-Frühstückern, von Pauschalurlaubern und Aussteigern, Tauchern und Motorradfahrern, Faulenzern und Muskelmännern, Gutverdienern und weniger Betuchten. Die Verfechter des Outdoor Living finden zahlreiche Terrassen und Garten-Salas in zahllosen Resorts und die Gourmets doch auch das eine oder andere klimatisierte Restaurant mit Küche auf Niveau. Die thailändische Have-Fun-Society wird ebenso zufriedengestellt wie der internationale Jetset. Es scheint, als würden alle Wünsche, Begierden und Vorstellungen an eine perfekt geformte Inselwelt genau auf Samui erfüllt. Abgesehen von einigen Eilanden der Philippinen dürfte es zwischen Manila und Singapur auch landschaftlich kein schöneres Inselarrangement geben als das rund um Ko Samui.

Mit »Welcome to Paradise« werden die Besucher empfangen, die über den immer noch beschaulichen und mit Blumenpracht geschmückten Flugplatz im Nordosten in der Nähe der gold glänzenden Kolossalstatue Big Buddha nach Ko Samui kommen. Schon aus der Luft sieht man, was die Trauminsel zu bieten hat:

1 Kat-Segler am Mae Nam Beach. **2** Tänzerinnen aus Town, der Inselhauptstadt, so wie Chaweng-Beach gerne genannt wird. **3** Auch Lamai-Beach zeigt sich cool und weltoffen. **4** Mae Nam gehört zu den schönsten Stränden von Ko Samui, vor allem am Morgen, bevor der Trubel beginnt.

1

2

Kokosnüsse, Bilderbuchstrände und feine Resorts. Bevor die Touristen einflogen, lebten die gut 35 000 Einwohner ausschließlich von ihren rund drei Millionen Kokospalmen und Fischfang. Verteilt auf etwa 40 Dörfer und auf das Inselhauptstädtchen Nathon, bewirtschaften die Insulaner aber immer noch flächendeckend das ganze Eiland. Dabei wird monatlich der rekordverdächtige Ertrag von etwa zwei Millionen Kokosnüssen erzielt. Und der eine oder andere vermarktet sogar die Ernte touristisch: Auf Plantagen, wo dressierte Affen die Erntehelfer sind. Sie drehen die Kokosnüsse in buchstäblich affenartiger Geschwindigkeit ab, sodass sie zu Boden fallen. Schilder in niedlicher Pidgin-English-Sprache weisen an der Ringstraße darauf hin: »Look Monkey work Coconut!«
Seit Mitte der 1970er Jahre gesellte sich zur Monokultur Kokosnuss die Monokultur Tourismus auf Thailands drittgrößter Insel (hinter Phuket und Ko Chang). Auf 14 Kilometern Breite und 20 Kilometern Länge setzte Mitte der 1990er Jahre schließlich ein Bauboom ein, der für die Küste das Schlimmste befürchten ließ. Ebenso romantische wie spartanische Hüttchen ohne Elektrizität, nur wenige Meter vom Ufer entfernt und ideal für Robinson-Träume, verschwanden nach und nach. Dafür bestimmten bald komfortable Mittelklasseanlagen und Luxusresorts das Bild. Von der einfachen 500-Baht-Hütte bis zur 50 000-Baht-Luxusvilla ist heutzutage aber trotzdem alles zu haben. Auswüchse wurden glücklicherweise vermieden und bis heute ragt kein Hotel höher als eine Kokospalme in den Himmel. Die natürliche Schönheit der Insel hat also nur ein bisschen leiden müssen, zumal das Innere mit bis zu 635 Meter hohen Bergen bis heute praktisch unentdeckt und nur schwer zugänglich ist.
Die Bewohner von Ko Samui im Golf von Thailand haben Glück: Ihre Insel wird auch wettermäßig von Mutter Natur verwöhnt. Samui ist ein Ganzjahresziel. Lediglich der Herbst bringt häufiger Niederschlag mit sich. Von Dezember bis Februar gibt es nur eine sehr schwache Regenzeit, dann folgt die landesweit heiße Jahreszeit mit stetig blauem Himmel – und während des Sommers herrscht ebenfalls ideales Badewetter. Auch heute ist ein prächtiger Tag mit klarem Himmel, unterbrochen nur von ein paar weißen Wattewolken. Die Yoga-Frau und der Muskelmann sitzen inzwischen auch beim Frühstück. Sairung gießt nochmals Tee nach, ehe es aufs Motorrad geht, zur Inselrundfahrt.
Ko Samui ist eine der schönsten Inseln der Welt – kein Wunder bei diesen Stränden. Ein gutes Dutzend steht zur Auswahl, meist mit türkisfarbigem Meer, weißem Sand und hochgewachsenen Pal-

men. Der sechs Kilometer lange Chaweng Beach hat das beste Wassersportangebot und die vielfältigste Infrastruktur in Sachen Unterkünfte, Restaurants, Discos, Shopping, Internetcafés und leider inzwischen auch auf dem Rotlichtsektor. Von früh bis spät zeigt sich die Beach Road als Einkaufsmeile mit Hunderten von Shops, die das gesamte Produktspektrum Thailands anbieten. Die Waren sind etwas teurer als auf dem Festland, aber mit Geschick beim Handeln ist die Differenz kaum der Rede wert. Und wer Muay Thai noch nicht gesehen hat: Im Chaweng-Stadion messen nationale und internationale Thaiboxer mehrfach in der Woche ihre Kräfte.
Lamai bewahrte an manchen Stellen noch ein wenig von seiner ursprünglichen Traveller-Atmosphäre. Das Preisniveau am zweitlängsten Strand ist etwas günstiger, aber in puncto Nachtleben hat Lamai mit Chaweng längst gleichgezogen. Einzigartig sind die skurrilen Steinformationen am südlichen Strandende, wo die Oma und Opa genannten Felsblöcke aussehen wie eine Riesen-Vagina und ein Mega-Penis. Die Legende besagt, dass Hin Yai und Hin Ta ein Liebespaar symbolisieren, das vor sehr langer Zeit an dieser Stelle gemeinsam den Tod im Meer suchte.
Mae Nam gilt als ruhiger Platz, an dem man in der Hängematte das Leben genießen und den Fischern bei der Arbeit zusehen kann,

1 Im Monkey-Training-Center in Surat Thani werden Affen zu Ernte-Helfern von Kokosnüssen dressiert. **2** Reges Strandleben am Mae Nam Beach. **3** Der Hin Ta-Hin Yai Felsen am Lamai-Beach. **4** Über der Big-Buddha-Bucht thront der zwölf Meter hohe Big Buddha.

während die drei Kilometer lange Big-Buddha-Bucht des namensgebenden Zwölf-Meter-Buddhas die Domäne der Familien ist: Am feinen Sandstrand können nämlich auch gefahrlos kleine Kinder baden. Der Big Buddha gehört zum Wat Phra Yai, das erst 1972 auf der kleinen, nur wenige Meter von der Hauptinsel entfernten und mit einem Damm verbundenen Ko Fan errichtet wurde. Nachbar Bophut, dessen Fischerdorf zu den ältesten Siedlungen auf Ko Samui gehört, ist an die zwei Kilometer lang und gehört zu den ruhigeren Stränden, mit direkter Bootsverbindung zu den Schwesterinseln Phangan und Tao. Aber auch Tongsai und Choeng Mon sind tolle Strände, die allerdings bei Ebbe zeitweilig nicht zum Schwimmen geeignet sind. Das gilt auch für die gesamte Süd- und Westküste. In einigen schönen Resortoasen, fernab von jedem Trubel, vermissen viele aber nicht das bei Ebbe weit zurückweichende Meerwasser am Postkartenstrand. Die Poolanlagen machen da schließlich einiges wett.

1

2

Bei Laem So, in der Nähe der südlichsten Pagode der Insel, sagt ein junger Knabe auf die Frage nach dem Weg in Richtung Inselhauptstadt Nathon einfach: »Yes, Sir!« Selbst der Tourist, der nur für zwei Wochen Badeferien die Insel besucht, bekommt schnell enorme Unterschiede im Alltag mit. Der Hotelboy im »Evason« spricht fließend Englisch mit dem Gast. Der nur unwesentlich jüngere Bub im Süden versteht kein Wort des Fremden. Die höflichen, fast sanften Menschen kennen aber kein »Nein« einem Gast gegenüber. Und deutlich zu machen, dass er Englisch nicht versteht, würde Gesichtsverlust bedeuten – schon im zarten Jünglingsalter. Das Mädchen, das mit ihrer schweren, tragbaren Grillstation am Meeressaum des Chaweng-Strands entlangläuft und mit dem Verkauf von Hühnchen ihr hartes Tagesgeschäft für wenige Baht verrichtet, stört sich schon lange nicht mehr an Minihöschen oder blanken Busen. Aber es gibt auch auf Ko Samui noch Kinder, die lauthals »Farang! Farang!« kreischen, wenn der Fremde mit dem Motorrad vorbeifährt und ihnen zuwinkt.

Die Nähe zu den Menschen ist wichtig, wenn man etwas mehr als nur Strand und Sand kennenlernen möchte. Aber wie viel Nähe darf man sich erlauben, um schneller mit Thailand und seinen Menschen vertraut zu werden? Und wie viel Nähe ist überhaupt möglich? Respekt ist wohl der Schlüssel zur Antwort. Respekt bedeutet in Thailand sehr viel, und Respekt sollte der Besucher beim Begrüßen zeigen, ins Gespräch einfließen lassen und vor allem auch beim Fotografieren walten lassen. Die Kinder, die »Farang! Farang« riefen, stellen sich, etwas schüchtern zwar, aber gerne zum Gruppenfoto auf, als der Fremde tatsächlich hält und auf seinen Fotoapparat deutet. Aber was ist mit dem Mädchen im Tempel Khun Aram? In der Nähe von Ban Hua Thanon ist der mumifizierte Leichnam eines Mönches zu sehen, der 1973 fast 80-jährig während einer Meditation verstarb. Sein Körper ist kaum verwest und die Haltung ist immer noch dieselbe sitzende Position wie vor mehr als 35 Jahren. Das Mädchen hat seine Hände an der Stirn zusammengelegt. Die Fingerspitzen zeigen nach oben. Bewegungslos verharrt es einige Minuten im Zwiegespräch mit dem Mönch, den Göttern oder mit Buddha. Was es sich jetzt wünscht, weiß man nicht. Oft sind es banale Dinge, manchmal nichts weniger als ein großzügiger Freund ... Das Mädchen ist jedenfalls ganz in sich versunken. Darf man jetzt auch fotografieren? *»Kho thai ruup?«*, heißt das auf Thai. Aber man sollte sich davor hüten, ein Lächeln immer als Zustimmung für ein Foto zu interpretieren. Gelächelt wird in Thailand immer. Aber es gibt verschiedene Kategorien. Denn das Lächeln im Land des Lächelns ist ein Teil des Lebens. Es reicht vom erheiternden, über das Dank sagende und verzeihende bis zum Konflikt vermeidenden und Verlegenheit zeigenden Lächeln. Im Falle der Fotoanfrage kann es also auch heißen: »Nein, ich möchte lieber nicht abgelichtet werden.«

Ko Samui bietet so viele Motive, dass es auf dieses Bild nun wirklich nicht ankommt. Sairung sagt beim Dinner, als sie die gegrillten und köstlich duftenden Hummerkrabben serviert, dass sie im Tempel auch sehr ungern fotografiert werden möchte. Es sei einfach zu privat. Aber wenn es ein Tourist dennoch macht? »Dann lache ich und bin ein bisschen böse ... – Noch ein Glas Wein?« Als sie eingeschenkt hat, fügt sie philosophisch hinzu: »Die Thais sprechen gerne auch vom Leben als Leiden und genießen es trotzdem in vollen Zügen. Das ist für uns kein Widerspruch, und wenn es doch einer sein sollte, dann kümmern wir uns einfach nicht darum ...« Die Yoga-Frau isst ihren Salat, der Muskelmann sein Steak und Sairung fragt unmittelbar nach der kurzen Philosophie-Lektion: »Schmecken denn die Krabben?«

1 Immer das Meer im Blick: Suiten und 2 Restaurants des »Evason Hideaway & Six Senses Spa«. 3 Im Fisherman's Village am Bo-Phut-Beach kommen Hummer, Krabben und Fisch fangfrisch auf den Tisch. 4 Thai mit Tattoos.

Zeit für Ko Samui

Anreise/Lage

Ko Samui liegt im Golf von Thailand und wird täglich von Bangkok, Pattaya, Phuket und Krabi angeflogen. Oder man fährt per Bus oder Bahn bis Surat Thani und setzt von dort mit der Fähre über. Die Kombitickets sind sehr günstig, aber die Fahrzeit beträgt ab Bangkok mehr als zwölf Stunden. Auf der Insel lohnt die Buchung eines Motorrads oder Mietwagens für eine Rundfahrt. An allen Stränden und im Inselhauptort Nathon können preiswerte Anmietungen getätigt werden. Allerdings sollte man auf den Zustand der Fahrzeuge achten und sich vorhandene Schäden genau protokollieren lassen. Außerdem: In Thailand gilt Linksverkehr.

Sehenswürdigkeiten

Den zwölf Meter hohen sitzenden Big Buddha von Ko Fan.

Übernachten

Evason Hideaway & Six Senses Spa***, 910 Moo 5, Ban Plai Laem, Tel. 077-245679, Fax 077-245671, www.sixsenses.com, E-Mail: reservations-samui@sixsenses.com.
52 der 66 Villen verfügen über einen privaten Pool. Phantastische Lage am nördlichsten Zipfel der Insel. Sehr gute Ausstattung und Atmosphäre. Restaurant mit Beinahe-Rundum-Blick am höchsten Punkt des Kaps, Weltklasse-Spa, Pool und Wassersportmöglichkeiten.

Tongsai Grand Villas***, 84 Moo 5, Bophut, Tel. 077-245480, Fax 077-245462, www.slh.com, E-Mail: tongsai@slh.com.
Luxus-Boutique-Resort, das wohl den meisten Outdoor-Platz auf der Insel bietet, inklusive Badewanne und Sala mit Moskitonetz auf der Terrasse, was sogar das Nächtigen draußen ermöglicht. Herrliche Lage über der Bucht. Spa, zwei Pools, Wassersportmöglichkeiten und Tennis. Mitglied der »Small Luxury Hotels of the World«.

Restaurants

Happy Elephant, gehoben, 791 Moo 1, Bophut, Tel. 077-245347.
Hier ist der richtige Platz, um mal in vollkommener Ruhe einen Hummer zu bestellen und – natürlich den Blick aufs Meer – zu genießen.

Fisherman's Village, gehoben, 79 Moo 1, Chaweng, Tel. 077-422232. Hier gibt's Hummer und Langusten, Fisch, Krabben und Krebse und so ziemlich alles, was das Meer hergibt. Der Gast sucht aus dem Becken aus: Frischer geht's nicht. Aber es ist laut und trubelig. Typisch Chaweng eben ...

Tipp

Man kommt mit den regelmäßig verkehrenden Songthaew, den Sammeltaxen, ab Nathon auch voran, die entweder die Westküste oder die Nord- und Ostküste befahren. Eine Inselumrundung, die sehr zu empfehlen ist, ist auf diese Weise jedoch nur mit Umsteigen möglich.

1

2

3

4

Die Qual der Wahl

Die Inseln um Samui – 60 hübsche Perlen

Der Ang Thong Marine National Park, Ko Phangan, Ko Tao und ein besonders hübsches Inselmädchen namens Ko Nang Yuan haben im touristischen Spektrum ganz individuelle Nischen gefunden.

Pro Jahr haben es rund 500 000 Deutsche satt: Träumen allein bringt's nicht. Und die Fototapete ist auf Dauer auch langweilig. Also ziehen sie los. Nach Siam, das Land des Lächelns, das sich nie einer Kolonialmacht unterwarf, das mit Siebenmeilenstiefeln Anschluss findet an die Industrienationen, das Land der 60 Millionen Thais, für die es keinen Gott gibt, aber Buddha, den allwissenden Lehrer, das Land, das eine der besten Küchen der Welt bietet, Tempel und Geisterhäuschen, Dschungel und Naturparks, die Faszination des Molochs Bangkok – und vor allem die verschwenderische Schönheit vieler Inseln. Insel heißt auf Thai »Ko«. Und um den Samui-Archipel, Muu Ko Samui, zu dem 60 Eilande gehören, darunter die rund 40 Inseln des Ang Thong Marine National Park, geht es in diesem Kapitel: Darf's luxuriös sein? Oder romantisch? Action oder Ruhe? Gefällt das Meer in Hellblau oder besser in Smaragdgrün? Sollen Palmen Schatten spenden oder die Kasuarinen? Viele Fragen, die in eine münden: Welches Eiland passt zu mir? Etwa zehn bis 15 Jahre in der Entwicklung zurück ist Ko Samuis um etwa ein Drittel kleinere Schwesterinsel Phangan. Langzeitreisende bewohnen immer noch Bambushütten, dösen in Hängematten, lesen am Strand dicke Wälzer und lassen die Haschpfeifchen kreisen: Hippie-Romantik ohne Armbanduhr. Abends, bevor die Sonne im Golf von Siam versinkt, rafft sich die Gemeinde auf und spielt eine Runde Beachvolleyball. Sozusagen das Warm-up für die langen Partynächte. Besonders die Vollmondpartys sind inzwischen berühmt-berüchtigt, und das Jungvolk aus der ganzen Welt bevölkert dann die Insel, um einmal bei der Full Moon Party am Hat Rin Beach dabei gewesen zu sein.

Es wird wohl noch ein Weilchen so bleiben, denn auf Ko Phangan zieht sich das Meer an den meisten Stellen bei Ebbe so weit zurück, dass das Baden fast unmöglich ist, was sich in den Katalogen der Reiseveranstalter nicht gut anhört. Es gibt keinen Flughafen und die Bungalowanlagen, die den Reisenden mit Komfortanspruch zufriedenstellen, kann man an zwei Händen abzählen,

1 Im Ausflugsboot kann man die Inseln des Ang-Thong-Marine-National-Parks erkunden. **2** Der Mond scheint auf die Villen im »Rasananda«. **3** Ausruhen am Strand von Ko Mae Koh im Ang-Thong-Marine-National-Park oder **4** hinaufsteigen auf den Utthayan-Hill mit einer fantastischen Fernsicht über die Inselgruppen im National-Park.

1

2

wenngleich es inzwischen sogar ein reines Pool-Villa-Resort gibt. Landschaftlich ist Ko Phangan felsiger, urwüchsiger und rauer als die große, sanft anmutende Schwester. Zwei Drittel der Fläche sind von tropischem Urwald überzogen, wo sich seit mehr als 200 Jahren kaum etwas verändert hat. Zu dieser Zeit kamen die ersten Chinesen auf die Insel, um Kokosnussplantagen anzulegen und die vorhandenen Zinnvorräte auszubeuten. Heute leben um die 12 000 Menschen auf Ko Phangan, davon knapp die Hälfte im Hauptort Thong Sala, und Pipit Rattanrak, der höchste für das Eiland zuständige Beamte der Provinzregierung von Surat Thani meint: »Die Inselbewohner lassen sich nicht von der Tourismusindustrie schlucken. Bei uns gibt's keine großen Hotel- und Geschäftsketten. Unser Essen ist noch echt thailändisch. Und die Schönheit unserer Strände, die spricht für sich ...« Abgesehen von den in Thailand scheinbar unvermeidlichen »7 eleven«-Shops, die es auch auf Ko Phangan gibt, hat Khun Rattanrak ja wahrscheinlich sogar recht: Mae Hat mit der vorgelagerten Miniinsel Maa, auf die man hinüberstapfen kann, und die zwei sichelförmigen Buchten Thong Nai Pan Noi und Thong Nai Pan Yai sind die besten Plätze für Wasserratten. Die Ostküste glänzt mit einer ganzen Reihe von verträumten Buchten und mit Stränden wie gemalt, gilt aber

3

1 Blick vom Utthayan-Hill auf der größten Insel Ko Wua Talap. **2** Insel-hopping per Boot **3** vorbei an den grünen Felsen der Inselgruppen im Ang-Thong-Marine-National-Park. **4** Thong Sala ist der Hauptort auf Ko Phangan. **5** Auf Ko Wua Talap ist der Salzwasser-Binnensee Thale Nai.

immer noch als Enklave der Robinsöhne und -töchter, während Hat Rin im äußersten Süden für Haschbrüder und -schwestern sowie Schickis und Mickis gleichermaßen das Mekka schlechthin darstellt. Das ist »The Place to be«: für Partys, Shows und Events, zum Tanzen, Abhängen und Flirten bei Techno- oder »Buddha-Bar«-Musik – je nach Stimmung. Der östliche Teil ist einer der schönsten Strände im Archipel: hellblaues Wasser, schneeweißer, feiner Sand, breit, sanft abfallend und zwischen zwei dicht bewachsenen Hügeln gelegen. Zum Sonnenuntergang läuft man ein paar Schritte nach Hat Rin West, wo jeden Abend die orangerote Kugel ins Meer plumpst, unzählige Bierchen sowie auch einige Pillen geschluckt werden, und Pärchen hemmungslos knutschen – ob sie nun hetero, schwul oder lesbisch sind. Leider wurde in den letzten Jahren viel gebaut und leider gehören Drogenpartys, oben ohne und baden im Tanga zum guten Traveller-Ton, was den Thais übrigens gar nicht gefällt, auch wenn sie nichts dazu sagen. Das fällt wohl unter thailändische Toleranz ...

Ähnliches gilt auch für Ko Tao. Die Insel, wie auch der Hauptort Mae Hat, scheint sogar noch verträumter zu sein, zumal tagsüber, wenn die zahlreichen Taucher im Wortsinn untergetaucht sind auf ihrer Suche nach zierlichen Anemonenfischen und mächtigen Walhaien, Meeresschildkröten und Rochen. An die hundert Hart- und Weichkorallenarten wurden rund um Ko Tao gezählt. Kein Wunder, wenn der Tag auf der Insel in der Regel wie in Zeitlupe vergeht und eine Runde Beachvolleyball schon zu den aktiven Highlights bei Tageslicht gehört. Die Schildkröteninsel, so die Übersetzung, weil das Profil bei der Anfahrt mit dem Boot wie ein Schildkrötenpanzer aussieht, ist vielerorts vergleichbar mit dem Ko Samui der 1980er Jahre, als die dortige Tourismusindustrie zum großen Sprung ansetzte. Und das, obgleich es mehr Bungalows auf der nur 21 Quadratkilometer großen Insel gibt als Einwohner. Die rund tausend Menschen leben von ihren Kokosnüssen, dem Fischfang und ihren Hütten, die sie an Farangs vermieten. Die Einnahmen für Kost, Logis oder Bootscharter bleiben auf der Insel. Denn noch haben sich keine Hintermänner und Investoren eingenistet wie auf Phuket oder auch auf Samui. Lediglich die rund 30 Tauchschulen sind weitgehend in ausländischer Hand.

1

2

3

Rund geschliffene Granitfelsen, vergleichbar mit den weltberühmten Formationen auf den Seychellen, etwa ein Dutzend wunderschöne Strände, sauberes Wasser und hervorragende Tauchgebiete machen das Eiland zu einem Juwel. Aber der Inseledelstein hat einen Haken: An den meisten Plätzen kann man nicht schwimmen, da die Korallenriffe bis dicht an die Strände heranreichen. Entweder man begnügt sich mit einem Bad im seichten brühwarmen Wasser oder wartet, bis die Flut kommt. Dann kann man haarscharf über die Korallenstöcke hinwegschnorcheln. Das allerdings ist ein einmaliges Erlebnis. Eine dritte Möglichkeit ist, mit einem gecharterten Boot zu himmlischen und fast unbebauten Buchten wie Hinwong und Mao im Osten oder zur Mango Bay im Norden zu fahren. Auch am Sai Nual Beach, südlich vom Hauptort Mae Hat gelegen und von dort zu Fuß erreichbar, kann man bauchtief ins Meer gehen. Und es gibt den Schwanz der Schildkröte, Ko Hang Tao im Volksmund, offiziell Ko Nang Yuan genannt.

Ko Nang Yuan hat keine Süßwasserquelle. Das Trinkwasser wird von der Hauptinsel Tao herbeigepumpt und auf die Bungalows des einzigen Resorts verteilt. Was tut man nicht alles für ein hübsches Mädchen? Nang Yuan heißt schließlich übersetzt genau das. Und eigentlich besteht das hübsche Mädchen aus drei Inseln, die ein paar Bootsminuten der Nordwestküste Ko Taos vorgelagert sind. Zwei 100 Meter lange Sandbänke verbinden die Eilande, was ein beeindruckendes Bild ergibt. Zwei Strände, die mitten im Meer liegen – vorne Wasser, hinten Wasser. Dazu wird die tiefe Blue Lagoon von haushohen Granitfelsen umrahmt. Das Motto: Drei Inseln und zwei Sandbänke ergeben einen Traum.

Wem das alles nicht genügt: Der Ang Thong Marine National Park verfügt über weitere 42 mit Dschungelgrün dicht bewachsene Inseln. Die Klein- und Kleinsteilande sind unbewohnt. Auch Resorts wurden nicht gebaut. Die spektakuläre Szenerie unter und über Wasser mit bis zu 300 Meter aus dem Meer ragenden Felsformationen und besten Tauch- und Schnorchelgebieten in glasklarem Gewässer, mal dunkelblau, mal türkis, mal grün schimmernd, bleibt ausschließlich Tagesbesuchern vorbehalten. Highlight einer jeden Tour ist Ko Wua Talap. Sie ist nicht nur eine der größten Inseln des Nationalparks und die Heimat zahlloser weißer Orchideen, sondern auch des smaragdgrünen Salzwasser-Binnensees Thale Nai. Die 250 mal 350 Meter große Fläche ist komplett von steil aufragenden Kalksteinfelsen umschlossen. Über einen Tunnel durch das unterhöhlte Gestein ist der See jedoch mit dem offenen Meer verbunden.

1 Das Resort »Rasananda« auf der Insel Phangan bietet ausschließlich Villen mit Privatpool und 2 lädt in der Wine-Lounge zum Verweilen ein. 3 Das Restaurant ist von einem Wassergarten umgeben. 4 Ein Traum zum Schlafen: die Zimmer. 5 Zum Relaxen bieten sich am besten die privaten Pools an.

Zeit für die Inseln um Samui

Anreise/Lage

Der Ko-Samui-Archipel liegt im Golf von Thailand. Abgesehen von Samui können alle Inseln nur per Boot erreicht werden. Die Fährpreise sind niedrig, die Entfernungen zwischen den Inseln liegen zwischen 70 Kilometern von Ko Samui nach Ko Tao und nur einem knappen Kilometer zwischen Ko Tao und Ko Nang Yuan. Ko Tao wird auch direkt von Chumpon auf dem Festland angesteuert. Dort und auf Ko Phangan lohnt die Buchung eines Motorrads oder Mietwagens, die an vielen Stränden und im jeweiligen Inselhauptort preiswert gemietet werden können. Gängige Verkehrsmittel sind Longtailboote und auf Ko Phangan sowie Ko Tao auch Pick-ups.

Sehenswürdigkeiten

Der Ang Thong Marine National Park. der aber nur in Form eines organisierten Tagesausflugs besucht werden darf.

Übernachten

Rasananda***, Thong Nai Pan Noi Beach, Ko Phangan, Tel. 02-937 01 81, Fax 02-937 01 82, www.rasananda.com, E-Mail: info@rasananda.com.

Erstes Resort auf der Insel, das ausschließlich über Villen mit privatem Pool verfügt. Geschmackvolle Ausstattung auf mindestens 100 Quadratmetern mit Teakholzmöbeln und Parkett. Zwei Restaurants, Spa, Pools und Wassersportmöglichkeiten.

Nang Yuan Island Dive Resort**, Main Beach, Ko Nang Yuan, Tel. 0 77-45 60 89, Fax 0 77-45 60 88, www.nangyuan.com, E-Mail: info@nangyuan.com.
Einfache Bungalows, in der günstigsten Preiskategorie nur mit Ventilator, aber viel Charme und eine klasse Lage. Da sieht man über so manches Komfortdefizit hinweg. Restaurant, Tauchschule.

Restaurants

Ko Tao Restaurant, gehoben, Chalok Ban Kao Beach, Ko Tao, Tel. 0 77-45 61 33. Hübsche Lokalität oberhalb des Strandes mit guter Seafood- und Thai-Küche. Besonders zu empfehlen sind die Prawns in Kokosmilchcurry.

Panviman, mittlere Preisklasse, Thong Nai Pan Noi Beach, Ko Phangan, Tel. 0 77-23 85 43. Leckere Thai-Gerichte, aber auch gute internationale Speisen, gepaart mit einer klasse Aussicht auf die sichelförmige Bucht.

Tipp

Inselhopping wäre der Idealfall, wenn die Zeit dafür ausreicht, denn jeweils ein paar Tage sollte man zumindest Ko Phangan, Ko Tao und Ko Nang Yuan zugestehen. Ansonsten ein Longtailboot chartern und das Insel-Feeling in abgelegenen und unverbauten Buchten einholen.

1

2

3

4

Die dritte Ebene

Phuket – das Ferieneldorado für alle

Ein dichter Mangrovengürtel an der Ostküste und verlockende weißsandige Badestrände im Westen: So unterschiedlich sich Phuket rein äußerlich gibt, so abwechslungsreich zeigt sich die Insel auch tatsächlich.

Jetzt ist man da – und träumt trotzdem: Gibt's das eigentlich? Ist das real? Man glaubt kaum, dass alles wahr ist! Ein paar Stufen unterm Schlafzimmer beginnt der private Pool – umrankt von Bananenstauden, Palmen und Orchideen. Alles ganz privat, nicht einsehbar, nur überspannt vom stahlblauen Himmel über Phuket. Inselfeeling? Braucht man im »Trisara« nicht. Das Resort, die eigene Villa samt Pool, das ist die Insel, eine Luxusoase – wie im Traum ...

Auch wer nicht das Glück hat, im »Trisara«, »Amanpuri«, »Anantara« oder »Banyan Tree«, den vier Tops unter den zahlreichen Villa- und Hotelanlagen auf der Insel, zu logieren, findet auf Phuket seine Vorstellungen übertroffen. Phuket ist ein luxuriöses Ferieneldorado mit erstklassiger Hotellerie für alle. Das Nachtleben von Patong Beach sucht im Süden Thailands seinesgleichen. Die Restaurants bieten eine unglaubliche Auswahl, besonders an Seafood und frischem Fisch, den man sich meist direkt aus dem Becken oder vom Eisbett auswählen kann. Eingekauft wird vom Liegestuhl aus bei fliegenden Händlern, an Straßenmärkten oder in klimatisierten Shopping-Centern. Und den Weltruhm verdankt Phuket seinen feinen, flach abfallenden Sandstränden an der Westküste: Patong, Karon und Kata sowie Kamala, Surin und Bang Tao. Rhythmisch plätschert in verführerischem Grünblau die Andamanische See. Sanft wiegen sich die Palmen im warmen Wind. Und breit ist das Angebot an Wassersport. Dort trifft sich die Welt zum Relaxen, dort tobt das Nachtleben und mancherorts auch die Prostitution, als sei Mann in Pattaya. Jeder findet auf Phuket sein Plätzchen. Die Insel ist ein Ferienplatz für Singles und Familien, fürs Jungvolk und die goldene Generation, für Faulenzer und Golfer, für normale Bürger und so manchen verwöhnten VIP. Sogar Strandromantiker gelangen an unbebaute Buchten, ohne zur touristisch verwaisten Ostküste fahren zu müssen, wo das Meer verschlickt und das Wasser deshalb trübe ist. Nördlich von Bang Tao und dem Nai Yang Beach stört kein einziges Resort an kilometerlangen Traumsträn-

1 Ein Willkommens-Drink am Strand von Patong auf Ko Phuket. **2** Auch in der Bangla Road in Patong gibt's eine »Harry's Bar«. **3** Traumstrand Yanui Beach und **4** trotz dem ganzen Trubel und Massentourismus immer noch ganz passabel: der Strand von Patong.

1

2

3

den. Der Sirinat National Park sorgt dafür, dass dies wohl auch die nächsten Jahre noch so bleibt. Und wer das Meer wilder wünscht, dem sei im Süden die Nai Harn Bay empfohlen, auch wenn eine Windenergieanlage die einst idyllischsten Hüttchen der Insel ersetzt hat. Die Brandung donnert herein und bildete im Lauf der Zeit hinter dem Strand eine Lagune.

»Phuket«, sagt Anthony Lark, »hat einen Riesensprung gemacht. Die Region erfuhr nach dem Tsunami ein spürbares Upgrade. Heute ist die Nordwestküste gesellschaftlich vergleichbar mit South Beach Miami – nur haben wir die besseren Hotels.« Der das sagt, kennt sich aus mit den besten Häusern der Welt. Der 47-jährige Hotelmanager war der erste Angestellte der legendären »Aman«-Resorts, die bis heute als Messlatte fürs Beste vom Besten gelten. Der neue Wirkungskreis setzt sie aber vielleicht noch einen Millimeter höher: Sein »Trisara« (und das »Anantara«) sind die einzigen Resorts der Insel, die ausschließlich aus großzügigen Villen mit eigenen Gärten und privaten Pools bestehen. Im »Trisara« haben die Villen zudem mindestens eine Größe von 117 Quadratmetern, und Terrasse wie Pool können von außen nicht eingesehen werden. Jeder Gast verfügt über sein ganz privates Refugium und darf dort unbeobachtet tun und lassen, was er will – wenn er die charmante »Don't disturb«-Steinfigur vor seine Eingangstüre gestellt hat. Pikanterweise musste Anthony Lark von seinem »Amanpuri« nur wenige Kilometer weiterziehen. Das traumhaft über der Küste thronende und vollkommen abgeschottete »Trisara« liegt nur zwei Buchten weiter. Zusammen mit dem »Anantara« und dem »Banyan Tree« sonnen sich damit vier der besten Resorts der Welt praktisch nebeneinander – wie Perlen an einer Kette aufgereiht.

Da das »Trisara« erst 2005 eröffnete, zeigt sich die Liste der prominenten Gäste noch überschaubar. »Aber die ›Aman‹-Junkies werden uns entdecken«, weiß Anthony. Dann wird das »Trisara« der neue In-Place für Europa, Hollywood und Wall Street in Asien werden. »Das Private, das Abgeschottetsein vom Alltag, das ist der Luxus, den sich unsere Gäste wünschen. Wir sind kein Hotel. Wir verkaufen Abgeschiedenheit mit allem Komfort«, sagt der Australier Lark. »Trisara« ist eine Wortschöpfung aus dem Sanskrit und verweist auf einen paradiesischen Garten, in dem Buddha auf dem Weg zur Erleuchtung die dritte Ebene erlangte. Roger Federer, der Schweizer Tennis-Star, hat das »Trisara« drei Wochen ausprobiert –

4

1 Zur Shoppingtour mit dem motorisierten Zweirad oder **2** im Kleinbus in die Shoppingmall. **3** Kulinarisch verwöhnt wird man nicht nur am Sunsetpoint in Laem Prom Thep. **4** Am Patong Beach wird die Nacht zum Tage. Patong gilt neben Patthaya als das Rotlichtzentrum von Thailand.

ohne auch nur einen Blick auf die resorteigenen Courts zu werfen. Kurt Wachtveitl, der Hotelkönig des »Oriental« in Bangkok, reiste an, um Haus, Service und Lage zu inspizieren – ehe er eine Empfehlung ausspricht für die Könige und Di Caprios, Präsidenten und Shakiras dieser Welt, die traditionell in seinem Haus logieren. Keine Frage: Die dritte Ebene der Luxushotellerie über fünf Sterne und fünf plus lässt sich im »Trisara« prima erleben.

Im Falle von Phuket lässt man das thailändische Wörtchen »Ko« für Insel meistens weg. Mit einer Fläche von weit mehr als 500 Quadratkilometern ist Phuket Thailands größtes Eiland, obgleich kein rechtes Inselgefühl aufkommt. Erstens wurde 1967 die Sarasin-Brücke fertiggestellt und zweitens erzeugen die paar Meter Meer zwischen Festland und Phuket einfach keine fühlbare Distanz. Trotzdem ist Phuket nicht nur die größte, sondern vor allem auch die bekannteste Insel im Königreich. Touristen aus aller Welt nennen sie in einem Atemzug mit Hawaii, den Seychellen, Bora Bora oder der Côte d'Azur. Seit 1989 existiert sogar eine Städtepartnerschaft zwischen dem altehrwürdigen Nizza und Phuket Town.

In Town, wie die Inselhauptstadt kurz genannt wird, bleibt in der Regel kein Feriengast über Nacht. Dort kommt man an und fliegt wieder weg. Basta. Shopping? Geht besser an den Stränden! Geschichte oder Religion? Die paar Kolonialstilhäuser ziehen nicht richtig. Und Buddha-Statuen gibt's landesweit viel bedeutendere. Kein Wunder, denn Phuket Town und die ganze Insel ist zu rund einem Drittel von Muslims bevölkert.

Auch Roggana ist Muslimin. Sie ist im Service zuständig für die größten und luxuriösesten Villen der Insel und gehört seit der Geburtsstunde von Zechas Zen-Verführung zur Belegschaft des »Amanpuri«. Ein Resort, von dem Stammgäste behaupten: Wer einmal dort war, will immer wieder hin. Hoch über einer kleinen, feinen Sandbucht, die aber nur der Anfang einer großen Halbinsel ist, thront die Urgestalt der selbst ernannten Sechs-Sterne-Resorts. Ihr Gründer, der in Indonesien geborene und in den USA ausgebildete Adrian Zecha, hatte einst nichts weiter vor Augen, als ein perfektes Ferienhaus zu bauen. Er fand den idealen Platz,

1

2

3

musste aber feststellen, dass es weder Strom noch Süßwasser gab, und entschied sich – um den enormen Aufwand für den Aufbau der Infrastruktur zu rechtfertigen –, ein kleines Hotel zu bauen: Nur für Freunde und Leute, die eigentlich normale Hotels nicht mögen. 1988 wurde die Stilikone, geschaffen vom Stararchitekten Ed Tuttle, eröffnet, und dieser Tempel setzte ab diesem Zeitpunkt die Maßstäbe für Luxusresorts und perfekten Service weltweit. Am Strand wird sofort die Liege mit Kopfkissen hergerichtet, Eiswasser und Eistuch werden gereicht, zwischendurch auch Obstspieße oder die neue »Herald Tribune«. Wandert die Sonne, wandert der Sonnenschirm entsprechend mit. Dafür sorgen die Beachboys. Währenddessen wird die Villa wieder auf Perfektion getrimmt. Wie ein Geisterservice agieren die Zimmermädchen: nie sichtbar, aber im Ergebnis immer präsent. Die Extravaganz zeigt sich durch fehlende Hinweisschilder – weil »Aman«-Gäste stets im 7er BMW vom Flughafen abgeholt werden – bis zur geheizten japanischen Toilette mit integrierter Dusche und eingebautem Föhn. Und auf dem gut 100 Meter vom Strand entfernten Ponton findet der Gast nicht nur ein kühles Mineralwasser, sondern auch Brot – zum Fischefüttern ...

4

»Rogganas Vater half, das Land zu bebauen«, sagt »Amanpuri«-Direktor Fred Varnier. »Insgesamt 38 von derzeit 350 Angestellten für unsere 70 Villen kennen das Resort von der ersten Stunde an. Und sie schoben so manchen Gast schon im Kinderwagen ...« Zu Weihnachten und Silvester, wenn sich der harte Kern der »Aman«-Junkies trifft und es eine Warteliste für Buchungen gibt, »bieten wir in Perfektion das, was Adrian Zecha einst im Auge hatte: Ein Ferienresort für Leute, die normale Hotels nicht mögen.« Diese Gäste – und das sind nicht die Schiffers und Schumachers dieser Welt – buchen ihre Villa nach der Personalbesetzung, die dem jeweiligen Anwesen zugeteilt ist: also nach Koch, Zimmermädchen und Gärtner, die stets zu Diensten sind. Man kennt sich, vertraut sich – und das seit Jahren. Die 30 Villen markieren – im Unterschied zu den dagegen deutlich abfallenden 40 Pavillons – immer noch die Oberkante von Resortluxus. Das Jahr über kommen 40 Prozent Repeater, und auch die anderen 60 Prozent sind schlicht angetan: von der puristischen Architektur, die an den Ayutthaya-Stil angelehnt ist, von der verführerischen Zen-Ausstattung, vom perfekten Service, wie von Geisterhand gemacht, nebst der täglich frischen Bettwäsche nach heißen Tropennächten. Wen stören da schon die

1 Tradition trifft Moderne in Phuket Town, denn **2** die chinesischen Geschäftshäuser in der Soi Rommanoi wurden erhalten. **3** Das »China Inn Cafe« lädt zum Verweilen ein. **4** Das »On On«-Hotel war Drehort für den Film »The Beach«. **5** Leibesübungen im Zentrum. **6** Die Ocean-Shoppingmall in Phuket Town.

steilen 95 Stufen vom Strand zum Pool und die 199 Stufen von der Lobby zum höchstgelegenen Pavillon 702. »Es gibt doch Buggys«, sagt Fred, ignoriert die Kritik und bilanziert fürs große Ganze, gönnerhaft und cool: »Der Markt ist groß genug auf Phuket. Auch fürs ›Trisara‹ ...« Sicher ist: Der Stil des »Amanpuri« wurde von allen Luxusresorts in den 1990er und in den Folgejahren bis hinein ins 21. Jahrhundert zumindest in Varianten kopiert. Das »Trisara« ist das beste Beispiel dafür.

Was für die Hotellerie gilt, hatte und hat auch für die ganze Insel Bestand: Arm war Phuket nie. Perlenzucht und Fischerei, Kopra und Zinn gaben stets eine verlässliche wirtschaftliche Basis ab. Im Hinterland scheint die Zeit sogar stehen geblieben zu sein. Gummibäume stehen in Plantagen in Reih und Glied. Der weiße, klebrige Saft rinnt bis heute zäh in am Baum befestigte Kokosnussschalen, ehe er mit Säure gehärtet und mit zum Teil altmodischen

1

2

3

1 Den Sonnenuntergang genießen im Restaurant des »Amanpuri« am Pansea Beach. **2** Die Bibliothek im »Amanpuri«. **3** Einer der schönsten Pools der Insel – natürlich im »Amanpuri«. **4** In den Liegestühlen am Strand vergisst man alles um sich herum. »Aman«-Butler kümmern sich um Wasser, Obst, Eistücher und Sonnenschirm.

Mangeln auf Badehandtuchgröße und -dicke gepresst sowie danach zum Trocknen aufgehängt wird. Ein Baum gibt 25 Jahre lang Saft, ehe ihn Waldarbeiter abholzen und Schreiner zu Möbeln verarbeiten. Ein neuer Setzling kann aber erst nach sieben Jahren angezapft werden. Und ein Kautschukbauer bekommt genau einen Baht pro Baum und Tag ...

Im direkten Zahlenvergleich mit der Tourismusindustrie ist das ökonomisch auf die Insel bezogen nur ein Nebenerwerbszweig. Aber das monatliche Durchschnittseinkommen in Thailand stieg rapide an, von etwa 40 Euro pro Monat in den 1970er Jahren auf heute rund 150 Euro, wobei die Einwohner von Phuket im Durchschnitt sogar doppelt so hoch mit ihren Einkünften liegen. Ärzte verdienen in einem Privatkrankenhaus häufig 1000 Euro monatlich.

Milliarden flossen in den letzten Jahren durch Touristen nach Phuket. Vor allem Westeuropäer brachten das Geld. Jetzt stoßen Asiaten und verstärkt auch Osteuropäer dazu. Aber wenn heutzutage aus den Aeroflot-Maschinen langbeinige, blonde und weißhäutige Wesen aussteigen, denkt wahrscheinlich nicht einmal mehr der Tourismusbeauftragte der Insel an die Wirtschafts-, sondern eher an seine Manneskraft.

Bleibt die Frage offen, wohin das noch auf Phuket führen wird. Der Flughafen mit sieben Millionen Passagieren pro Jahr hat sich als internationaler Airport in den Flugplänen etabliert und ist mittlerweile zu eng geworden, kann aber ausgebaut werden. In der Hotellerie ist kein Stopp zu erkennen. So wird »Shangri-La« aus dem Quartett mit 50 weiteren Pool-Villen ein Luxusresort-Quintett machen, das besonders die Asiaten anspricht. Wobei die Regel, nicht höher als eine Palme zu bauen, die seit 1985 gilt und nach den ersten Bausünden aufgestellt wurde, streng eingehalten wird. Wo es allerdings hapern könnte, ist das Süßwasser. Schon jetzt gibt's in der Hochsaison den einen oder anderen Engpass. Aber Adrian Zecha fand ja einst auch eine Lösung dafür ...

Zeit für Phuket

Anreise/Lage

In der Andamanensee, rund 200 Kilometer Luftlinie südlich der Südspitze von Myanmar, liegt Phuket. Die Insel ist lediglich durch eine sehr schmale Meeresenge vom Festland getrennt. Mit Air Berlin kann man direkt von Deutschland aus, ab Düsseldorf und München, nach Phuket fliegen. Hier lohnt die Buchung eines Motorrads oder Mietwagens, die an allen Stränden und in Phuket Town angemietet werden können. Als öffentliche Verkehrsmittel zu fast jedem Punkt auf dem Eiland fungieren Pick-ups.

Sehenswürdigkeiten

Wat Chalong, Phukets größter und schönster Tempel, und FantaSea, eine Show mit Elementen aus Akrobatik, Tanz und Magie, die sündigen Bars der Fleischeslust von Patong und das Vegetarier-Festival im Herbst, bei dem sich junge Männer Spieße durch die Wangen und Zungen treiben oder auf glühenden Kohlen gehen. Interessant ist auch das Gibbon Rehabilitation Project nahe des Bang-Pae-Wasserfalls im Nordosten.

Übernachten

Amanpuri***, Pansea Beach, Tel. 0 76-32 43 33,
Fax 0 76-32 41 00, www.amanresorts.com,
E-Mail: amanpuri@amanresorts.com.
Erstes »Aman«-Projekt weltweit und seitdem die Messlatte für alle Luxusresorts. 30 fantastische Villen (alle mit einem privaten Pool) und 40 auf hohem Niveau angesiedelte Pavillons. Perfekter Service, traumhafte Lage. »Aman«-Spa unter deutscher Leitung, Wassersportmöglichkeiten, Tennis.

Trisara***, Naithorn Bay, Tel. 0 76-31 01 00, Fax 0 76-31 03 00, www.trisara.com, E-Mail: reservations@trisara.com.
Pool-Villen und Villa-Residenzen im Weltklasseformat, die nicht einsehbar sind. Sehr guter Service, wunderbare Lage. »Trisara«-Spa, 45-Meter-Salzwasser-Pool, Wassersportmöglichkeiten, Tennis.

Restaurants

Regatta, exklusiv, Nai Harn Beach, Tel. 0 76-38 02 00. Traditionell eines der besten Restaurants der Insel im Phuket Yacht Club. Klasse Blick auf die Bucht und raffinierte italienische Kochkunst mit viel Seafood. Unbedingt ausprobieren: die Pasta mit Prawns.

Ruen Thai, gehoben, Bang Tao Beach, Tel. 0 76-32 43 20. Liegt im Laguna-Komplex direkt an der Lagune und bietet vorzügliche Thai-Küche, am Abend einhergehend mit klassischer Thai-Musik.

Tipp

In der sommerlichen Regenzeit eignet sich Phuket nur bedingt für einen Besuch. Der Südwestmonsun – vom Indischen Ozean kommend – kann zwischen Juli und Oktober auch mal tagelang anhaltende Regenschauer mit sich führen.

1

2

3

4

Im Reich der Zauberberge

Phang Nga und Krabi – die Felsenwelt

Die riesige Phang-Nga-Bucht wirkt wie der Spielplatz eines Riesen, der vergessen hat, seine Bauklötzchen aufzuräumen. Und die Gegend um Krabi ergänzt diese Felsenlandschaft im Meer mit sagenhaften Höhlen und Grotten.

»Nur Tote haben hier festen Boden«, schreit Bootsführer Phet bei der Anfahrt mit seinem laut knatternden Longtailboot von hinten: »Denn nur der Friedhof wurde auf Erde angelegt«. Ko Pannyi, das knapp 3000 Einwohner zählende Seezigeunerdorf, liegt im Norden der Phang Nga Bay. Die Häuser sind ausschließlich auf Holzpfählen im Meer gebaut. Und der Friedhof schmiegt sich an einen der spektakulären Felsen der Bucht. Ein Netzwerk von Planken verbindet die Häuser miteinander. »Bitte haltet den vorgegebenen Weg ein«, sagt Phet und hilft beim Aussteigen vom Boot auf den höher gelegenen Pier. »Ihr wollt doch sicherlich die moslemischen Chao Le in ihrem Alltagsleben nicht stören, oder?« Natürlich möchte den Seezigeunern keiner der Ausflügler zu nahetreten, die seit gut 100 Jahren keine Nomaden mehr sind, sondern sich auf Ko Pannyi fest angesiedelt haben, schließlich ist auch Phet einer von ihnen. Aber der Dorfpfad ist langweilig und ermöglicht keine Einblicke in das vermeintlich andere Leben der Chao Le. Es reiht sich Shop an Shop und Restaurant an Restaurant wie in einem Touristenort auf festem Boden.
Wer in die Phang-Nga-Region kommt, muss zumindest für einen Ausflug ein Boot mieten und auch per Kanu tief in von außen zum Teil uneinsehbare Kalksteinhöhlen eindringen. Phang Nga bietet die spektakulärsten Felsgebilde des Landes und ist gleichzeitig eine der schönsten Buchten der Welt. Unzählige Kalksteine und Inseln lugen bizarr aus dem Meer. So weit das Auge reicht, wimmelt es geradezu von Brocken, Kegeln und Keulen, von Türmen, Pyramiden, Bergen und Inseln, die zum Teil bis zu 300 Meter hoch aus dem Meer ragen. Dazwischen scheinen immer wieder grell und weiß Sandflecken und Puderzuckerstrände heraus. Die Kreativität der Natur scheint bei der Entstehung keine Grenzen gekannt zu haben. Oder war es doch ein Riese, der sein Spielzeug vergessen hat? In jedem Fall bildet diese Bucht ein großartiges Ensemble.
Die Namensgebung der kuriosen Kalksteinformationen geht in vielen Fällen auf die Form zurück: Es gibt Felsen mit Namen wie

1 Mit dem Boot in die Phang-Nga-Bay. **2** Entspannen im »Rayavadee Resort« am Phra Nang Beach. **3** Köstliche Angebote werden von fliegenden Händlern am Strand gereicht. **4** Fischerboote fahren zu Kalksteinhöhlen. Zum Einsteigen muss man manchmal die Hosen hochkempeln.

1

2

3

Eierinsel, Junger Hund oder Mädchenbrust. Selbst die Motiv-Scouts für »James Bond« sind in der Phang-Nga-Bucht fündig geworden. Vor Ko Phingan ragt ein umgekehrter Kegel wie eine Boje aus dem Wasser: Ko Tapoo bildete die surreale Kulisse für Szenen aus »007. Der Mann mit dem goldenen Colt«, als sich Bond mit Bösewicht Scaramanga duellierte. Die »Nagelinsel«, so die Übersetzung, heißt deshalb seit 1974 landläufig auch »James Bond Island«. So menschenleer wie im Film wird man diesen hübschen Flecken Erde allerdings wohl nie wieder sehen. Später wurden auch noch Szenen für »Platoon«, »Heaven and Earth« sowie »Traumschiff«-Folgen in der Phang Nga Bay gedreht.

Wie Ko Pannyi in einzigartiger Weise den Norden der Bucht markiert, so bestimmt auf ganz andere Art, aber ebenfalls einzigartig, Ko Yao Noi, zusammen mit der großen Schwesterinsel Yao Yai, das südliche Ende des Felsenlabyrinths im Reich der Zauberberge. Ko Yao Noi ist nur etwas mehr als eine Stunde von der Urlaubswelt Phukets entfernt – und doch liegen Welten dazwischen. Die Insel verfügt über etwa 20 Resorts, aber das Leben geht geruhsam vonstatten. Mit dem Moped ist das Eiland binnen einer Stunde umrundet. Der Quallenfang (für die Apotheken Japans), die Fischerei, der Kautschuk und seit einigen Jahren der Tourismus haben den

4

hauptsächlich muslimischen Einwohnern einen sichtbaren Wohlstand gebracht. Eine größere Expansion an touristischer Infrastruktur ist hingegen nicht mehr zu erwarten: Die besten Strände sind vergeben.

Zwei von ihnen hat sich das luxuriöse, weiträumige und weitläufige Eco-Resort »Evason Hideaway & Six Senses Spa« gesichert. Die Fünf-Sterne-Anlage besteht ausschließlich aus mit natürlichen Materialien erbauten Villen mit privatem Sieben-Meter-Pool und bietet einen atemberaubenden Blick auf die Phang Nga Bay. Barhocker sind Baumstümpfe, die Türen sind aus Bambus, die Geländer aus gleichmäßigen Holzstreben und die Dächer sind mit Palmstroh gedeckt. Bilder von der phantastischen Bucht vergisst man nicht. Aber wer das offene Wohnzimmer mit Sala, das offene Bad, die Verandabadewanne, die Dusche, umgeben von Bambus, und den Blick vom Bett mit Moskitonetz – sodass man auch bei offenen Glasschiebetüren schlafen kann – erlebt hat, der vergisst auch dieses Resort nicht mehr. Zur »Evason«-Erfahrung gehört auch die Island Time: Im »Hideaway« wird die Uhr um eine Stunde vorgestellt, um den Tag um eine Stunde Tageslicht zu verlängern, wie bei der europäischen Sommerzeit. Besonders deutsche Gäste buchen diese Oase, Amerikaner meiden sie dagegen. Sonst müssten sie ja möglicherweise ihren ganzen Urlaub im Schlafzimmer verbringen, den einzigen Raum, den man klimatisieren kann ...

1 Das Fischerdorf Ba Kan liegt am Na-Yao-Fluss. **2** Hier reiht sich Boot an Boot. **3** Die Höhle der Prinzessin am Phra Nang Beach fasziniert mit ihren Tropfsteinen. **4** Pompös ausgestattet ist Wat Chalong. **5** Bunt geschmückt sind die Boote, die in Ko Poda auf Gäste warten. **6** Das kristallklare Wasser lädt zum Tauchen und Schnorcheln ein.

Die als Vorreiter für luxuriöse Ökoferien bekannte Hotelgruppe erhielt erst kürzlich die Auszeichnung »Tourism of Tomorrow«, einen Preis, der alljährlich für die herausragende praktische Umsetzung eines umweltverträglichen Tourismus verliehen wird. In seiner Dankesrede betonte der Gründer und Vorsitzende der Hideaways und Spas, Sonu Shivdasani: »Unsere fortlaufenden Bemühungen in der nachhaltigen Tourismusentwicklung haben auch zukünftig allererste Priorität.« Der nächste Baustein steht bereits: Auf der benachbarten Insel Naka Yai wurde laut Shivdasani soeben »das führende Destination-Spa des 21. Jahrhunderts« fertiggestellt. Die unberührte Schönheit der Insel geht einher mit ganzheitlichen und zeitgemäßen Behandlungsmethoden. Auf einer Fläche von 3000 Quadratmetern ergänzen sich unter dem Dach von Feng Shui die vier Elemente Feuer, Wasser, Luft und Erde

1 Das Evason Hideaway & Six Senses Spa auf Ko Yao Noi ist ein perfektes Resort und bietet neben dem Hauptpool auch **2** private Pools für jede Villa. **3** Sandstrand, der über natürliche Schattenspender verfügt: Phra Nang. **4** Diesem charmanten Angebot kann niemand widerstehen.

sowie traditionelle Behandlungsmethoden aus China, Indonesien, Thailand und der indischen Ayurveda-Lehre. 61 Pool-Villen, keine kleiner als 450 Quadratmeter, stehen den Gästen entweder direkt am weißen Sandstrand oder an den Hügeln der Insel als Unterkünfte zur Verfügung.

Ko Naka Yai ist leicht zu erreichen: Vom Phuket Airport sind es 20 Minuten zum Ao Po Pier, von dort bringt das Boot die ankommenden Gäste in knapp zehn Minuten auf die Insel. Von Ko Yao Noi sind es gut 30 Minuten per Schiff.

Östlich von Ko Yao Noi schließt sich am Festland mit beinahe ebenso merkwürdigen und zerklüfteten Felsen die Gegend um Krabi an. Neben dem gut 15 Kilometer entfernten Hausstrand Ao Nang gibt es noch zwei Strände, die zwar auf dem Festland liegen, aber ausschließlich per Boot zu erreichen sind. Phra Nang und Rai Leh West gehören mit ihren schroffen und üppig bewachsenen Bergen als Hintergrundkulisse sicherlich zu den Top-Ten in Thailand. Besonders die Höhle der Prinzessin, die Phra Nang Cave, sorgt in Anbetracht der über dem Prunkstrand hängenden Stalaktiten bei jedem Besucher für raunende »Ahhs« und »Ohhs«. Das Gesamtbild mit Tropfsteinen, Palmen, Dschungel und großen Steinphallusen, an denen thailändische Frauen Opfergaben darbieten, wenn sie sich sehnlichst Nachwuchs wünschen, ist einmalig. Weitere bis zu 120 Meter tiefe Tropfsteinhöhlen und Grotten runden diese wunderschöne Landschaft ab.

Jeden Tag kann man per Boot in der näheren Umgebung zum Inselhopping starten: zum Beispiel nach Ko Poda, einer mit Kasuarinen und Kokospalmen bewachsenen Insel mit schneeweißem Korallensand und besten Schnorchelmöglichkeiten, oder nach Ko Hua Khwan, ein wegen seiner Form auch »Hühncheninsel« genanntes Minieiland. Bei Ebbe ist es möglich, durch kristallklares, knietiefes Wasser zur großen, von Dschungel überwucherten Insel Thab zu waten.

Für die Entstehung dieser zerklüfteten und bizarren Welt von Phang Nga und Krabi gibt es eine einfache Erklärung, jedenfalls der Legende nach: Weil ein schönes Mädchen nicht den Sohn des Meereskönigs Phya Nahk heiraten wollte, verzauberte dieser die Gegend. Menschen wurden zu Stein, Häuser zu Hügeln und das vorgesehene Festmahl zu Muscheln. In Wirklichkeit ist natürlich die Erosion für all diese Formen verantwortlich.

Wer vom Strandleben genug hat und sich tolerant zeigt, macht sich auf den Weg nach Wat Tham Sua. Eine Treppe führt in ein rundes Tal ohne Ausgang. Zum Teil in Höhlen und zum Teil in einfachen Hütten wohnen mehr als 250 Mönche und Nonnen, die einer recht eigenwilligen, aber mit dem Buddhismus in Einklang stehenden Meditationsart nahestehen. Dort werden die Werte des Inneren geschätzt. Und plakativ hängen überall Fotos von aufgeschnittenen Leichen und freigelegten Innereien. Im Höhlenkloster steht zudem ein Skelett hinter Glas. Doch nicht nur für Leute, die kuriosen Ansichten und Angelegenheiten offen gegenüber stehen, ist das Tal den kurzen Ausflug von Krabi wert. Naturfreunde finden in dem Kessel riesige Brettwurzelbäume, wobei die größten den würdigen Namen »Tausendjährige Bäume« tragen.

Zeit für Phang Nga und Krabi

Anreise/Lage

Die Bucht in der Andamanensee, östlich von Phuket gelegen, kann entweder via Phuket oder seit einigen Jahren zudem über Krabi mit dem Flugzeug erreicht werden. Über rund 1000 Quadratkilometer erstreckt sich die Phang Nga Bay, die seit 1981 auch Nationalpark ist und von einer imaginären Linie zwischen den Städten Phuket Town im Westen und Krabi im Osten nach Süden hin abgegrenzt wird. Zwischen beiden Städten verläuft eine traumhafte Straße durch eine herrliche Felsenlandschaft.

Sehenswürdigkeiten

Perfektes Inselhopping: Ein Bootsausflug in die Phang-Nga-Bucht ist ein absolutes Muss. Die Kalksteinfelsen gehören zu den bizarrsten in den Meeren weltweit. Auch die Inseln und Strände zählen zu den jeweils besten. Allein die Provinz Krabi verfügt entlang ihrer 120 Kilometer langen Küste über 130 Inseln. Kulturinteressierte suchen Wat Tham Sua bei Krabi auf.

Übernachten

Evason Hideaway & Six Senses Spa***, 56 Moo 5, Ko Yao Noi, Tel. 0 76-41 85 00, Fax 0 76-41 85 18, www.sixsenses.com, E-Mail: reservations-yaonoi@sixsenses.com.
Unglaublich schön gelegenes Resort, das fast komplett aus Naturmaterial gebaut ist. Villen mit Blick auf die Phang Nga Bay buchen. Ausschließlich private Pools, die zur Villa gehören. Top-Spa, Wassersportmöglichkeiten.

Rayavadee***, Rai Leh Beach, Krabi, Tel. 0 75-62 07 40, Fax 0 75-62 06 30, www.rayavadee.com, E-Mail: reservation@rayavadee.com. Doppelstöckige und sehr komfortabel, rustikal eingerichtete Bungalows an einem der schönsten Plätze in Thailand mit drei schönenen Sandstränden.
Spa, Tennis- und Squashplätze, Pool, Wassersportmöglichkeiten. Mitglied bei »The Leading Hotels of the World«.

Restaurants

The Paradise, mittlere Preisklasse, 24 Moo 4, Ko Yao Noi, Tel. 0 81-892 48 78. Seafood- und Thai-Küche, die man durchweg empfehlen kann. Die ganzen Fische vom Grill werden perfekt serviert.
Via Italiana, mittlere Preisklasse, Ao Nang Beach, Krabi, Tel. 0 75-63 75 35. Apulische Gerichte, also viele kleine Schälchen voller Leckereien als Antipasti, sodass kein Hauptgericht mehr nötig ist.

Tipp

Mehrere Anbieter haben Kanutouren in der Phang-Nga-Bucht im Programm. Mit einem großen Schiff werden mehrere interessante Stellen angefahren und dort die Kanus ins Wasser gelassen. Dann geht's paddelnd auf Exkursion.

EXCHANGE
ATM | EXCHANGE

Das verlorene Paradies

Ko Phi Phi – ein Traum ist zu Ende

Den Spätzünder unter den heute touristisch erschlossenen thailändischen Inseln hat es zweifach hart erwischt. Erst kam Hollywood und brachte die Massen. Dann schlug der Tsunami mit unglaublicher Gewalt zu.

Thailand ist unserer Zeit voraus. Das Königreich schreibt schon das Jahr 2553, ein Jahr im Zeichen des Tigers, wenn wir erst 2010 notieren. Ihrer Zeit voraus waren auch die Hippies und Blumenkinder, die Ko Samui vor dem Rest der Welt als Paradies entdeckten. Anfang der 1970er Jahre entstanden die ersten Holzhüttchen, Fischer sorgten für den Bootstransfer, die Szene traf sich abends im dämmrigen Schein von Petroleumlampen und schwärmte von Eden. Alex Garlands Roman »The Beach« spielt eigentlich auf einer nicht näher bezeichneten Insel im Ang-Thong-Archipel, zu dem auch Ko Samui im Golf von Thailand gehört. Da aber im Jahr des Drachen, 2543, unserem 2000, mittlerweile auch Pauschaltouristen die Endstation ihrer Sehnsüchte auf Samui gefunden hatten, winkten die Filmemacher ab: Für die Dreharbeiten zur Garland-Verfilmung zogen sie samt Leonardo di Caprio, der den Rucksackreisenden Richard spielte, auf die unbewohnte Insel Phi Phi Le an die Westküste Thailands. Dort fand di Caprio als Richard seinen verklärten Traumstrand. Und durch die Verfilmung des Traveller-Romans wurden die beiden Phi-Phi-Inseln mit einem Schlag weltberühmt,was verheerende Folgen haben sollte.

»The Beach« ist die Maya Bay, in der alle Blautöne schimmern und das grelle Weiß des feinen Sandstrands für einen scharfen Kontrast sorgt. Nur Palmen gibt es nicht. Für diesen letzten Touch wurden von Requisiteuren 60 Kokospalmen eingebuddelt. Erst dann gab sich Regisseur Andrew MacDonald mit der Location zufrieden. Die Palmen sind mittlerweile wieder verschwunden. Aber Maya Beach hat seine Ursprünglichkeit nicht wieder zurückerlangt. Die Anzahl der Besucher, von zuvor einer Handvoll pro Tag, hat sich seitdem in die Tausende erhöht. Thailands einst schönste Insel mit senkrecht aus dem Meer ragenden, zerklüfteten Steilwänden, tonnenschweren Stalaktiten, riesigen Höhlen, glasklar aus dem Wasser schimmernden Korallengärten und traumhaften Buchten verzauberte alle. Im Film und noch viel mehr in der Realität bei einem Tagesausflug, den man nie vergessen

1 Per Boot von Insel zu Insel, von Bucht zu Bucht. **2** Mit der beschaulichen Ruhe auf Ko Phi Phi ist es vorbei. Die Besucher drängen durch Ban Laem Trong. **3** Atemberaubender Blick über die Insel vom Aussichtspunkt. **4** Der Film »The Beach« machte die Maya Bay zu einem Besuchermagnet.

1 Bungalowanlagen gibt es überall auf Ko Phi Phi. **2** Solche beschaulichen Plätze zum Abendessen muss man auf Ko Phi Phi Don lange suchen. **3** Komfortabel sind die Zimmer im »Bay View Resort« am Laem Hin Beach.

wird – per gechartertem Longtailboat samt kundigem Bootsführer. Die Hotels auf der Schwesterinsel Phi Phi Don statten die Gäste bis heute für ihre Massenrobinsonaden mit Lunch-Paketen aus. Es sollte und soll ja an nichts fehlen.

Noch schlimmer hat es Ko Phi Phi Don erwischt, die besiedelte Insel. Dort wurden in den 1980ern die ersten spartanischen Bungalows gebaut, ohne Strom mit Sandboden. Das Süßwasser zogen die Gäste noch selbst aus dem Brunnen. Die ersten einfachen Strandlokale entstanden, und sogar ein kleiner Souvenirshop wurde aufgemacht. Heute ist Ko Phi Phi Don, besonders das Dorf, kaputt. Die Insel hat nicht einmal mehr den Allerweltscharme von Touristenorten, wie es sie weltweit als Dutzendware gibt. Ton Sai Village erstickt im Müll, an seinen Geschäften, Resorts und Restaurants. Die Insel erlitt vor dem schrecklichen Tsunami von Weihnachten 2004 vier Jahre lang Touristen-»Tsunamis«: Heerscharen Rucksackreisender und »The-Beach«-Fans überrollten das fragile Eiland. In die Mitte der Insel setzte die Chinesin Khun Ming, eine von drei Großgrundbesitzern auf Phi Phi, ein hässliches Hotel in Form eines Kreuzes. Bungalowanlagen sprossen wie Unkraut nach einem Regenguss aus dem Boden. Die Pizza kam plötzlich aus dem Holzofen wie in Neapel. Das Bier vom Fass wie in München. Die Plagiate vom Armani-Anzug bis zur Zucchero-CD aus eigener Herstellung. Und die Bedienungen aus dem Isan, dem Armenhaus im Königreich. Wenn's um das Geschäft geht, gibt's manchmal auch in Thailand keine Kompromisse. Dann türmt sich eben der Müll vor der Bungalowtür. Dann stinkt es eben am Restauranttisch. Dann sind eben die Bedienungen so unfreundlich wie sonst nirgendwo im Land. Früher konnte man zwischen den beiden wunderschönen Buchten nicht von der einen zur anderen Seite blicken, weil die Palmen so dicht standen. Heute geht es nicht, weil alles durch Gebäude verbaut ist. Die Traveller-Gemeinde interessiert das alles nicht, zumindest so lange die Bungalows billig und das Bier bezahlbar bleibt, das Internet so schnell wie zu Hause funktioniert, und Mann tätowiert und mit blankem Oberkörper durchs Dorf marschieren darf oder das unsägliche Gedröhne aus den Bars und Pubs nicht leiser wird. Nach mir die Sintflut ... An Hochsaisontagen muss man sogar sagen: Mit mir die Sintflut.

Die kam tatsächlich in Form des Tsunami von 2004. Vom Aussichtspunkt auf die beiden – von oben immer noch traumhaft schönen – sich vis-à-vis liegenden Sichelbuchten kann man am besten nachvollziehen, wie schön dieses Paradies einst war. Von oben scheint, ohne Übertreibung, die Südsee in Thailand zu Hause zu sein: Es strahlen traumhafte von Palmen gesäumte weiße Strände, in Idealform geschwungen und eingerahmt von mit dichtem Urwald bewachsenen Bergen. Dort die tiefe dunkelblaue Bucht Ton Sai, in der die Schiffe anlegen, und gegenüber die seichte und deshalb hell schimmernde Lo Dalum Bay. Schöner geht's nicht! Wenn es nur nicht ein verlorenes Paradies wäre ...

Für die Chinesen jedoch ist Ko Phi Phi noch immer der Garten Eden. Werden darauf doch an schier unerreichbaren Klippen unter schwersten Bedingungen Schwalbennester geerntet, die als Delikatesse zubereitet, potenzfördernd sein sollen.

Zeit für Ko Phi Phi

Anreise/Lage

Die beiden Phi-Phi-Inseln, die bewohnte und mit zahllosen Resorts bestückte Phi Phi Don und die unbewohnte sowie wesentlich kleinere Phi Phi Le, liegen in der Andamanensee, ziemlich genau zwischen Phuket und Krabi. Von beiden Orten verkehren regelmäßig Schiffe zum Fahrpreis ab 6 €.

Sehenswürdigkeiten

Die beiden bekannten Aussichtspunkte auf Ko Phi Phi Don sind zwar nur schweißtreibend zu erklimmen, aber landschaftlich gehören die Ausblicke immer noch zu den schönsten: zwei perfekte Strandsicheln liegen einem dann zu Füßen. Auf der Landbrücke dazwischen liegt Ton Sai Village, und dort gibt's alles, was das Herz begehrt: Hotels, Lokale, Internet-Cafés, Discos und Läden. Ergreifend ist ein Besuch am Memorial Park zum Gedenken an die Tsunami-Opfer. Wer sich Ko Phi Phi Le und die Maya-Bucht anschauen möchte, sollte sehr früh starten oder spät heimkehren, um dem größten Rummel zu entgehen. Die Tsunami-Schäden sind weitgehend behoben.

Übernachten

Zeavola***, Laem Tong Beach, Ko Phi Phi Don, Tel. 0 76-23 67 61, Fax 0 76-23 67 63, www.zeavola.com, E-Mail: info@zeavola.com.
Einzige Luxusanlage auf der Budget-Insel. Schön und vor allem ruhig gelegenes Resort, weit weg von Ton Sai Village. Angelegt wie ein Thai-Dorf mit geschmackvoller thailändischer Ausstattung. Offener Wohn- und Badbereich, fast komplett aus Naturmaterial gebaut. Spa, kleiner Pool, Wassersportmöglichkeiten. Mitglied der »Small Luxury Hotels of the World«.

Bay View Resort**, Laem Hin Beach, Ko Phi Phi Don, Tel. 0 76-28 13 60, Fax 0 76-28 13 65, www.phiphibayview.com, E-Mail: bayview@ksc.th.com.
Einfache Bungalows in hübscher Lage direkt am Meer, 10 Min. zu Fuß vom Village entfernt.

Restaurants

Marlin Restaurant, mittlere Preisklasse, Lohbogao Beach, Ko Phi Phi Don, Tel. 0 76-21 50 14. Gute Seafood- und Thai-Küche sowie einige Gerichte aus der westlichen Welt. Schöne Open-Air-Location, abseits vom Trubel.

La Piazzetta, günstig, 15 Moo 7, Ton Sai Village, Ko Phi Phi Don. Kleines italienisches Restaurant mitten im Dorf – für den Fall, dass man beim Einkaufsbummel plötzlich vom Hunger überfallen wird. Die deutsche Besitzerin überlebte den Tsunami auf dem Dach ihrer netten Pizzeria ...

Tipp

Auf den beiden Phi-Phi-Inseln gibt's keinen motorisierten Verkehr, um die Hauptinsel herum und zwischen den Schwestereilanden dienen Longtailboote als Verkehrsmittel mit Fahrpreisen ab 1,50 €.

1

2

3

4

Romantik im Abseits

Von Ko Phi Phi bis Ko Tarutao – die Inseltour

Südlich der Phi Phi Islands beginnt selbst für viele Thai-Kenner Neuland. Von Ko Lanta oder Ko Jum haben einige schon gehört. Aber was ist mit Ko Hai, Ko Mook und vor allem mit dem Tarutao-Meeresnationalpark

Da stehen sie nun mächtig und in beeindruckender Weise mitten im Meer. Das Longtailboat wirkt wie ein schwimmendes Streichholz dagegen, je näher der Bootsführer an die bis zu 200 Meter hochragenden Felswände herankommt. Sie sind kahl und schroff oder üppig bewachsen. Der Vergleich zum Monument Valley drängt sich auf. Statt in der Wüste Amerikas jetzt an dieser Stelle auf hoher See vor Thailands Küste: Die Tarutao-Hauptinsel und 50 weitere Eilande bilden den Tarutao National Park, ein Meeresschutzgebiet, in dem sich auch Feriengäste wohl fühlen. Insel-Feeling ohne Massentourismus und Top-Strände wie im Bilderbuch sind garantiert. Doch diese enorme Macht aus Stein – man mag es kaum glauben – ist fast überall unterhöhlt. Die wunderbaren Felsen und Inseln stehen auf tönernen Füßen. Mit Salzwasser und Erosion sind die beiden Schuldigen schnell gefunden.
1939 wurden 70 Putschisten nach Ko Tarutao gebracht. In der Taloh Udang Bay sind noch heute Überreste des Gefängnisses zu sehen, das 1972 geschlossen wurde. Auch manche Unterkünfte, die von der Nationalparkverwaltung betrieben werden, erinnern noch an diese Zeit. Schmuddelige, halb offene und hellhörige Bambusverschläge in einem Langhaus, Tür an Tür, wie einst Zelle an Zelle, bieten die Nationalparksbeamten den Touristen an. Der Bootsfahrer aus Ban Pakbara mit einem unaussprechlichen Thai-Namen, weshalb er schlicht auf Tom hört, hatte bereits im Vorfeld gewarnt: »Auf eine luxuriöse touristische Infrastruktur dürft ihr in dieser Gegend nicht hoffen. Bei uns im tiefen Süden ist Insel- und Entdeckergeist gefragt! Aber dafür werdet ihr mit Naturschönheiten belohnt«.
Man sollte sich von den Unterkunftsmöglichkeiten tatsächlich nicht abschrecken lassen. Zum einen bietet etwa die Insel Bulon Lae, etwas außerhalb des Nationalparks gelegen, ein angenehmes privates Resort und auch auf Ko Adang und Ko Lipe kann man zum Übernachten ausweichen. Zum anderen machen 51 Trauminseln, die bei Bootstouren zunächst langsam auftauchen, erst nach und nach Konturen gewinnen und schließlich wie Skulpturen aus der

1 Die Übernachtungsmöglichkeiten im Tarutao-National-Park sind ursprünglich und entbehren teilweise gewohnten Komfort. **2** Feuerkünstler malen am Klong Dao Beach Figuren in die Nacht. **3** Auf der Insel Ko Lipe lädt das »Castaway Beach Resort« ein. **4** Es liegt am Sunrise Beach.

1

2

3

Andamanensee aufragen, Defizite beim Quartier schnell wieder wett. Ko Phetra ist das schönste Beispiel: Zerklüftet und ausgewaschen ragt die Insel aus dem glasklaren Wasser, in dem sich Delfine tummeln, aber auch Wale und Meeresschildkröten zu Hause sind. Oder Ko Lama: Bei Ebbe können Longtailboote, wie das von Tom, durch einen Tunnel unter der Insel durchfahren, bei Flut kann der geübte und furchtlose Schwimmer den 188 Meter hohen Felsen unterqueren, als wäre er nur eine dunkle Grotte. »Tagtäglich unterhöhlt das Meer die Felsriesen immer weiter«, erklärt Tom. Und manche der kleineren tönernen Gebilde wirken, als würde nur noch die wild wuchernde tropische Vegetation die bizarren Natursteinformationen zusammenhalten.

Der Archipel ist ein Revier der vagabundierenden Seezigeuner, die traditionell geduldet von den thailändischen Behörden ihre Standorte nach Wind- und Wetterverhältnissen wechseln. Die Chao Le von Tarutao sind recht finster dreinblickende Gesellen, aber wenn die Scheu erst einmal gewichen und die Neugierde an den Weißen geweckt ist, zeigen sie den fremden Besuchern die besten Plätze zum Schnorcheln und verraten sogar, wo Austern und Langusten zu finden sind. Für letzteren Tipp hilft Tom allerdings mit ein paar Baht ein bisschen nach …

4

In der Crocodile Cave auf Ko Tarutao leben zwar keine Krokodile mehr, aber bei der Bootsfahrt durch die dichten Mangrovensümpfe ist man sich gar nicht mehr so sicher, ob das auch wirklich stimmt. Der Höhleneingang wirkt wie eine halb geöffnete Muschel. Tonnenschwere Stalagmiten und Stalaktiten bilden ein Spalier. Auf dem Weg zum Tho Boo Cliff zeigt Tom weitere, oftmals namenlose Höhlen, die zum Teil von einer immensen Anzahl an Fledermäusen bewohnt werden. Auseinanderklaffende Spalten und tiefe Risse in der Erde weisen darauf hin, dass auch Ko Tarutao unterhöhlt ist.

Von oben, auf dem 270 Meter hohen Plateau, belohnt eine superbe Fernsicht auf die Archipelinseln und -felsen den mühsamen Weg, der zum Teil über zusammengeschnürte Holzleitern führt. Auch der südliche Archipelnachbar ist zum Greifen nahe. »Dort drüben beginnt Malaysia«, sagt Tom und zeigt mit ausgestrecktem Arm gen Süden. Rund sechs Kilometer sind es nur noch nach Langkawi, wo der Massentourismus bereits Einzug gehalten hat. Wie lange wird es wohl dauern, bis auch die Tarutao-Inseln mit Sterne-Hotels, Feinschmecker-Restaurants, schummrigen Bars und Nummernmädchen bestückt werden? Irgendwann werden wohl Ban Pakbara und Ko Bulon Lae auch in Bangkok und Berlin so bekannt sein wie heute Phuket oder Ko Samui. Ob man dann noch auf Bootsausflügen von geschmeidig dahingleitenden oder übermütig springenden Delfinen begleitet wird, ist allerdings fraglich.

1 Auf Stelzen ragen auf Ko Lanta die Guest-Houses aus dem Wasser. **2** Der Klong Dao Beach liegt an der Westküste. **3** Longtail-Boote am Hat Yao Pier. **4** Stolz ragen die Felsen im Tarutao-National-Park aus dem Wasser. **5** Mangroven-Lehrpfad auf Ko Lanta, wo es **6** auch ein Elefanten-Camp gibt.

Im Falle von Ko Lanta und Ko Jum sind die Vorboten längst da. Traveller rücken inzwischen ja auch mal mit dem Trolley an statt mit dem geschulterten Rucksack. Und das Land der Freien ist ja auch das Land der Schwarzbauten. So reiht sich Bungalow an Bungalow – und regelmäßige Fähren verbinden die zwei Kasuarineninseln mit dem Festland. Auf Ko Lanta sollte man seinen Badeurlaub auf jeden Fall an der Westküste verbringen, da der Osten mit Mangroven beinahe zugewachsen ist. Am besten sind Klong Dao und Phra Ae Beach. Ko Lanta zeigt sich ansonsten bergig, mit Erhebungen bis zu 500 Metern und über und über mit Wald bedeckt. Immerhin gut 20 000 Einwohner leben auf der Insel. Früher verdienten sie

1 In Ban Saladan auf Ko Lanta reiht sich Geschäft an Geschäft. **2** Am Kantiang Beach liegt das »Pimalai Resort & Spa«. **3** Romantischer Lichterzauber zur blauen Stunde in Ban Saladan. **4** Unterm Moskitonetz lässt es sich stets ruhig nächtigen: Himmelbett im »Pimalai Resort«.

ihren Unterhalt hauptsächlich durch Fischfang sowie durch den Anbau von Dschungelbohnen. Erst seit 1995 gibt es Strom.

Die Dschungelinsel Jum, die unmittelbare Nachbarin von Ko Lanta, öffnet sich den Touristen noch betulicher. Es gibt sechs Dörfer, ein paar Strände und deutlich weniger Bungalowsiedlungen. Besonders die Südwestspitze kommt mit ihren majestätisch hoch gewachsenen Palmen einem kleinen still gehegten Robinson-Traum doch ziemlich nahe.

Gleiches gilt für Ko Hai und Ko Mook. Für viele ist Ko Hai die attraktivste Insel zwischen den Phi-Phi-Schwestern und dem Tarutao National Park. Ihr Traumstrand im Nordosten, vor imposanten, dicht bewachsenen Hängen, die idyllischen Badebuchten im Süden mit ihren unzähligen Palmen lassen Strandfans schwärmen. Die Taucher schwören dagegen auf die enormen Sichtweiten unter Wasser, das nahe Kliff im kleinen Marinenationalpark um Ko Rok und die Emerald Cave von Ko Mook. Wijai Tuaythong, der Manager des »Charlie Beach Resort« auf Ko Mook, kennt aber nicht nur seine Inselperle, sondern auch die Umgebung: »Ko Cheuk, Ko Waen oder Ko Kradan warten auf Erkundungen. Weiter südlich folgen Ko Libong, Ko Lao Liang und Ko Sukon, die alle per Longtailboat bei einem Tagesausflug erreichbar sind.«

Auch einige Thais sind unter den Gästen an Bord. Was vor ein paar Jahren noch ausschließlich für die Upperclass galt, wird auch langsam für breitere Schichten in Thailand wahr: Urlaub im eigenen Land machen und es kennenlernen. Wijai kennt das und erklärt abwechselnd in Thai und Englisch. Auch die Provinzstadt Hat Yai, die größte Stadt im tiefen Süden und nur wenige Kilometer von der Grenze zu Malaysia entfernt, bekommt reichlich lokalen Besuch – allerdings von malaysischen Urlaubern. Hat Yai bietet für die moslemischen Männer etwas, das jenseits der Grenze undenkbar wäre: viele junge, schöne Mädchen und käufliche Liebe. »It's a man's world there«, sagt Wijai über Hat Yai und die Welt der frommen Muselmanen, die regelmäßig in lustvoller Erwartung die Grenze überqueren. »Glücklicherweise liegt aber Hat Yai nicht am Meer, sonst hätte wir hier schon ein zweites Pattaya ...«. Dann wären die Delfine aber garantiert abgezogen. Thailand bietet ihnen ja immerhin 2500 Kilometer Küstengewässer. Genug, damit die eleganten Säuger immer ein ruhiges Plätzchen finden können.

Zeit für die Inseltour

Anreise/Lage

Alle Inseln ab *Phi Phi* bis einschließlich *Tarutao* liegen in der *Andamanensee* und sind von Krabi, zum Beispiel *Ko Lanta*, sowie von mehreren kleinen Fischerdörfern aus entlang der Küste erreichbar. So geht's von Ban Pakbara zum Tarutao National Park und Ko Bulon Lae, von Pak Meng nach Ko Hai, Ko Mook und Ko Kradan sowie von Palian nach Ko Sukon. Longtailboote verbinden die Inseln mit dem Festland. Anflugmöglichkeiten bestehen nach Krabi, Trang und Hat Yai.

Sehenswürdigkeiten

Am besten stationiert man sich auf zwei oder drei Inseln, zum Beispiel auf Lanta oder Hai im nördlichen Teil, Mook oder Sukon im mittleren Part und auf Bulon Lae für die südlichste Region mit dem Tarutao Meeresnationalpark, um von dort Island Hopping per Boot zu machen. Kultur gibt's an der Andamanenküste kaum, aber dafür im offenen Meer die natürlichen Felsriesen, die wie Skulpturen anmuten.

Übernachten

Pansand Resort***, District Satun, Ko Bulon Lae, Tel. 0 75-21 80 35, Fax 0 75-21 10 10, www.pansand-resort.com, E-Mail: pansand@cscoms.com.
Das südlichste private Inselresort Thailands (seit 1990). Sehr hübsche Bungalows, Restaurant.
Ko Hai Resort***, District Phattalung, Ko Hai, Tel. 0 75-20 69 24, Fax 0 75-20 69 25, www.kohngairesort.com, E-Mail: info@kohngairesort.com.
Es gibt einfache Holzhüttchen, große Bungalows mit Dusche und WC sowie ein paar Deluxe-Bungalows, die reserviert werden müssen, da sie sehr begehrt sind in dieser eher luxusfreien Zone der Andamanensee. Deutsche Besitzer, Restaurant, Pool, Tauchschule.
Pimalai Resort & Spa*****, Ba Kan Tiang Beach, Koh Lanta, Tel. 0 75-60 79 99, Fax 0 75-60 79 98, www.pimalai.com, E-Mail: reservation@pimalai.com.
Eine weitläufige, tropische Hotelanlage direkt am feinsandigen Sandstrand mit viel Privatsphäre. Die moderne Anlage bietet 4 Restaurants, davon 3 Open-Air und eins direkt am Strand. Café, Lobby-Bar, Swimmingpool, Poolbar, Kinderpool, Bibliothek, Internet. Luxus, Eleganz, Natur und freundlicher Service sind die Charakteristiken dieses Komplexes. Auch Hochzeitszeremonien sind möglich.

Restaurants

Lae Lay, mittlere Preisklasse, District Sukon, Ko Sukon, Tel. 0 75-21 14 60. Offenes Seafood- und Thai-Restaurant, direkt am Meer. Dort wird noch in Thai-Manier gewürzt!
Kradan, günstig, District Kantang, Ko Kradan, Tel. 0 75-21 13 91. Nettes kleines Resortrestaurant mit sehr gutem Seafood, guten Thai- und westlichen Gerichten. Ist einen Stopp wert.

Tipp

Die Emerald Cave von Ko Mook ist ein echtes kleines Abenteuer. Der Eingang von Tham Morakot, so die Übersetzung, ist nur per Boot erreichbar. Dann schwimmt man durch die rund 50 Meter lange Meereshöhle und kommt am anderen Ende an einer Traumlagune mit weißem Sandstrand heraus.

1

2

3

4

Der rote Teppich wartet

Khao Lak – ein Landstrich und die Welle

Die Küstenregion nördlich von Phuket hat den Wiederaufbau nach dem Tsunami in Windeseile geschafft. Nur die Gäste zögerten wiederzukommen, und die Thais glauben noch heute an die bösen Geister in der Region.

Das Polizeiboot, das einen Enkel des thailändischen Königs bei Wassersportaktivitäten an Weihnachten 2004 an der Küste von Khao Lak begleitete, liegt heute auf dem Trockenen vor einem Wald, 1,5 Kilometer vom Meer entfernt. Wären die Bäume nicht gewesen, hätte der Tsunami das gut zehn Meter lange Schiff noch weiter ins Inland gespült. König Bhumipol Adulyadej, der seinen Enkel bei der Naturkatastrophe verlor, wünschte, dass dieses Boot zu einem Denkmal wird.

In den Tagen nach der verheerenden Flutwelle tauchten zwei Worte immer öfter auf: Khao Lak. Wie selbstverständlich wurde von dieser Region berichtet, als handle es sich um das nahe liegende, weltbekannte Phuket. Khao Lak liegt rund 80 Kilometer nördlich auf dem Festland. Der Küstenstrich wurde von der Flutwelle zu 95 Prozent zerstört und unter den touristischen Zielen am stärksten getroffen. Bis vor zehn Jahren war die Region allenfalls für eingefleischte Thailand-Fans ein Begriff. »1990 stand Khao Lak auf keiner touristischen Landkarte«, bestätigt Thomas Maurer. Der Schweizer, der in Bangkok lebt und für Thomas Cook arbeitet, entdeckte das Gebiet für den Reiseveranstalter und damit für den Pauschaltourismus. Doch dann kam der Tsunami – und die Stunde null.

Khun Bandi ist um sein Leben gelaufen – und hat, bis auf eine Beinverletzung, den Tsunami heil überstanden: auf dem Dach eines Hauses, einen Kilometer von der Küste entfernt. Sein eigenes Haus, in dem auch sein Gemischtwarenladen untergebracht war, wurde von den Wellen zermalmt. Die Fotos vom Tsunami zeigt er scheinbar emotionslos. Aber dann sagt er: »Mir wird kalt, wenn ich die Bilder zeige.« Bei 31 Grad im Schatten ...

Andrew und Kate Kemp waren in Phuket, als die Welle kam. Ihr Boutique-Hotel »The Sarojin« sollte zum Jahreswechsel eröffnet werden, aber der Tsunami verwüstete Garten, Pools und die komplette Inneneinrichtung. »95 Prozent unseres Schadens trug die Versicherung«, sagt der englische Hotelier, der die Belegschaft

1 Bizarre Felsformationen und **2** außergewöhnliche Blumen beeindrucken die Besucher des Similan-National-Parks. **3** In der Yaowawit School and Lodge in Kapong wird allabendlich meditiert. **4** Die wunderschönen Similan Islands haben Badebuchten zum Träumen und beste Tauchplätze.

1

2

3

nach dem Tsunami nicht nach Hause schickte. »53 Angestellte wollten helfen, das Resort wieder aufzubauen.« Es sind die 53, nach denen die Zimmer und Villen benannt wurden. Umphan ist eine von ihnen. Im Housekeeping beschäftigt, fühlt sich die 25-Jährige »stolz und geehrt, dass mein Name auch der Name einer Gästesuite im ›Sarojin‹ ist«. Am 10. Dezember 2004 fing sie im »The Sarojin« an, 16 Tage später kam die Welle.
Während Umphan und viele andere schufteten, um Khao Lak wieder auferstehen zu lassen, war das Gebiet zwei Jahre aus den Reiseprospekten verschwunden. Umphan und alle in Khao Lak waren fleißig. Längst ist alles wieder in Ordnung – auch wenn in den Köpfen der Leute nichts mehr ist, wie es früher einmal war. Zu sehen sind diese Wunden nicht. Lediglich das gestrandete Polizeiboot zeugt noch von der Katastrophe. Rund 50 Resorts, frisch renoviert oder nagelneu erbaut, haben den Neuanfang gewagt. Sie verteilen sich am elf Kilometer langen goldgelben Sandstrand. Für alle, die es schätzen, abseits von Sauf- und Sexbars die Ferien zu verbringen, ein idealer Ort. Rund eine Stunde vom internationalen Flughafen von Phuket entfernt, erscheint Khao Lak wie eine Oase der Ruhe im Vergleich zu Patong oder Karon, den längst wieder zum Business as usual zurückgekehrten Amüsierstränden von Phuket, wobei das Angebot an Wassersportaktivitäten, die Auswahl an Restaurants und die Einkaufsmöglichkeiten von der schwarz gebrannten Musik-CD über Handwerkskunst bis zum maßgeschneiderten Herrenanzug auch in Khao Lak keine Wünsche offen lässt.
Den Gästen wird der rote Teppich ausgerollt. In Khao Lak kann man Luxusurlaub buchen, von dem man glaubte, dass er niemals im Leben erschwinglich sein würde. »The Sarojin« etwa bietet Villenzimmer, die in Ausstattung und Layout an so manches selbst ernannte Sechs-Sterne-Resort erinnern: feines Parkett, riesige Betten mit festen Matratzen für einen himmlischen Schlaf, begehbare Kleiderschränke und ein lichtdurchflutetes Designer-Bad in einem Steingarten mit tellergroßen Duschköpfen. Selbstredend stehen auf diesen knapp 100 Quadratmetern auch Telefon, CD-/DVD-Spieler und TV-Gerät zur Verfügung. Wobei der beste Film draußen gespielt wird: im eigenen Garten unter dem Baldachin des Pavillons mit Blick auf Bananenstauden, Feigenbäume und einen Lotosblütenteich. Was alles nach 1000 Dollar für eine Nacht ohne Frühstück klingt, kostet in der Nebensaison gerade mal gute 100 Euro pro Tag – mit serviertem Frühstück für zwei Personen ab zwei Tagen Mindestaufenthalt und einer halbstündigen Massage. Wer noch etwas drauflegt, bekommt sogar eine Pool-Villa mit eigenem Schwimmbecken im Garten.

4

5

Viele Thailänder sehen die Gegend seit dem Tsunami allerdings mit ganz anderen Augen. Wo so großes Unglück passiert ist, müssen böse Geister im Spiel gewesen sein. Geister, die noch heute dort wohnen. Aus diesem Grund ist es für viele Resorts in Khao Lak schwierig, Angestellte zu finden. Zumeist sind es Leute aus der Gegend, die bedienen, die Betten machen und kochen. Doch der Bedarf an Kräften ist größer als die Zahl der Bewerber. Aber von anderen Regionen wollen keine Thais in die Gegend der bösen Geister. Das wusste auch Philipp Graf von Hardenberg, der Thailand sehr verbunden ist und über gute Beziehungen zum Königshaus in Bangkok verfügt. Im Hinterland fand er auf einer Anhöhe bei Kapong ein wunderbares Stück Land und hatte die Idee, ein Schulheim für die Ärmsten der Armen zu bauen: für Tsunami-Waisenkinder, für missbrauchte und für AIDS-kranke Kinder sowie für solche Kinder, deren Mutter im Rotlichtmilieu von Phuket arbeitet oder drogenabhängig ist. Der deutsche Graf stellte das 50-Millionen-Baht-Projekt, etwa eine Million Euro, Prinzessin Maha Chakri Sirindhorn vor, der Nummer drei in der Thronfolgehierarchie, die große Zukunftshoffnung Thailands. Sie war begeistert über die Grundkonzeption sowie über die weiterführenden Ideen wie das Sponsorship. So spendierte das Rote Kreuz Karlsruhe das komplette Schulgebäude und die Lufthansa den Kindergarten. Ein

1 Fischerboote bei Sonnenuntergang in der Region Khao Lak. **2** Das Restaurant und die **3** »Smiley Bungalows« im Khao-Sok-National-Park. **4** Zu einem Ausflug laden die bunten Boote vor Ko Kho Kao ein. **5** Sind stolz auf ihre Arbeiten: Kinder in der Yaowawit School and Lodge in Kapong.

Komitee, das die Kinder auswählt, bestimmt die buddhistischen Abläufe im Schulalltag wie etwa die allabendliche Meditationsstunde. »Graf Hardenberg wollte auf keinen Fall eine Art von Christianisierung«, sagt Kellie Nuntapanich, die Schulheimleiterin. »Die Kinder sollen aufwachsen wie in Thailand üblich, aber auch ein bisschen über den Tellerrand hinausschauen. Unsere Ausflüge an den Strand sind zum Beispiel manchmal mit einer Umwelt- und Strandsäuberungsaktion verbunden.« 2006 kam Prinzessin Sirindhorn höchstpersönlich mitten in die Gegend der bösen Geister, um die Yaowawit School zu eröffnen. Zwei Jahre später folgte der zweite Schritt, der touristisch von Belang ist. Der Yaowawit School wurde die »Yaowawit Lodge« angegliedert.

Kaum fährt der Gast an der nagelneuen »Yaowawit Lodge« vor, kommen ein paar Knirpse barfuß dahergelaufen, um sich der fast gleich großen Hartschalenkoffer zu bemächtigen. Abends bedient die 16-jährige Suwanna im Restaurant. Die Flaschen auf dem Tablett wackeln und das grüne Curry schwappt über. Aber wer in diese

1

2

Lodge ins Hinterland von Khao Lak kommt, wünscht keinen perfekten Service, sondern unterstützt eine Idee. Die Kinder sollen nicht nur eine Schul-, sondern langfristig auch eine Berufsausbildung bekommen. Denn zu Ende gedacht wird neben der Schule und der Lodge – mithilfe der Swiss Hotel Management School – auch eine Hotelfachschule entstehen, um den Kindern eine Zukunft und den Resorts der Umgebung das dringend benötigte Personal zu geben. Das Ganze gehen Kellie Nuntapanich und Khun Wattaya, der Schulleiter, noch spielerisch an. »Die Kinder sollen bei uns in der Lodge erst mal ein paar grundlegende Eindrücke vom Hotel- und Restaurantgeschäft sammeln«, sagt Kellie, deren Jack Russell lautstark zu der Ausführung des Frauchens kläfft, als ob der Wachhund des Bergresorts damit alles Gesagte bestätigen möchte. »Die Kinder können mit zum Einkaufen, am Empfang helfen, im Restaurant, in den Bungalows – wenn sie wollen und Interesse haben.« Ist Letzteres groß, wird auch mal ein Praktikum in einem der Strandresorts von Khao Lak vermittelt.

Die Gäste der Lodge werden zum einen gebeten, ein Auge zuzudrücken und zum anderen, auf keinen Fall ein persönliches Trinkgeld zu geben. Der deutsche Reiseveranstalter und Thailand-Spezialist Lotus Travel hat die »Yaowawit Lodge« bereits in seinen Katalog aufgenommen. »Die Gäste erleben ein Khao-Lak-Kontrastprogramm zum Strand. Sie erleben thailändischen Alltag, herzliche Kinder und unterstützen ein besonderes Projekt«, sagt Silvia Leibacher, die Geschäftsführerin von Lotus in München. Tatsächlich werden alle durch die Lodge erzielten Gewinne in die Schule gesteckt. Den Gast der »Yaowawit Lodge« erwarten zweckmäßige, aber komfortabel eingerichtete und sehr großzügig ausgelegte Bungalows. Denn klappt es mit der Wirtschaftlichkeit nicht, werden die Lodge-Bungalows zu Wohnhäusern für weitere Kinder umfunktioniert.

40 Minuten von der Küste entfernt können die »Yaowawit«-Gäste früh mit zum Anschneiden von Kautschukbäumen, mittags ein Picknick an einem der Wasserfälle machen oder nachmittags auf dem »Little Amazonas« zum Schlangengucken gehen, wie Kellie den nahen Klong Sangni nennt. Für viele sorgt auch Jahre nach dem Tsunami der Besuch im Wat Yanyao für Gänsehaut: In diesem Tempel wurden viele der Tsunami-Toten aufgebahrt – obgleich das Krankenhaus Takua Pa gleich nebenan liegt. Aber nur in einem Tempel fühlten sich die Thais – ob Arzt, Polizist oder Helfer – unmittelbar nach der Katastrophe sicher. »Ich war am Tag des Tsunami noch zum Studieren in den USA«, sagt Kellie nach einem innigen Gebet vor einem Buddha im Wat, »aber ich bin sofort heimgeflogen, um zu helfen.« Und sie hilft immer noch, denn mit dem Yaowawit-Projekt »versuche ich den Kreislauf der Armut wenigstens an einer Stelle zu durchbrechen«.

Auch wenn man gar nicht mehr wegwill von den Kindern, der grünen Hügellandschaft oder dem Strand, sollten wenigstens ein paar Ausflüge eingeplant werden. In den Khao Sok National Park zum Beispiel, der nördlich von Khao Lak beginnt. Oder eine Kanufahrt durch den dichten Dschungel mit vielen Wasserechsen und Schlangen, die in den Bäumen schlafen und – auch schon mal ins Wasser fallen. Oder ein Elefantenritt in das Gebiet, in dem es noch einige der insgesamt 2000 wild in Thailand lebenden Elefanten gibt. Weitere von Khao Lak erreichbare Ausflugsziele sind die Similan Islands, die zu den besten Tauchrevieren der Welt gehören. Unterwassersichtweiten von 30 bis 40 Metern sind die Regel. Auf den näher am Festland liegenden Inseln Khao und Phra Thong stehen nette Resorts und Strände zur Auswahl. Besonders empfehlenswert sind das sehr elegante »Andaman Princess Resort & Spa« auf Ko Khao und der ewig lange Golden Buddha Beach von Ko Phra Thong: Die Legende besagt, dass ein Pirat einst seine Beute an diesem Strand vergraben haben soll, aber nie zurückgekehrt sei. Darunter soll sich ein unbezahlbarer goldener Buddha befunden haben, der bis heute nicht gefunden wurde, der Insel aber ihren Namen gab.

Zeit für Khao Lak

Anreise/Lage

Mit Khao Lak (80 km von Phuket entfernt) bezeichnet man das touristische Zentrum der Region. Der gewachsene Hauptort des Küstenstrichs ist Takua Pa, weitere 40 Kilometer nördlich. Dafür empfiehlt sich die Anmietung eines Leihfahrzeugs.

Sehenswürdigkeiten

Khao Lak ist eine Strandregion, was auch für die beiden vorgelagerten Inseln Khao und Phra Thong gilt. Nicht in Sichtweite, sondern etwa 80 Kilometer weiter draußen in der Andamanensee liegen die Similan Islands. Für viele Taucher sind sie eines der besten Reviere der Welt. Der Khao Sok National Park befriedigt dagegen alle Erwartungen, die man an einen Regenwald stellt. Romantische Unterkünfte in Baumspitzen (»Tree Tops River Huts«) oder auf Flüssen (»Nang Prai Raft House«) stehen zur Verfügung.

Übernachten

The Sarojin*****, 60 Moo 2, Kukkak, Tel. 0 76-42 79 00, Fax 0 76-42 79 06, www.sarojin.com, E-Mail: info@sarojin.com.

Das beste Resort in der Khao-Lak-Gegend, direkt am Strandabschnitt Bang Sak. Nur 56 Unterkünfte, ausschließlich Suiten, Garten- oder Poolresidenzen. Kochschule, Resort-eigenes Schnellboot für Ausflüge bis zu den Similan Islands, klasse Spa, quadratischer 25-Meter-Pool mit ins Becken gebauten Ruhesalas, Mountainbikes. Wassersportmöglichkeiten: Kajaks, Surfboards, Segelkatamarane.

Yaowawit Lodge**, 2955 Moo 1, Kapong, Tel. 0 76-49 95 07, Fax 0 76-49 95 08, www.yaowawit.com, E-Mail: yaowawit@yahoo.com.
Interessantes Projekt mit zwölf großräumigen und zweckmäßig eingerichteten Gästebungalows, angegliedert an ein Kinderheim. Alle Einnahmen kommen den Kindern zugute, die dort auch erste Schritte in der touristischen Ausbildung machen. Motto: thailändischer Alltag statt Beach-Life. Der nächste Strand ist etwa 30 Kilometer entfernt.

Restaurants

Ficus, exklusiv, 60 Moo 2, Kukkak, Tel. 0 76-42 79 00. Umgeben von einem Lotosteich wird den Gästen hervorragende internationale Küche mit thailändischem Touch angeboten.
Ruen Mai, mittlere Preisklasse, 1610 Moo 7, Kukkak, Tel. 0 76-48 51 56. Uriges Freiluftrestaurant mit frischem Seafood.

Tipp

Auf der kurz vor der Grenze zu Myanmar angesiedelten und von gletscherblauem Wasser umgebenen Insel Ko Surin haben 160 Moken auf Pfahlbauten im Meer ihr zentrales Quartier. In diesem Gebiet sind aber auch bis zu zwölf Meter lange Wale und Mantas (mit bis zu 6 m Spannweite bzw. 1600 kg Gewicht) zu Hause!

1 Grazien im Pool des »Andaman Princess Resorts« in Ko Kho Khao. **2** »The Sarojin« in Khao Lak bietet wasserumspülte Lounges und **3** verwöhnt mit exquisiten Suiten. **4** Auch auf jedes noch so kleine Detail wird im »Sarojin« geachtet.

Der Westen

Dieser Wochenmarkt fällt nicht ins Wasser: der Schwimmende Markt in Damnoen Saduak.

1

2

3

4

Mehr Schein als Sein

Damnoen Saduak – der »Schwimmende Markt«

Es gibt ihn groß auf Poster, klein auf Foldern und in Thailand-Katalogen der Reiseveranstalter ziert er immer wieder die Titelseite: der Floating Market. Längst hat er aber viel von seiner Ursprünglichkeit eingebüßt.

Das Verkehrsproblem in Thailand und besonders im fast autonom wirkenden Bangkok kann einem häufig zum Wahnsinn treiben. Trotzdem dürfte es in keinem Land der Welt ein so vollkommenes, wenn auch manchmal improvisiertes Verkehrsnetz geben. Es geht nicht um die Autobahnen, die unseren Bundesstraßen in breiterer Form ähneln. Es geht nicht um das gute Streckennetz der Bahn – obgleich man sich eine Fahrt einmal gönnen sollte, etwa eine Nachtstrecke im Liegewagen, in dem man morgens mit Kaffee und Spiegeleiern geweckt wird. Und selbst vom ausgezeichneten Bussystem soll nur am Rande die Rede sein. Obwohl man bei einer Busfahrt stets auch an einem Wettrennen zwischen den Fahrern der unterschiedlichen Busunternehmen teilnimmt: Sie brausen sage und schreibe wie die Berserker durchs Land ... Bei Stopps steigen Frauen und Kinder ein und bieten Erfrischungen und Snacks an. In den komfortablen VIP-Bussen mit Liegesesseln ist sogar eine Stewardess an Bord, die Erfrischungstuch, Getränk und Imbiss reicht. Noch erstaunlicher ist aber, dass überall, wo ein Hauptverkehrsmittel ankommt, ein sekundäres Reisemittel wie Minibus, Songthao, Taxi oder Schiff zur Verfügung steht. Und Motorrad, Fahrradrikscha oder Longtailboot gibt es noch zusätzlich. Das Vorankommen ist in Thailand nie ein Problem. Dafür sorgt der Geschäftssinn der Thais, der diese perfekte Struktur ermöglicht, ohne dass sie von einer übergeordneten Verkehrsplanstelle entworfen worden wäre.

Eine Besonderheit sind die Klongs, die in Bangkok fast überall zugeschüttet sind und auch auf dem Land nicht mehr die Bedeutung von Straßen haben wie früher. Insbesondere die »Schwimmende Märkte« sind rar geworden. Aber wenn ein Name fällt, dann Damnoen Saduak mit dem Mae Klong und seinen Verzweigungen. Die Region gilt als der Garten Thailands. Obst- und Gemüseplantagen versorgen nicht nur die Leute in der Provinz, sondern auch den Großraum Bangkok. So erklärt sich auch die Existenz dieses größten »Schwimmenden Marktes« in Thailand. Von den

1 Gebetshalle mit Gong in Wat Amphawa. **2** Der Schwimmende Markt von Damnoen Saduak bietet nicht nur die traditionelle Kopfbedeckung an, sondern auch **3** Köstlichkeiten vom Grill, wie hier Kochbananen sowie **4** frisches Obst und Gemüse direkt vom Boot.

1

2

Plantagen wurde die Ernte auf Boote verladen, zum Markt auf dem Wasser gebracht und dort zum Verkauf angeboten. In der Umgebung von Damnoen Saduak kamen übrigens 1811 die Brüder Chang und Eng auf die Welt. Ihre beiden Körper waren am Brustkorb zusammengewachsen, weshalb das Brüderpaar als siamesische Zwillinge in die Geschichte einging. Was kaum bekannt ist: Chang und Eng wurden 63 Jahre alt und zeugten mit zwei Frauen 21 gesunde Kinder ...

Damnoen Saduak liegt eine gute Autostunde westlich von Bangkok – so es der Verkehr zulässt – und man sollte schon gegen acht Uhr vor Ort sein, um dem schlimmsten Touristentrubel auszuweichen. Zwei Stunden müssen für den Besuch zu Fuß oder im gecharterten Boot eingeplant werden. Wer später kommt, schiebt sich entlang dem vorgegebenen Trampelpfad – oder wird von den Massen geschoben –, während die meisten der Ausflugsboote zwischen den Verkaufsbooten feststecken und umgekehrt. Bei solch einem Gewimmel ist es unmöglich – weder vom Steg noch vom Boot aus –, Fotos mit nur einer Verkäuferin, vielleicht sogar farblich abgestimmt, in lila Bluse mit gelbem Sonnenschirm im Kanu, zu machen. Das sind die Bilder, die man kennt: vom Poster, Folder, Katalog ... Doch der Stau auf dem Klong lässt weder ein wenig Romantik übrig, noch erwünschte Motivwünsche zu.

Auf dem »Schwimmenden Markt« von Damnoen Saduak gibt es alles, was Urlauber sonst so kennen und angeboten bekommen. Wer sich per pedes aufmacht, erlebt auch noch Läden direkt am Klong, die Arbeitsplatz, Wohnstube und Schlafzimmer zugleich sind – geöffnet manchmal rund um die Uhr. Man darf sich deshalb nicht wundern, wenn man den Besitzer zwischen übervollen Regalen und endlosem Durcheinander erst finden und dann möglicherweise auch noch wecken muss. Das Geschäft ist eben auch sein Schlafzimmer. Er wird aber nicht böse sein und seinen Kunden zwar schlaftrunken, aber stets höflich bedienen.

Wer nun glaubt, man höre beim Shopping auf dem Wasser das Eintauchen des Paddels und das Knarren des Kanuholzes, der irrt. Die Geräuschkulisse vermengt sich zu sehr. Zu hören sind Verkäufer, die ihre Waren lautstark anpreisen, Touristen, die »guck mal dort« sagen – in ungefähr fünf, aber gefühlten 50 Sprachen. Thai-Pop scheppert aus klapprigen CD-Spielern und andauernd geraten die Holzboote aneinander, ohne dass ein Fender den Aufprall abdämpft.

Pittoresk tragen Verkäuferinnen hohe Strohhütte und manche spannen genauso malerisch ein Sonnenschirmchen im Kanu auf. Wer keine Souvenirs, Kitsch und Kunsthandwerk verkauft, hält es mit dem traditionellen Warenangebot: Obst und Gemüse. Und es gibt, wie an Land auch, mobile Grill-, Koch- und Suppenstationen. In Thailand sind Beziehungen sehr wichtig: Wäschst du mir den Rücken, wasche ich ihn dir auch. So verhält es sich auch mit den Händlerinnen auf dem »Schwimmenden Markt« von Damnoen Saduak. Die Obst- und Gemüsehändlerinnen paddeln zum Schmuck durch den Wasserstau und werden für ihren Auftritt entlohnt. Es ist kein Super-Gau, einen Abstecher zum Floating Market zu machen, aber wer knapp in der Zeit liegt, sollte sich von Postkarten, Postern oder Titelbildern nicht verführen lassen und anderen Orten mehr Muße gönnen. Damnoen Saduak ist nicht mehr wie ein überlaufenes Freilichtmuseum.

1 Der Schwimmende Markt bietet genügend Fotomotive und ist **2** in Amphawa auch bei Nacht geöffnet. **3** Das Angebot an schmackhaften Reisgerichten und Gegrilltem ist sehr groß. Ein Restaurantbesuch lohnt bei dem tollen Angebot nicht.

Zeit für Damnoen Saduak

Anreise/Lage

Der Schwimmende Markt von Damnoen Saduak liegt eine gute Autostunde oder knapp 100 Kilometer westlich von Bangkok. Es gibt zahlreiche organisierte Ausflugstouren, die meist mit einem Besuch in Rose Garden kombiniert werden. Man kann aber auch mit lokalen Bussen ab dem Southern Bus Terminal anreisen.

Sehenswürdigkeiten

Die Ortschaft Damnoen Saduak ist – abseits von seinem Kanalsystem – uninteressant. Der Schwimmende Markt wirkt wie ein Freilichtmuseum und ist nicht sehr authentisch. Man sollte spätestens um 8 Uhr vor Ort sein. Zu Mittag ist der ganze Spuk schon wieder vorbei. Alternativ gibt's am Wochenende von 17 bis 21 Uhr den abendlichen Ampawa Floating Food Market ganz in der Nähe. Rose Garden, etwa 30 Kilometer entfernt, gehört zu den Musts für Touristen. Von Handwerkskunst über eine Showeinlage Thai-Boxen bis zur Elefantendressur oder einem harmlosen Hahnenkampf wird ein breiter Querschnitt aus dem vermeintlichen thailändischen Alltag in einem schönen Park vorgeführt. Wenige 100 Meter weiter findet der Besucher auch eine kleinere Krokodilfarm.

Übernachten

Noknoi Hotel*, 1 Moo 8, Amphur, Tel. 0 32-25 43 82, Fax 0 32-25 43 82, www.noknoihotel.com.
Das einzige Hotel in unmittelbarer Nähe des Damnoen Saduak Floating Market. Spartanische Einrichtung mit wahlweise Ventilator oder Klimaanlage.
Besser man nächtigt in Bangkok: **The Peninsula** in Thonburi bietet sich als verkehrstechnisch günstig gelegener Ausgangspunkt an.

Restaurants

Die wenigen vorhandenen Lokale in Damnoen Saduak sind sämtlich Abfüllbuden für organisierte Ausflugsgruppen. Auf individuelle Gäste ist man dort gar nicht vorbereitet. Wer Hunger hat, sollte sich deshalb auf den Märkten mit allerlei Reisgerichten, Grillgut, Suppen oder Snacks verpflegen. Im Zentrum des Floating Market kann es ganz schön wackelig werden, deshalb besser die nahen Märkte Thon Khem, Hia Kui oder Khun Phitak ansteuern oder am Abend den Ampawa Floating Food Market.

Tipp

Sich mit einem Longtailboot durch das Kanalsystem des Ortes fahren zu lassen ist durchaus empfehlenswert. Holzpfahlhäuser, meist mit Bootsgaragen nebenan, reihen sich entlang der breiten und schmalen Klongs. Es sind die einzigen Zufahrtswege zu den dortigen Häusern und das Wasser ist der Platz zum Ratschen und Spielen, zum Arbeiten und Waschen. Beim Chartern eines Bootes empfiehlt es sich, kräftig zu handeln.

1

2

3

4

Der Größte der Welt

Nakhon Pathom – der Chedi-Riese

Der kulturelle Höhepunkt im Westen Thailands ist ohne Zweifel der Phra Pathom Chedi von Nakhon Pathom. Mit knapp 130 Metern Höhe gilt der imposante Tempelturm als das höchste buddhistische Bauwerk der Erde.

Sunthorn Phu ist in Thailand, was Shakespeare für die Briten und Goethe für die Deutschen ist. Er wird von vielen als Thailands größter Dichter bezeichnet. Denn er war es, der zu seinen Lebzeiten – 1786 bis 1856 – dem Irdischen den Einzug in die Literatur ermöglichte. Vor ihm beherrschten ausschließlich religiöse Motive und Geschichten die thailändische Poesie. In »Nirat Phra Pathom« beschreibt Sunthorn eine Reise nach Nakhon Pathom. Dabei geht er auf der Terrasse des Tempels ehrfürchtig im Uhrzeigersinn um den sich gerade im Bau befindlichen Chedi, der heute mit 127 Metern Höhe als der heiligste und erste Chedi des Landes gilt. In einer Passage schreibt Sunthorn: »Das muss der Weg zum Himmel sein, wenn wir einmal sterben.« Er hatte den quadratischen Aufsatz des Bauwerks erkannt, der als über dem Irdischen stehendes Heiligtum gedeutet wird.

Mit seinen beinahe 130 Metern ist der Chedi von Nakhon Pathom das höchste buddhistische Bauwerk der Welt – deutlich höher als die nur knapp 100 Meter messende, aber weltweit um ein Vielfaches bekanntere Swedagon-Pagode in Myanmar. Allein die Kuppel von Nakhon Pathom hat einen Durchmesser von 98 Metern, was in etwa der Höhe der Swedagon Pagode entspricht. Der Phra Pathom gilt zudem auch als das älteste Bauwerk in Thailand. Die Ursprünge reichen bis ins 2. Jahrhundert zurück, als Mönche aus Ceylon einen ersten Tempel an dieser Stelle erbauten und König Ashoke ein mächtiges, dem Buddhismus zugewandtes Reich befehligte. Das Fundament des jetzigen Tempels wurde vermutlich im 4. Jahrhundert errichtet, erfuhr aber im Laufe der Zeit vielfache Veränderungen. Die Überbauung mit dem heutigen prunkvollen goldbraun schimmernden Chedi erfolgte erst vor gut 100 Jahren. König Chulalongkorn, Rama V., ließ die Anlage grundlegend überholen.

Genau genommen befinden sich zwei Chedis in dem jetzigen glockenförmigen Tempelturm, der schon von Weitem sichtbar ist und den Mittelpunkt der Kleinstadt darstellt. Archäologen erforschten

1 Weithin sichtbar ist die Kuppel von Nakhom Pathom. **2** Riesige Wandgemälde befinden sich im Inneren der Tempelanlage. **3** Täglich werden Blumen zu Ehren der goldenen Buddha-Statuen geopfert. **4** Eine der schönsten Buddha-Darstellungen findet man im westlichen Viharn von Nakhon Pathom.

1

2

einen 39 Meter hohen Chedi im Mon-Stil aus dem 4. Jahrhundert. Er war der stattliche Zeuge eines reichen Mon-Königreichs. Nakhon Pathom hatte damals schon Münzprägerechte und war eine wichtige Handelsstadt. Zu dieser Zeit lag die Siedlung schließlich noch direkt an der Meeresküste. Durch Versandung zog sich die See jedoch um mehr als 50 Kilometer zurück. Zu Beginn des 11. Jahrhunderts stülpten dann die Khmer dem Heiligtum ein Prang über, der bereits eine Höhe von 85 Metern erreichte. Doch der Glanz währte nicht lange. Die Burmesen zerstörten den Monumentalbau schon 1057. Darauf kam schließlich nach 17-jähriger Bauzeit im Jahr 1870 der derzeitige 127-Meter-Chedi. König Monkut, der Vorgänger von Rama V., ließ damit ein Heiligtum wieder auferstehen. Seine Zeit als Mönch verbrachte er hernach auch in diesem Wat, dessen Chedi wie jeder Tempelturm unzugänglich ist. Relikte der beiden Unterbauten können also nicht besichtigt werden. Am Südeingang befindet sich allerdings ein Modell des Khmer-Prangs, wie er im 11. Jahrhundert ausgesehen haben soll, während man vom Ursprungs-Chedi aus dem 4. Jahrhundert keinerlei konkrete bildliche Vorstellungen hat.

Der große Buddha von Nakhon Pathom erreicht zwar nur eine Höhe von acht Metern – nach Norden hin stehend im Sukhothai-Stil –, genießt aber höchste Verehrung. Er ist eine von zahlreichen Buddha-Figuren, die sich entlang des Wandelgangs auf der Terrasse aufreihen. In jedem der vier Viharn, der Versammlungshallen der Ordensmitglieder, lässt sich anhand von Figurengruppen grob das Leben Siddhartas, so der Geburtsname Buddhas, nachvollziehen. In jedem Viharn zeigt sich Buddha zudem anders: Im südlichen wird er von einer Schlange geschützt. Im westlichen ruht Buddha, und im östlichen zeigt er sich unter einem Bodhi-Baum.

Wer Glück hat, erlebt auf der Terrasse der Tempelanlage Theateraufführungen oder Schattenspiele. Besonders interessant im angeschlossenen Museum beim östlichen Viharn ist das Steinerne Rad, das die Lehre Buddhas symbolisiert. Es wird auf 150 v. Chr. datiert. Die Behausungen der Mönche sind im Südosten des Tempelbezirks. Sie posieren übrigens gern für Fotos, wenn man sie höflich fragt. Bei der Menge an Besuchern sind sie das gewöhnt.

Gut 50 Kilometer westlich von Bangkoks Stadtgrenze wohnen in Nakhon Pathom 50 000 Leute – davon 10 000 Studenten –, aber jeder buddhistische Feiertag bringt in etwa die gleiche Menge Menschen in die Stadt. Und alle haben ein Ziel, den Chedi-Riesen. Zu den Pilgern, welche die mächtige Anlage regelmäßig aufsuchen, gehörten früher auch die Könige des Landes und ihre Familien.

1 Am Fluss, nahe der Stadtgrenze zu Nakhon Pathom, befindet sich das »Rose Garden Riverside Hotel«. 2 Die Anlage wurde den traditionellen Thai-Teakholzhäusern nachempfunden und lädt 3 in der Blumen geschmückten Lobby zum Verweilen ein. 4 Ein Porzellanmaler bei der Arbeit.

Zeit für Nakhon Pathom

Anreise/Lage

Die Provinzstadt Nakhon Pathom mit dem berühmten Phra Pathom Chedi liegt ungefähr 60 Kilometer westlich von Bangkok, erreichbar über die N 4. Neben einigen organisierten Ausflugstouren empfiehlt sich aber eine individuelle Anfahrt mit einem lokalen Bus, da man sich für dieses Bauwerk mehr als die übliche Gruppenstunde Zeit nehmen sollte.

Sehenswürdigkeiten

Der Chedi ist als weltgrößtes buddhistisches Bauwerk klar das Highlight in Nakhon Pathom. Die Stadt bietet sonst nur wenig mehr. Auf organisierten Touren wird häufig auch Rose Garden in die Ausflugsfahrt integriert.

Übernachten

Rose Garden Riverside****, 32 Pet Kasem Road, Sampran, Tel. 0 34-32 25 44, Fax 0 34-32 27 75, www.rosegardenriverside.com, E-Mail: hotel@rosegardenriverside.com.
Die Hotels in Nakhon Pathom genügen zwar einfachen Pilger-, aber nicht gehobenen Urlauberansprüchen. Deshalb empfiehlt sich dieses Haus, unweit der Stadtgrenze von Nakhon Pathom,zumal die Erfahrung in einem der sechs nachgebauten und mit reichlich Komfort ausgestatteten traditionellen Thai-Teakholzhäuser zu logieren, durchaus lohnenswert ist. Die 160 Zimmer sind dagegen sehr beliebig und einheitlich ohne Flair. Das Hotel liegt direkt am Nakhornchaisri-Fluss.

Restaurants

Whale, günstig, 15179 Ratchavithi Road, Tel. 0 34-25 10 20.
Nur etwa einen Kilometer vom Phra Pathom Chedi entfernt, bietet das große Lokal typische Thai-Küche auf gutem Niveau.
Deutlich besser isst man aber auf dem Markt an der Saipra Road, direkt vor dem Nordeingang des Chedi. Dort gibt es von gängigen Thai-Gerichten über gewöhnungsbedürftige gegrillte Heuschrecken bis zum unnachahmlich leckeren Klebreis mit Kokos und Palmzucker zum Nachtisch alles in hervorragender Qualität und zu Spottpreisen.

Tipp

Der Siam Cultural Park bei Bang Pae, südlich von Nakhon Pathom, bietet seinen Besuchern Einblicke in regional unterschiedliche Thai-Häuser, aber auch in Mönchsquartiere, zeigt beispielhafte Buddha-Statuen sowie ein asiatisches Wachsfigurenkabinett mit Bildnissen von bedeutenden thailändischen und weltbekannten Persönlichkeiten wie Ho Chi Minh, Mao Zedong oder Mutter Teresa.

1

2

3

4

Die berühmte Brücke

Kwai – Fluss, Floß und Festival

Sie ist weder architektonisch gelungen, noch wartet sie mit einem Längen-, Höhen- oder Gewichtsrekord auf. Und dennoch kennt sie fast jeder – die Brücke am River Kwai. Nur schade, dass der Fluss dabei beinahe vergessen wird.

Regisseur David Lean und Hauptdarsteller William Holden begründeten mit der Hollywood-Verfilmung »Die Brücke am Kwai« – nach einem Roman von Pierre Boulles – den Ruhm. Die wahre Geschichte ist todernst und macht zutiefst traurig. Gefangene mussten während des Zweiten Weltkriegs die Eisenbahnstrecke von Thailand ins damalige Burma bauen, damit die Japaner schneller Nachschub von Truppen und Material heranschaffen konnten. Um über den Kwai zu kommen, war die Konstruktion der Brücke notwendig. Nach nur 15 Monaten konnte das Brückenstück der 400 Kilometer langen Strecke schon befahren werden. Zu einem hohen Preis: Mehr als 100 000 Zwangsarbeiter ließen unter den menschenunwürdigen Bedingungen der japanischen Herrscher ihr Leben. Es heißt, dass jede gelegte Bahnschwelle ein Menschenleben gefordert haben soll. Sicher ist, dass fast jeder Dritte sterben musste. Da mutete die Eröffnung der Strecke im Oktober 1943 durch einen Bordellzug für die japanischen Frontsoldaten geradezu zynisch an. 120 Japaner wurden später wegen ihrer Gräueltaten vor ein Kriegsgericht gestellt, 111 verurteilt, 32 von ihnen zum Tode.

Jährlich, Ende November beim River Kwai Bridge Festival, werden Angriffe auf die Brücke simuliert, um die historische Bedeutung zu versinnbildlichen. Eine Woche dauert das Festival, zu dem auch Eisenbahnfahrten mit Dampflokomotiven aus dem Zweiten Weltkrieg gehören.

Landschaftlich ein Genuss ist die Weiterfahrt auf oder entlang dem Fluss in Richtung heutiges Myanmar. Beim Rafting auf Bambusflößen auf dem Kwai Noi, dem Kwai Yai oder dem Mae Klong, wie der Strom nach dem Zusammenfließen vom kleinen und großen Kwai heißt, erlebt man Natur pur. Besonders dem Kwai Noi entlang, der sich in den Dschungel eingeschnitten hat, wuchert eine wilde Naturlandschaft, in der sich an manchen Stellen Menschen auf schwimmenden Häusern angesiedelt haben. Doch auch für Touristen gibt es die Möglichkeit, auf dem Fluss zu übernachten:

1 Der Zug nach Nam Tok fährt über das Wang Po Viadukt und **2** natürlich auch über die berühmte Brücke am Kwai. **3** Dieser Familie macht die Zugfahrt ab Kanchanaburi sichtlich Spaß. **4** Hat traurige Berühmtheit erlangt und ist Namensgeber für einen berühmten Film: die Brücke am Kwai.

1 Eine Gedenkstätte erinnert an die Toten, die beim Bau der Eisenbahn ihr Leben lassen mussten. **2** Hängepflanzen und Topfblumen schmücken die Floße der »River-Kwai-Jungle-Rafts«. **3** Flusserkundung per LongtailBoot.

Auf den »River Kwai Jungle Rafts«, die es seit 1976 gibt und die von dem Franzosen Jacques Bes erstmals zu Wasser gelassen wurden. Heutzutage stehen 33 mit Topfblumen und Hängepflanzen geschmückte Floße zur Verfügung. Strom gibt es, ganz bewusst, immer noch nicht. Ein bisschen Petroleumlampen-Romantik soll erhalten bleiben, auch wenn thailändische Incoming- Agenturen die Wohnidee bereits in alle Welt vermarkten.
Ab 16 Uhr wird es voll im Resort. Morgens um neun Uhr ist der ganze Spuk allerdings schon wieder vorbei: Gruppen werden immer nur für eine Nacht eingebucht. Dann hört man wieder das Knarzen des Bambus, das Zirpen der Grillen, das Quaken der Frösche oder das Gezwitschere der Vögel sowie manchmal auch das Trompeten der Elefanten aus dem nahen Mon-Dorf an Land. So hat der Individualgast die aus Bambus und Dschungelholz gebauten Hotelflöße, den je nach Jahreszeit bräunlichen oder olivgrünen, aber sauberen Fluss und auch das kleine Mon-Dorf und seinen idyllisch gelegenen Waldtempel die meiste Zeit fast für sich alleine. Ein Sprung in die starke Strömung ist ein Muss: Mit drei Metern pro Sekunde nimmt der Badende ganz gut Fahrt auf. »Es gibt keine Krokodile«, versichert ein Mon-Roomboy schelmisch. Insgesamt sorgen rund 100 Mon dafür, dass im Resort auch bei Vollbelegung alles klappt. Zum Abendessen erklingt der Gho, der Gong, der in Thailand traditionell zu Versammlungen geschlagen wird.
200 Kilometer weiter westlich beginnt die Grenze zu Myanmar. Am Drei-Pagoden-Pass trifft man wieder auf die Eisenbahnstrecke zur Brücke am Kwai. Die namensgebenden drei Pagoden sind zwar eher unscheinbar, die dazu gehörenden Mönche dagegen auffällig. Manche von ihnen färben ihre Roben in grellem Pink. Auf dem Weg zur Grenze kann man einen Ausflug in die versunkene Stadt Sangklaburi machen. Allerdings sehen nur Taucher den seit 1984 wegen eines Dammbaus gefluteten Tempel. Manche Häuser sind jedoch immerhin vom Kanu aus zu sehen.
Östlich, nahe der Kaeng-Sian-Kreuzung und damit zurück in Richtung Bangkok, verblüfft Wat Pa Luangta Bua Yannasampanno, besser bekannt als der Tiger Temple. Dort machen zehn Mönche mithilfe von 25 meist ausländischen freiwilligen Helfern und vermutlich mit etlichen Schlafmittelchen ein gutes Geschäft mit 17 Tigern. Zwar wird behauptet, man gebe den Wildkatzen nur beruhigende Milch, doch so ganz traut man der zum Zoo und Jahrmarkt verkommenen Veranstaltung nicht. Bei einem zehnfach so hohen Eintritt, verglichen mit dem eines Besuches einer Weltkulturerbestätte in Thailand und weiteren 1000 Baht Fotogebühr darf man die Tiger aus der Nähe anschauen, sie streicheln und sich mit ihnen fotografieren lassen. Was mit einem einzigen verletzten Tiger begann, den der Mönch Luangta versorgte, wurde durch einen Dokumentarfilm der »National Geographic Society« bekannt und ist nun dabei, zu einer reinen Show zu verkommen. Übrigens leben in Thailand derzeit nur noch 50 wilde Tiger, vorwiegend im Khao Yai National Park im Isan.

Zeit für den Kwai

Anreise/Lage

Die 60 000 Einwohner zählende und langweilige Provinzstadt Kanchanaburi liegt am Zusammenfluss von Kwai Yai und Noi, gut 120 Kilometer westlich von Bangkok. Es gibt zahlreiche organisierte Ausflugstouren, die zum Teil auch kurze Fahrten auf dem Fluss beinhalten. Auch eine Bahn- und Busanreise ist möglich.

Sehenswürdigkeiten

Der Besuch an der Brücke gehört zum Pflichtprogramm vieler Thailand-Reisen, obgleich das Werk der Zwangsarbeiter eher unscheinbar ist und erst durch den gleichnamigen Film Weltruhm erlangte. In der Nähe klärt das World War II Museum und noch besser das Thailand-Burma Railway Centre über die Historie auf. Der Tiger Temple ist gar kein Tempel, sondern eher ein Freigehege, das zum Teil in einem Canyon liegt. Man schwankt zwischen Faszination – wegen der Tiger – und Kopfschütteln über die Präsentation. Wer das Wasser liebt, kann in der Gegend wunderbare Rafting-Touren buchen.

Übernachten

River Kwai Jungle Rafts*, Resort auf dem Kwai Noi, Kontakt via River Kwai Floatel Company, Bangkok, Tel. 0 66-26 42 54 97, Fax 0 66-22 46 56 79, www.riverkwaifloatel.com, E-Mail: info@riverkwaifloatel.com.
33 fest vertaute Flöße mit insgesamt 114 einfachsten Zimmern, dafür aber Romantik pur, zumindest tagsüber, wenn keine Gruppen zugegen sind. Das Dusch- und Toilettenwasser wird in einem Tank recycelt. Es gibt bewusst keinen Strom, dafür abendliche Petroleumlampen-Atmosphäre. Von der eigenen Terrasse kann man direkt in den Fluss springen. Gute und reichliche Mahlzeiten.
Felix River Kwai Resort***, 91 Moo 3, Kanchanaburi, Tel. 0 34-55 10 00, Fax 0 34-51 50 33, www.felixriverkwai.co.th, E-Mail: felix@felixriverkwai.co.th.
Komfortable Zimmerausstattung, kleines Spa, Pool.

Restaurants

River Kwae Restaurant, günstig, 423 Bridge Over River Kwai, Kanchanaburi, Tel. 0 34-51 25 40. Floating Restaurant auf dem Fluss. Hier wird hervorragende Thai-Küche angeboten. Eine Spezialität ist der schmackhafte Süßwasser- und Kwai-Fisch Yisok.
Little Creek, günstig, 3 Mae Nam Kwai Road, Kanchanaburi, Tel. 0 34-51 37 69. Nettes Gartenlokal, in dem es neben guten thailändischen Gerichten auch ein paar westliche Mahlzeiten gibt.

Tipp

Das Wasser des Kwai Noi mag an manchen Tagen etwas trübe sein, besonders nach Regen, und die Strömung abschrecken, aber trotzdem: Schwimmweste anlegen und sich treiben lassen. Es ist ein Heidenspaß!

Der Norden

Ein Platz, um in sich zu gehen: Wat Mahathat im Old-Sukhothai-Historical-Park.

Getragen in die Königsstadt

Von Bangkok nach Ayutthaya – per Barke

Mit einer alten, aber modernst ausgebauten Reisbarke dem Hauptstadtmoloch entfliehen und sich in aller Ruhe vorbereiten auf eine der faszinierendsten Tempelstädte Asiens– eine Reise nach Ayutthaya.

»Bluthochdruck, hohes Cholesterin, Gallensteine, ich hatte das alles schon«, sagt Erwin, IT-Mensch aus der Bundesligastadt Hoffenheim. »Und immer wenn ich flach liege, beschließe ich, mir wenigstens im Urlaub viel Zeit zu nehmen. Nichts einfach abzuhaken und dann weiterzuhetzen. Deshalb bin ich hier.« Hier ist ein Schiff, eine 20 Meter lange und 100 Jahre alte Teakholzbarke, die aufs Feinste und mit viel Liebe restauriert wurde. Die »Manohra Song« verfügt über vier Doppelkabinen, alle mit Bad und WC sowie Annehmlichkeiten fast wie im Fünf-Sterne-Hotel, jedoch bewusst ohne TV oder CD-Spieler. Sie verkehrt nur auf einem kurzen Stück des Chao Phraya von Bangkok nach Ayutthaya, der alten Königsstadt. Mit dem Auto oder Zug fährt man die einfache Strecke in rund 90 Minuten; wer die »Manohra« bucht, plant drei Tage und zwei Nächte ein. Genau das Richtige für Erwin: eine gemütliche Reise mit grandiosem Ziel und spannenden Begegnungen zwischendurch.

»Manohra« fahren heißt beim Genießen en passant schauen und erleben: Der Großstadtdschungel lichtet sich langsam, und ab Nonthaburi zieht ländliche Idylle am Sonnendeck vorbei. Die Mahlzeiten, leckere, nicht all zu scharfe Thai-Gerichte, gibt's an Bord. Abends ist das Deck fürs mehrgängige Dinner festlich gedeckt: Kerzenlicht unter Sternenglanz – Slow Food beim Slow Trip.

Frühes Aufstehen lohnt. Die Besatzung gibt bei Sonnenaufgang den vorbeiziehenden Bettelgang-Mönchen Essen in ihre Opferschalen, ein landesweit üblicher Ritus. Einer der Mönche bringt die Gäste sogar noch ins nahe Kloster Wat Bang Na, ehe das Flussleben wieder vorüberzieht. Frauen erledigen per Kanu ihre Einkäufe, auch der Postbote paddelt von Haus zu Haus, Schulkinder werden vom Schulboot aufgesammelt. Nur wenige Kilometer nördlich von Bangkok ist der Chao Phraya wirklich noch die Lebensader. Der Fluss ist Bade-, Arbeits-, Markt-, Spiel- und Müllplatz. Er ist der Lebensraum.

1 Manohra Cruises bietet eine malerische Fahrt von Bangkok nach Ayutthaya an. **2** Der Buddha im Baum befindet sich in Wat Mahathat. **3** Ayutthaya hat auch ein Elefantencamp. **4** Mit beeindruckenden Bauten wartet die alte Tempel- und Königsstadt Ayutthaya auf, vor der auch die Barken von Manohra Cruises ankern.

1

2

Am Nachmittag erreicht die »Manohra« die ehemalige königliche Sommerresidenz Bang Pa In. Im Reiche Siam wirkt sie fast ein wenig deplatziert, wie ein unerklärlicher Anachronismus, der aber zu erklären ist: Fernöstliche und europäische Stile vereinen sich zu einem glorreichen Ganzen, für das in der jetzigen Form die beiden thailändischen Könige Mongkut und Chulalongkorn verantwortlich zeichnen. Es war die Zeit, als sich Thailand langsam dem Westen öffnete, was sich in den neoklassizistischen, viktorianischen und neugotischen Architekturen des Palastbezirks zeigt. Weibliche Figuren im Versailles-Stil treffen auf thailändische Pavillons, ein Leuchtturm findet Platz neben einem Landhaus. Trotz des Mischmaschs ist ein durchaus stilvolles und charmantes Ganzes daraus geworden.
Chulalongkorn, Sohn von Mongkut, war erst 15, als er den Thron besteigen musste, weil sein Vater an Malaria starb. Seine Herrschaft ging als Revolution von oben in die thailändischen Geschichtsbücher ein. Als Rama V. betrieb er nicht nur weiterhin die offene Haltung zu westlichen Nationen, sondern er schaffte auch die Sklaverei und Frondienste ab. Er gewährte den Hofbeamten bei Audienzen Platz auf Stühlen. Er ließ sich von ausländischen Beratern Hinweise geben, wie ein funktionierendes Schul-, Gesundheits- und Verkehrssystem aufzubauen sei. Zweimal reiste der König sogar selbst nach Europa und besuchte dabei auch die Stadt Heidelberg. Außenpolitisch gelang es ihm, in Zeiten des Kolonialismus Siams Unabhängigkeit zu bewahren. Zwar musste Rama V. seine Ansprüche auf Laos und Kambodscha an die Franzosen und Teile der malaiischen Halbinsel an Großbritannien abtreten, das Kernland aber ließen die westlichen Kolonialgroßmächte in Ruhe. Rama V. blieb, abgesehen vom derzeitigen König Bhumipol Adulyadej, mit 42 Jahren Regentschaft so lange wie kein anderer Monarch von Siam. Und Bang Pa In diente bis in die Regentschaft von Rama IX., also Bhumipol Adulyadej, immer für Empfänge des Königshauses, um Weltoffenheit zu demonstrieren.
Zurück am Fluss erzählt einer der »Manohra«-Bootsmänner die traurige Geschichte von Königin Sumantha Kumaritana, der ersten Frau des im Volk so geliebten Chulalongkorn. Sie und ihre drei Kinder ertranken in der Nähe von Bang Pa In bei einem Schiffs-unfall, weil keiner der Untergebenen es wagte, sie zu retten. Zu dieser Zeit war es noch bei Todesstrafe verboten, Mitglieder der königlichen Familie zu berühren.

3

4

Nach weiteren gemütlich dahin geschipperten Kilometern steht das Highlight der Tour auf dem Programm: Ayutthaya, Thailands großartigste Tempel- und Königsstadt, war von 1351 bis 1767 und damit für vier Jahrhunderte das politische, geistige und religiöse Zentrum und ist seit 1991 Weltkulturerbe der Menschheit. In der Ayutthaya-Periode regierten dort nicht weniger als 35 Könige.

Besonders die Einflüsse der Khmer-Kunst werden deutlich, bestens zu sehen an den Prangs, die an die Bauweise hinduistischer Anlagen erinnern. Die ganze Ruinenstadt ist ein Genuss. Von atemberaubender Schönheit sind besonders Wat Lokayasutha und der weiße 50 Meter lange Stein-Buddha in gelber Robe – je nach Jahreszeit, flankiert von einem blühenden Flamboyant –, sowie Wat Yai Chaimongkoh, der königliche Tempel von König U Thong mit seinen in einem riesigen Quadrat aufgereihten Buddha-Bildnissen – ohne Zweifel einer der beeindruckendsten spirituellen Plätze der Welt. Dabei sind die beiden nur zwei von insgesamt 25 noch bestehenden der einst mehr als 400 Tempelanlagen in Alt-Ayutthaya. Bemerkenswert ist, dass besonders diese beiden Anlagen trotz der vielen Besucher nichts an ihrer Erhabenheit verlieren.

1 Die Buddhas in Wat Yai Chai Mongkol tragen traditionelle Tücher in gelb und orange. **2** Die ehemalige königliche Sommerresidenz Bang Pa In. **3** Königskarrosse in Bang Pa In. **4** Die Burmesen zerstörten die Tempelanlagen von Ayutthaya und ließen Buddhastatuen kopflos zurück. Das Ayutthaya-Reich war vier Jahrhunderte lang das religiöse und politische Zentrum Siams.

Was viele vernachlässigen: Die traditionelle Thai-Musik entstand auch in der Ayutthaya-Epoche. Fünf Tonstufen sind kennzeichnend, eine Notenschrift gab es bis weit ins 20. Jahrhundert hinein nicht. Die Musik wurde nicht durch die Religion beeinflusst. Im Gegensatz zum Christentum spielt Musik in buddhistischen Tempeln nämlich keine wichtige Rolle. Allein der große Gong, oft zwischen zwei Stoßzähnen von Elefanten aufgehängt, befindet sich in jedem Wat zur Ankündigung großer Ereignisse.

1351 wurde das Ayutthaya-Reich gegründet. Es war für den Fall des Großreichs der Khmer, Angkor, verantwortlich und seine Herrscher annektierten auch Sukhothai. König Trailok formierte erstmals einen gesamten Staatsapparat. Die einzelnen Provinzen wurden unter die Kontrolle des zentralen Regierungssystems in Ayutthaya gebracht. Gesetze und vor allem ein umfassender

1 Stilvoll nach Ayutthaya reisen geht bestens mit der »Manohra Song«, die **2** sehr komfortabel ausgestattet ist. **3** Auch die luxuriösen Badezimmer lassen keine Wünsche offen. **4** Das Wohnzimmer auf dem Oberdeck bietet einen fantastischen Blick auf die alte Tempel- und Königsstadt Ayutthaya.

Strafenkatalog dienten der Stärkung der Macht des Hofes. Wer bei einer Audienz des Königs zu flüstern wagte, wurde mit dem Tod bestraft. Wer mit dem Fuß gegen eine Palasttüre stieß, dem wurde das Bein abgehackt ...

Mitte des Jahrtausends drangen langsam die Europäer bis Siam vor. Portugal durfte 1511 eine Art diplomatische Vertretung eröffnen. Andere europäische Länder zogen nach. Die Stellung Ayutthayas wuchs in dieser Zeit enorm: Das Reich erlangte den Status einer Weltmacht, die Einwohnerzahl der Stadt lag nahe der Millionengrenze. Im 17. Jahrhundert reiste eine Thai-Delegation erstmals nach Europa. In Den Haag, in den Niederlanden, sprachen Delegierte über weitere Vertiefungen der Handelsbeziehungen.

Als schwarzes Jahr ging 1767 in die Geschichte des Landes ein. Die Burmesen eroberten nach gut einjähriger Belagerung Ayutthaya und zerstörten es fast vollständig. Buddha-Statuen wurden eingeschmolzen, Tempel geplündert und die Menschen getötet oder als Gefangene verschleppt. Ein junger Mann namens Phya Taksin entkam dem Gemetzel, scharte zunächst ein paar Getreue um sich, baute dann im Exil im Süden eine Armee auf und vertrieb schon sieben Monate später die martialischen Burmesen. Taksin entschied zugleich über die Verlegung des Hauptstadtsitzes. Ein kleines Dorf in Meeresnähe, von den Franzosen mit Befestigungsanlagen ausgestattet, sollte Sitz des neuen Reiches werden. Der Name war Thonburi. Taksin ließ sich zum König ernennen und baute in Windeseile ein neues Imperium auf, wurde aber bald größenwahnsinnig, sah sich schon als Buddha, und auf Befehl der Generalität wurde er 1782 hingerichtet. General Chakri verlegte die Hauptstadt nun auf die andere Flussseite nach Bangkok und leitete als Rama I. eine neue Hochkultur ein. Noch vorhandene Bildnisse, Zeugnisse und Buddha-Figuren wurden von Sukhothai und Ayutthaya nach Bangkok gebracht. Man ließ die wichtigsten Handwerker zusammenkommen und beauftragte sie mit dem Bau des ersten großen Gebäudes der neuen Hauptstadt: Wat Phra Kaeo, den Tempel des Smaragd-Buddhas, noch heute die größte Sehenswürdigkeit Bangkoks.

Zeit für Ayutthaya

Anreise/Lage

Die alte Königsstadt Ayutthaya, rund 80 Kilometer nördlich von Bangkok, von dort aus in etwa 90 Minuten Fahrzeit zu erreichen, hat heute 30 000 Einwohner und ist – wie auch Bang Pa In – nicht nur gemütlich per Schiff, sondern auch per Bahn und Bus erreichbar. Wer den Bus nimmt, hat auch die Möglichkeit, einen Stopp bei Wat Pailom, in der Nähe von Pathum Thani, einzulegen.

Sehenswürdigkeiten

Die Barkenfahrt ist eine Sache. Ayutthaya die andere, die man sich keinesfalls entgehen lassen sollte. Die Königsstadt zählt zu den schönsten Tempelanlagen Asiens. Das berühmte Buddha-Gesicht im Baum befindet sich gleich am Eingang des Tempelbezirks. Es handelt sich dabei nicht um einen Banyan-, sondern um einen Marong-Baum. Umwerfend sind Wat Lokayasutha und der 50 Meter lange Stein-Buddha in gelber Robe sowie Wat Yai Chaimongkoh, einer der beeindruckendsten Buddha-Plätze der Welt. Ideal ist der Besuch des Tempelbezirks unter der Woche am Morgen.

Übernachten

»Manohra Song«, Vier-Sterne-Schiff auf dem Chao Phraya, Kontakt via Manohra Luxury Cruises, Bangkok, Tel. 0 66-24 77 07 70, Fax 0 66-24 77 08 11, www.manohracruises.com, E-Mail: manohra@minornet.com. Luxuriöse Barke mit nur vier Doppelkabinen, jeweils mit Bad und WC sowie Annehmlichkeiten wie im Hotel, jedoch bewusst ohne Fernsehgerät und CD-Spieler. Wunderbares Sonnendeck.

Pludhaya Resort & Spa***, Pludhaya Road, Ayutthaya, Tel. 0 81-431 77 55, Fax 0 35-25 52 32, www.pludhaya.com. Anlage am Stadtrand. Um einen Teich gruppieren sich hübsche Bungalows mit einer sehr ansprechenden Ausstattung.

Restaurants

Pae Krung Kao, mittlere Preisklasse, 4 Moo 2, Ayutthaya, Tel. 0 35-24 15 55. Lokal direkt am Fluss mit einer Floating-Abteilung auf dem Wasser des Pasak. Spezialität sind die schneeweißen und zarten Süßwasserkrabben.

Sai Thong River, mittlere Preisklasse, U Thong Road, Ayutthaya, Tel. 0 35-24 14 49. Nettes Terrassenlokal mit guten thailändischen Gerichten und klasse Seafood. Direkt am Chao Phraya.

Tipp

Das Storchenkloster Wat Pailom wird zwischen Dezember und Juni regelrecht von Störchen aus Bangladesh heimgesucht. Sie brüten in dem Schutzgebiet und bringen dort ihre Jungen zur Welt. Inzwischen haben einige der Schnabeltiere den Tempel sogar ganzjährig zu ihrer Heimat gemacht, sodass man zu jeder Jahreszeit auf Störche trifft.

1

2

3

4

Die Nahrungsquelle

Von Ayutthaya nach Sukhothai – im Reisland

In der Zentralebene wächst mehr Reis als anderswo in Thailand. Es ist die Kornkammer der Nation, bietet aber auch grandiose Kulturstätten, die auf dem Landweg nach Norden immer einen Abstecher wert sind.

Es ist Punkt 8 Uhr in Saraburi. Beinahe das komplette Städtchen steht still. Im Radio und aus öffentlichen Lautsprechern wird die Königshymne gespielt: am Markt und Busbahnhof, in Ämtern und an Schulen. Um 18 Uhr wiederholt sich die gleiche Szenerie, bei der auch von Ausländern respektvolles Verhalten erwartet wird. Desgleichen sollte man auch im Kino aufstehen, wenn vor jedem Film die gleiche Hymne gespielt wird – zu bildlichen Wiedergaben des Königs. Was in Bangkok kaum mehr beachtet wird, gilt auf dem Land und in den Provinzstädtchen noch immer. Zumal in einem, das mit Wat Phra Buddhachai, wörtlich übersetzt der »Tempel zum Schatten Buddhas«, den ein Kalkfelsen wirft, und Wat Phra Buddhabat zwei ganz außergewöhnliche Tempel aufzuweisen hat. Letzterer gilt als eine der heiligsten Stätten des Landes. Schließlich wird ein Fußabdruck Buddhas dort verehrt.

»Der blaue Streifen in der thailändischen Flagge symbolisiert das Herz des Landes, den König«, klärt die Marktfrau auf, nachdem die Hymne verstummt ist und wieder Bewegung in den Markttrubel gekommen ist. Bevor sie sich wieder der Auswahl der richtig reifen Mangos widmet, zeigt sie auf eine Thai-Fahne in der Nähe. »Der etwas dickere Streifen wird umrahmt von zwei schmäleren weißen als Statthalter des Buddhismus und zwei roten, welche die Nation symbolisieren.«

Aus der Erklärung wird nur eines nicht ganz deutlich. Symbolisiert die Fahne damit so eine Art thailändische Dreifaltigkeit? Über Buddha und dem König auf irdischem Terrain steht schließlich nichts mehr. Andererseits: Was ist mit der Nation? Der 24. Juni 1932 ist der wichtigste Tag der nationalen Geschichte Thailands im letzten Jahrhundert. Die Militärs schafften mit einem Staatsstreich die absolute Monarchie ab, obgleich sie in der neu konstruierten konstitutionellen Monarchie regierten wie Diktatoren – trotz einer Verfassung, die allgemeines Wahlrecht und freie Wahlen versprach. Siam wurde in Thailand umbenannt. Und gleichzeitig verboten die Militärs im »Land der Freien« das Kauen von Betel-

1 Der lesende Elefant ist keine Seltenheit! Im National-Elephant-Institute findet regelmäßig eine Elefantenshow statt. **2** Jugendliche Lotterieverkäufer bieten das schnelle Glück an. **3** Mal andächtig, mal ausgelassen: Songkran, das Wasserfest. **4** Eine stabile Hängebrücke im Khao-Yai-National-Park.

1 Überall im Land weht die thailändische Flagge mit dem blauen Streifen in der Mitte, der das Herz des Landes symbolisiert – den König. Die roten Streifen stehen für den Buddhismus. **2** Die Pferdekutsche vor Wat Phrathat Lampang Luang in Ko Kha wird fürs Familienalbum im Foto festgehalten. **3** Beten, meditieren und nach dem Sinn des Lebens suchen kann man vor dem Buddha-Schrein in Ko Kha ebenso wie vor der **4** riesigen Buddha-Statue von Lamphun.

nuss, das seit Urzeiten üblich war. Angeordnet wurde dafür das Tragen von Hüten und Schuhen ...
Lopburi, nur etwa 50 Kilometer weiter nördlich von Saraburi, ist nicht nur eine historisch ruhmreiche, sondern auch eine landwirtschaftlich bedeutende Stadt. Trotz des Booms im Tourismus sind besonders Reis, Mais, Zucker, Tapioka, Ananas, Kautschuk, Baumwolle und im Süden Kokosnuss, die Zucht von Garnelen sowie der Fischfang bedeutende Faktoren der thailändischen Wirtschaft und damit gute Devisenbringer. Die Währung, der Thai Baht, ist stabil, wenngleich sie in den letzten Jahren nachgegeben hat, und die Inflationsrate bewegt sich mit fünf Prozent bei einem durchschnittlichen Wirtschaftswachstum von acht Prozent auf einem verträglichen Niveau. In Lopburi ist das bestens sichtbar. Was man nicht in der aufstrebenden Provinzstadt sieht, ist, dass Thailands Wirtschaft sich grundlegend geändert hat. Salopp formuliert vollzog man den Sprung vom 19. direkt ins 21. Jahrhundert. Zum Reis kam der Mikrochip. Die überwiegend von der Landwirtschaft geprägte Gesellschaft wird langsam abgelöst von einer Dienstleistungs- und Herstellungsgesellschaft. Der Anteil der in der Landwirtschaft arbeitenden Bevölkerung sank auf 50 Prozent. Und das, obwohl

4

Reis die Hälfte der Menschheit ernährt. Thailand zählt als weltgrößter Exporteur von Reis zu den wichtigsten Erzeugern. Ein Großteil davon kommt aus der fruchtbaren Zentralebene zwischen Ayutthaya und Si Satchanalai mit dem Zentrum Lopburi. Dort gibt es kaum ein Dorf, das nicht von grünen Reisfeldern umschlossen ist. Die Mehrheit der Bevölkerung arbeitet in der Landwirtschaft. Überflutungen des Lopburi-Flusses werden nicht als Katastrophen angesehen, sondern von den Bauern zeitweilig herbeigesehnt, weil sie dem Boden wichtige Nährstoffe für den Reisanbau bescheren. Hochentwickelte Bewässerungssysteme – nicht ganz so filigran anzuschauen wie die Reisterrassen auf den Philippinen oder auf Bali – versorgen die weit vom Strom abgelegenen Anbaugebiete.
Lopburi bietet seinen Besuchern aber freilich nicht nur pittoreske Reisfelder, sondern auch freche Makaken, weshalb sie auch »Affenstadt« genannt wird. Stets hungrige Affen belagern den Haupttempel. Der Überlieferung nach müssen sich die Einwohner Lopburis um die Tiere kümmern, nachdem die Affen mehrfach überfallartig in Nachbargemeinden eingefallen sein sollen. Kulturelle Höhepunkte sind die sehr schönen Khmer-Ruinen aus dem 11. Jahrhundert, meist hinduistischen Ursprungs und später erst in buddhistische Heiligtümer umgewandelt, sowie die interessante Empfangshalle im Palast des Königs Narai, die einst ausschließlich für Ausländer bestimmt war. Unter Narai, der 1656 bis 1688 herrschte, erlebte Lopburi seine Blüte als zweite Hauptstadt neben Ayutthaya. Der Monarch nahm diplomatische Verbindungen auf und empfing in der Empfangshalle unter anderem Gesandtschaften des französischen Königs Louis XIV.
Schon zu dieser Zeit und weit davor war der Gruß eine der kennzeichnendsten sozialen Handlungsweisen, bei der »oben« und »unten« eine tragende Rolle spielten und bis heute spielen. Dabei werden die Hände vor dem Gesicht gefaltet, und je tiefer sich die Stirn neigt und den Händen entgegenkommt, desto mehr Respekt wird dem Gegenüber erbracht. Unantastbar ist der Kopf, der Sitz des Geistes. Als unwürdigste Körperstelle werden die Füße angesehen. Weder die 80-Jährige noch der 18-Jährige würden deshalb einer anderen Person über den Kopf streicheln. Farangs sollten deshalb nicht einmal Kindern übers Haupt streicheln, auch wenn es liebevoll gemeint ist. Sogar jeder Friseur entschuldigt sich bei seinem Kunden, bevor er sich ans Werk macht und den Kopf beim Haareschneiden zwangsläufig berühren muss.
Singburi ist trotz seiner 40 Meter langen Buddha-Statue kaum in Rundreise-Programmen zu finden. Nur wer Glück und einen cleve-

1 Im National-Elephant-Institute in Lampang findet man diesen außergewöhnlichen Elefanten-Brunnen. **2** In der »Lampang River Lodge« hat man sich der Natur angepasst – und nicht umgekehrt. **3** Das Restaurant in der Anlage lässt keine kulinarischen Wünsche offen und verköstigt die Bewohner der 60 Bungalows mit leckeren Thai-Büffets.

ren Tourguide hat, biegt fünf Kilometer westlich von Singburi zum Wat Phra Nou Chak Si ab. Trotz einiger nicht gerade gelungener Restaurationsversuche ist der 40-Meter-Buddha eine Augenweide. Er gehört zu den größten Buddha-Bildnissen des Landes.
Glück ist auch einer der elementaren Bestandteile des thailändischen Denkens. Glück hängt von einem exakt vorausgeplanten Zeitpunkt ab, etwa bei der Eheschließung. Vom Glück – eher in unserem Sinne – ist auch der Wehrdienst abhängig. Ein schwarzes Los heißt Marschbefehl; ein rotes bedeutet so viel wie davongekommen. Vielfach vermischen sich Glück, Aberglaube und Religion. Beim innigen Gebet erbitten Mädchen im Heiratsalter ihr Familienglück. Ist die junge Frau dann schwanger, soll sie unter dem Bauch eines Elefanten durchgehen, weil es Glück für den Nachwuchs beschert. Während der Morgenstunden, wenn die Mönche ihren Tagesbedarf einsammeln, wird der Mönch als Glücksbringer um die Nennung von Zahlen gebeten, die bei der nächsten Lotterie ausprobiert werden. Am Geburtstag des Königs versammeln sich Verwandte vor den Gefängnissen des Landes. Denn am Ehrentag des Königs wird in jeder der 76 Provinzen mindestens einem Gefangenen das Glück der Amnestie zuteil. Das Sai Sing, ein weißes Fadenarmband, das ein Mönch am rechten Handgelenk, zum Beispiel nach einem gemeinsamen Gebet, verknotet hat, bringt Sicherheit und Gesundheit. Auch ein Farang sollte das Stoffbändchen wenigstens drei Tage tragen, denn die Drei ist eine magische Zahl ...
Magisch ist auch Kamphaeng Phet. Die weitgehend unbekannte Stadt besitzt eine der schönsten Ruinenstätten des Landes. Obgleich nur 70 Kilometer von Sukhothai entfernt, zieht die Karawane der Kulturtouristen häufig an der kleinen Provinzhauptstadt vorbei. Hinter der gut erhaltenen Stadtmauer warten außergewöhnlich imposante Monumente aus dem 14. Jahrhundert, etwa die Buddha-Darstellung im dortigen Wat Phra Kheo. Der historische Park liegt weitere fünf Kilometer weiter entfernt. Unter Schatten spendenden Riesenbäumen verstecken sich Chedis, zum Teil mit Elefantenskulpturen verziert, Wat-Ruinen und der besonders würdevoll stehende Buddha im Wat Phra Si Iriyabot.

Zeit für Sukhothai

Anreise/Lage

Saraburi, Lopburi, Singburi und Kamphaeng Phet gehören zur zentralen Tiefebene und sind von Bangkok jeweils per Bus, Lopburi auch mit der Bahn, erreichbar. Saraburi liegt etwa 100 Kilometer nordöstlich und Kampheng Phet knapp 400 Kilometer nordwestlich. Lopburi und Singburi befinden sich dazwischen, aber deutlich näher an Saraburi.

Sehenswürdigkeiten

Alle Städte verfügen über außergewöhnliche Tempelruinen und Buddha-Bildnisse. Im Wat Phra Buddhabat von Saraburi huldigen die Menschen einem Fußabdruck Buddhas. Lopburi reizt mit Khmer-Ruinen aus dem 11. Jahrhundert. Einer der größten Buddhas liegt in Singburi: Die Statue misst 40 Meter. Kamphaeng Phet hat eine der schönsten Ruinenstätten Thailands.

Übernachten

Lopburi Inn Resort***, 144 Paholyothin Road, Lopburi, Tel. 0 36-41 12 65, Fax 0 36-41 20 10, www.lopburiinnresort.com. Typisches Chinesen-Hotel auf dem Land mit viel Protz, aber ziemlich wenig dahinter. Die 100 Zimmer sind allerdings gut ausgestattet. Fitness-Center, Pool.
Chakungrao Riverview**, 149 Taysa Road, Kamphaeng Phet, Tel. 0 55-714 90 08, Fax 0 55-71 77 14, www.chakrungraoriverview.com.
Bestes Haus am Ort. Ansprechende Zimmerausstattung, liebloses Ambiente, lustloser Service.
Lampang River Lodge***, Choempoo District, Amphur Muang, Lampang, Tel. 0 54-33 66 40-41, Fax 0 54-25 00 52, E-Mail: info@lampangriverlodge.com.
6 Kilometer vom Stadtzentrum entfernt und nur einige Kilometer südlich der Provinz Lampang, am Ufer des Wang Flusses in einer wunderschönen natürlichen Umgebung. Ruhige Anlage mit 60 Bungalows, Swimmingpool, Restaurant und Massageräumen.

Restaurants

Lopburi, günstig, Narai Maharat Road, Lopburi, Tel. 0 36-41 23 00. Etwas außerhalb des Zentrums gelegenes Lokal mit guten thailändischen Gerichten. Die Ausstattung steht bei dieser Adresse aber wahrlich nicht im Vordergrund.
Wie so oft auf dem Land, isst man auch in der zentralen Tiefebene am besten auf den Märkten. Ob Vielfalt oder Geschmack, ob Gerüche oder Atmosphäre: Meist können die Restaurants da nicht mithalten. Im Kamphaeng Phet ist zum Beispiel der Nachtmarkt an der Pin Pong Road, direkt am Fluss, zu empfehlen, wo es an einigen Ständen auch die mit Süßwasserfischen gemachte scharfe Tom Yam Pla gibt, eine Variante der Nationalsuppe Tom Yam Gung, die mit Krabben gemacht wird.

Tipp

Üblicherweise ist in Thailand von Museen in der Provinz abzuraten, weil einfach alles hingestellt aussieht, wenig erklärt und arrangiert wird. Das kleine Nationalmuseum von Kamphaeng Phet ist jedoch eine Ausnahme, da es mit seinen Exponaten einen recht guten Überblick zu allen thailändischen Epochen gibt, selbst wenn auch in Kamphaeng Phet die Beschriftungen zu wünschen übrig lassen.

1

2

3

4

Wo Buddha wandelt

Sukhothai – die Vorgängerin Ayutthayas

Die »Dämmerung des Glücks«, so die Übersetzung von Sukhothai, bildete das erste große Königreich Thailands. König Khamhaeng, der »Tapfere«, ging im 13. Jahrhundert als Vater Siams in die Annalen ein.

Eine Gruppe junger Mönche, safrangelb gewandet, geht hintereinander und wortlos an Souvenirständen vorbei. Buden dieser Art finden sich überall, wo ein Tempel ist. Schließlich müssen die Besucher essen und trinken, Räucherstäbchen kaufen und ein wenig Kitsch für Zuhause. Die Mitbringsel scheinen auch einen der Mönche zu interessieren, der schnell einen Bruder herbeiwinkt. Als ihre Gruppe fast schon aus den Augen ist, zünden sich beide schnell eine Zigarette an. Heimlich und verlegen, denn die Zwei wissen genau, wer raucht und dem Genuss frönt, handelt als Mönch nicht korrekt. Und das ausgerechnet in Sukhothai!

Sukhothai ist die Stadt des Bronze-Buddha, der Vorlage für unzählige Statuen im Land, aber auch der Platz des geschmeidig wandelnden Buddha. Und Sukhothai stellt einen Meilenstein in Thailands Geschichte dar. 1238 markiert die Gründung des Königreichs Sukhothai und die Vertreibung der bis dato herrschenden Khmer. Bald dominierte das Sukhothai-Reich die ganze Region. Im Ausland wurde bis zur Umbenennung 1939 in Thailand fast ausschließlich von Siam gesprochen. Die Thais selbst benannten ihr Königreich jedoch immer nach den jeweiligen Hauptstädten.

Die Tempelanlagen von Sukhothai gehören zu den eindrucksvollsten in Thailand. Old Sukhothai und der historische Park bieten rund 200 Sehenswürdigkeiten, die diesen Namen auch verdienen. Unter Riesenbäumen lässt es sich gemütlich wandeln und in den Wats staunen: Der Mahathat-Tempel war der frühere Königspalast mit 185 Chedis in der Blütezeit. Noch heute dominiert die Anlage das Bild, besonders wegen einer monumentalen Buddha-Statue aus dem 14. Jahrhundert, die von mächtigen Säulen des ehemaligen Bot flankiert wird. Signifikant ist auch der Lotos-Turm. Wat Si Sawai steht in voller Pracht mit drei Prangs und etlichen original Stuck-Dekorationen nur ein paar Schritte entfernt. Das in einem Teich erbaute Wat Sra Si beeindruckt mit einer wunderschönen Steinfigur eines meditierenden Buddhas. Und vom Wat Sapan Hin und seinem Hügel hat man den besten Blick auf das ganze Areal.

1 In Sukhothai gibt es wunderschöne Buddha-Darstellungen. **2** Im historischen Park werden Blumengebinde zu Buddhas Füßen niedergelegt, ebenso wie andere **3** Opfergaben. **4** Im Abendlicht strahlt der Bronzebuddha von Wat Sra Si im historischen Park.

1

2

Die thailändische Regierung hat den historischen Kern, der zwölf Kilometer von der Neustadt entfernt liegt, zum Nationalpark erklärt. Erst seit 1988 ist die historische Stadt der Öffentlichkeit zugänglich. 193 Tempel wurden ausgegraben, viele davon auch rekonstruiert.

König Khamhaeng ließ Mönche aus Ceylon kommen, um den Buddhismus zu verbreiten. Die Anhänger der Lehren von Siddharta Gautama, der um 450 v. Chr. geboren wurde, weisen den Weg auf der Suche nach dem Sinn des Lebens. Acht Tugenden sind dabei von Bedeutung: die richtige Erkenntnis, rechtes Denken, rechte Rede, rechte Taten, rechter Lebenserwerb, rechtes Streben, rechte Aufmerksamkeit und rechte Konzentration. Jede Tat wirkt nach buddhistischer Lehre auf das Karma, das Schicksal. Und je mehr Gutes im jetzigen Leben getan wird, desto besser ist das Karma im nächsten. Die wünschenswerteste Stufe ist das Nirwana, der Zustand der vollendeten Ruhe und des Glücks. Siddharta Gautamas Abschwören von Extremen und die Ausgeglichenheit zwischen Denken und Handeln ließen ihn zum Erleuchteten, zu Buddha, werden. Die Legende besagt, dass er 500 Lebenszyklen benötigte, um das Nirwana zu erreichen. Buddha ist kein Gott, eher ein Übervater, dessen Ratschläge über jeden Zweifel erhaben sind. Heute nennen sich – dank Khamhaeng – 95 Prozent der Thailänder Buddhisten. Glaubensfreiheit ist aber in der Verfassung fest verankert. Die wenigen Andersdenkenden bekennen sich als Muslime oder Christen, sind in der Gesellschaft gleichgestellt und akzeptiert, lassen aber gelegentlich die Toleranz der Buddhisten vermissen. Riten gibt es jedoch auch im Buddhismus. So begeben sich fast alle heranwachsenden Männer einmal im Leben für ein paar Wochen als Geste des guten Willens ins Kloster. Jeder Eintritt beginnt mit dem rituellen Haareschneiden. Ein geschorener Schädel und rasierte Augenbrauen symbolisieren Reinheit. Dann ist der Novize an das Zölibat und an 226 weitere Gelübde gebunden. Es beginnt damit, dass der junge Mönch nicht mehr im weichen Bett schlafen darf und sich frühmorgens sein Essen mit einer Opferschale ersammeln und bis 12 Uhr gegessen haben muss. Den Novizen wird – wie allen Mönchen – höchster Respekt gezollt. Ist er doch ein leuchtendes Beispiel für Tugend und gilt als Stellvertreter Buddhas. Der vordere Sitzplatz im Bus ist für ihn reserviert. Man sollte nie stehend einen sitzenden Mönch überragen, ihm auch nicht gleichauf gegenüberhocken, sondern versuchen, sich niedriger zu platzieren. Wie sehr Mönche geachtet werden, zeigte eine Szene während der demokratischen Revolte von 1973, als eine Gruppe Mönche im offenen Wagen mitten durch die Feuerlinie zwischen Staatsgewalt und Studenten fuhr. Keiner der Mönche wurde verletzt, geschweige denn erschossen. Denn es gibt kein schlimmeres Vergehen für einen Buddhisten, als einen Mönch zu töten, auch wenn es nur ein Unfall war.

Auf den Dörfern wie in der Zentralebene um Sukhothai übernehmen die Mönche auch weltliche Aufgaben. Sie unterrichten die Kinder, regen aber auch kommunalpolitische Diskussionen an, etwa über eine Brunnengrabung oder einen Dammbau. Und nur ganz wenige rauchen eine Zigarette, wie die zwei Mönche von Sukhothai ...

1 Das »Ruean Thai Hotel« in Sukhothai wurde in traditioneller Bauweise errichtet und **2** überrascht mit einem Pool im Innenhof. **3** Die Zimmer versprechen erholsamen Schlaf und süße Träume.

Zeit für Sukhothai

Anreise/Lage

Sukhothai liegt in der zentralen Tiefebene und kann vom rund 450 Kilometer entfernten Bangkok aus per Bus angesteuert werden. Der nächste Flughafen und der nächste Bahnhof liegen im nahen Phitsanoluk. Nach Si Satchanalai sind es von Sukhothai aus 55 Kilometer.

Sehenswürdigkeiten

Phitsanulok – das »t« in der Mitte und das »k« am Ende werden nicht gesprochen – lohnt nicht nur als Anflughafen oder Bahnhof. Einige Tausend Einwohner leben bis heute auf Hausbooten. Und Wat Phra Si Ratana Mahathat zeigt sich mit einem vergoldeten Prang, der 36 Meter in die Höhe ragt. Absolute Höhepunkte sind jedoch zweifelsohne Old Sukhothai und der historische Park. Von den 200 Sehenswürdigkeiten lohnen besonders Wat Mahathat mit einer monumentalen Buddha-Statue aus dem 14. Jahrhundert, Wat Si Sawai mit drei Prangs, Wat Sra Si mit einer schönen Steinfigur eines meditierenden Buddhas und auf einer Anhöhe Wat Sapan Hin mit gutem Überblick aufs Areal.

Übernachten

Tharaburi Resort****, 113 Srisomboon Road, Sukhothai, Tel. 0 55-69 71 32, Fax 0 55-69 71 31, www.tharaburiresort.com, E-Mail: reservation@tharaburiresort.com.
Geschmackvoll mit viel Holz gebaut und von thailändischer Gastfreundlichkeit geprägt. Es stehen nur sechs Suiten zur Verfügung. Golfplatz vorm Haus.
Topland Hotel***, 6833 Akatodsarot Road, Phitsanulok, Tel. 0 55-24 78 00, Fax 0 55-24 78 15, www.toplandhotel.com. Komfortables, modernes 17-stöckiges Hotel mit Dachgarten. Kleines Spa, Pool.

Restaurants

Ruean Thai, günstig, 181/20 Soi Pracharuammit/Jarodwithithong Road, Sukhothai, Tel. 0 55-61 24 44. Lokal mit schönem Thai-Ambiente und guter thailändischer Küche. Es stehen aber auch einige internationale Gerichte auf der Karte. Die immer wieder angebotenen Büffets bieten ein breites Angebot.
Kulinarische Genüsse verspricht und hält in Phitsanulok der Nachtmarkt am Nan-Fluss. Er ist landesweit bekannt. Die Spezialität vor Ort heißt Phak Bung Loi Fa, was frei übersetzt »fliegender Wasserspinat« heißt. Er wird mit Sojabohnen und Knoblauch im Wok gebraten.

Tipp

Das nördlich gelegene Si Satchanalai gilt als kleine Schwester von Sukhothai. Das historische Areal ist wesentlich kleiner, liegt aber herrlich und bietet ebenso interessante Denkmäler, zu denen man über eine malerische Hängebrücke gelangt.

1

2

3

4

Rein durch Wasser

Chiang Mai – die Rose des Nordens

Nicht nur zu Songkran ist Thailands zweitgrößte Stadt eine Reise wert, wenngleich das thailändische Neujahrsfest nirgends schöner, ausgelassener und ausgiebiger gefeiert wird als in Chiang Mai.

Klatsch! Die Ladung hat gesessen. Mit voller Wucht knallt ein ganzer Eimer voll Wasser über die Windschutzscheibe. Eine Gruppe junger Thai schöpft aus einer Wassertonne aus dem Vollen und hat einen Heidenspaß, die vorbeifahrenden Autos zu duschen. Es ist der 13. April und Songkran ...

Chiang Mai war schon seit jeher das Zentrum des buddhistischen Neujahrsfests. Mopedfahrer müssen mit Salven aus zahllosen Spritzpistolen rechnen. Und Passanten werden mit allem, was zur Verfügung steht, nass gemacht: mit Wasserladungen aus Gartenschläuchen und Biergläsern, Reisschalen oder manchmal sogar aus einem Elefantenrüssel. Nur so manche sanftmütige Thailänderin träufelt lediglich ein paar Tropfen mit den Fingerspitzen aufs eigentlich schon nasse Hemd und wünscht ein gutes neues Jahr: *Sawasdee pi mai.* Weiße Babypuder-Handabdrücke gehören auch dazu und verzieren bevorzugt dunkle Autos. Manche streichen im Vorbeigehen auch mit ihren mit Puder verschmierten Fingern durchs Gesicht der Passanten. Besonders die Mädchen mögen das gar nicht und bitten dann den Nächstbesten um eine Wasserdusche, denn Wasser macht rein.Das gilt auch noch im thailändischen Jahr 2554, gleichbedeutend mit unserem 2011.

Das Wasser macht Songkran zum lebenslustigsten Fest des Landes. Und das Wasser verleiht Chiang Mai für diese Tage die Ehre, die Songkran-Hauptstadt zu sein, denn dort wurde der Brauch erstmals verwirklicht. Und im Gegensatz zu allen anderen Städten, wo der ganze Spuk am buddhistischen Neujahrstag gegen 16 Uhr zu Ende geht, dauert das Songkran-Fest in Chiang Mai volle zehn Tage.

Der Buddhismus dokumentiert sich in Thailand fast allgegenwärtig: In den Tempelanlagen, wo Räucherstäbchen und Blattgold geopfert werden und mit gefalteten Händen und geschlossenen Augen gebetet wird. Im Alltag, wo jedes Auto und jedes Haus mit Devotionalien geschmückt ist und wo auch animistische Elemente Eingang gefunden haben. Geisterhäuschen zum Beispiel stehen

1 »Wasser Marsch« heißt es in Chiang Mai zum Wasserfest am 13. April, das **2** mit einem großen Festzug alljährlich gefeiert wird. **3** Im Wat Doi Suthep führen Schülerinnen traditionelle Tänze auf. **4** Mit Anmut, Grazie und Schirm beim Wasserfest Songkran.

1

2

überall vor jedem Haus. Sie dienen aber keineswegs der Zierde. Nach dem Motto »Jeder braucht ein Dach über dem Kopf« sollen sie den Schutzgeist des Grundstücks beherbergen. Die filigran gearbeiteten Häuschen werden mit Blumen geschmückt, und wer es sich leisten kann, sorgt sogar für Vollpension. Denn Früchte oder ganze Mahlzeiten machen die Geister besonders sanftmütig und bringen viel Glück für Grund und Boden. Die Wasserschlachten zu Songkran sind nicht nur der Ausdruck von Freude, sondern auch rituelle Reinigungen. Zum Fest werden die Privathäuser und Tempel auf Hochglanz gebracht. Am Morgen des Songkran werden sogar Buddha-Statuen gebadet, Mönche und ältere Familienmitglieder als Zeichen des Respekts mit Wasser bespritzt und als eine erste gute Tat im neuen Jahr werden Fische und Vögel, die in Gläsern und Käfigen verkauft werden, von den Käufern freigelassen.

Chiang Mai ist trotz seiner reichhaltigen Kulturstätten – allein 79 Tempel gibt es im Stadtgebiet – oft nur der Ausgangspunkt für weiterführende Touren in den hohen Norden des berühmten Goldenen Dreiecks sowie zu den Bergstämmen rund um Mae Hongson und Chiang Rai. Auch die Schönheit der umgebenden Landschaft drängt die Kulturstätten in den Hintergrund. Schade, denn der fast quadratisch angelegte Altstadtkern mit einer Seitenlänge von knapp zwei Kilometern ebenso wie viele Wats außerhalb des umschließenden Wassergrabens sind einen Besuch wert. Das gilt besonders für den imposanten 46-Meter-Chedi oder den grazilen Bibliothekspavillion von Wat Phrathat, der wichtigsten Tempelanlage der Stadt, die im Schatten des mehr als 1000 Meter hohen Bergs Doi Suthep steht, der sich durch seine Größe vom fruchtbaren Tal gewaltig abhebt. Der von den Thais hochverehrte Buddha im Wat von Doi Suthep lohnt in jedem Fall den mühsamen, 309 Stufen langen Aufstieg. Der Doi Inthanon mit seinen knapp 2600 Metern, westlich von Chiang Mai gelegen, ist die höchste Erhebung Thailands. Aber auch Touristenattraktionen wie das 24 Kilometer entfernte Elephant Camp im Mae Sa Valley lockt Leute aus allen Ländern der Welt an. Um die 50 Elefanten, meist auch ein paar Elefantenbabys, zeigen dort, was sie gelernt haben. Einstündige Ausritte können ebenfalls gebucht werden.

Die Rose des Nordens hat jedenfalls trotz ihrer Größe mit knapp 300 000 Einwohnern ihren provinziellen Charme bewahrt. Chiang Mai ist wie Kino. Farben und Geräusche verschmelzen zu einem Spektakel, vor allem auf Thailands größtem Nachtmarkt. Gerüche betören dort die Nase und Schnäppchen den Sinn. Geschäftsleute im weißen Hemd begegnen abgewanderten Stammesangehörigen der Bergvölker in ihren Trachten. Buddhas glänzen um die Wette, steil aufragende Chedis weisen den Weg zu imposanten Tempeln. Und in der Nähe, rund acht Kilometer östlich von Chiang Mai, verzaubern die berühmten handbemalten Sonnenschirme aus Bo Sarn.

Jeder kommt auf seine Kosten. Sofern das Wetter mitspielt. Der Norden ist die einzige Region Thailands, in der man schon mal frieren (im Dezember und Januar, besonders nachts), im Regen fast ertrinken (Juli bis Dezember) oder sich im dichten Nebel total verirren kann. Trotzdem sollte der Norden im Winter bereist werden. Gerade Trekking-Touren sind in der Regenzeit wegen zu vieler Niederschläge und in der Trockenzeit wegen enormer Hitze und viel Smog manchmal kaum durchführbar. Gelegentlich werden wegen Smog sogar zeitweilig die Flüge eingestellt. Auch die Tropen haben eben nicht 365 Tage im Jahr blauen Strahlehimmel ...

1 Keine Wünsche offen lassen die zweistöckigen Villen des »Mandarin Oriental Dhara Dhevi«, in dem man sich **2** ins alte Siam zurückversetzt fühlt. **3** Einer der Pools im Spa- und Fitness-Center.

Zeit für Chiang Mai

Anreise/Lage

Mehr als 700 Kilometer oder 90 Flugminuten sind es von Bangkok. Bus und Bahn benötigen jeweils zehn bis zwölf Stunden. Chiang Mai ist das Drehkreuz im Norden für Weiterreisen und Flüge nach Chiang Rai, Mae Hongson und ins Goldene Dreieck. Die Innenstadt von Chiang Mai ist gut zu Fuß zu erkunden. Taxis gibt's lediglich am Flughafen, im Zentrum fährt man Tuk-Tuk. Stadtbusse steuern auch Ziele wie Lamphun oder Bo Sarn an.

Sehenswürdigkeiten

Das Wat 15 km westlich der Stadt und 1156 m hoch auf dem Suthep-Berg gelegen, gilt als eines der malerischsten buddhistischen Klöster Thailands. Grandiose Aussicht. Südwestlich geht's bis auf 2595 Meter hinauf, wenn man sich an den Doi Inthanon heranwagt, Thailands höchstem Gipfel. Aus der nahen Ebene um Chom Thong – mit dem 1451 erbauten Wat Phra That Sri Chom Thong – ist der Berg bei klarem Wetter gut zu sehen. Die wilden Schluchten und Wasserfälle sind nur im Doi Inthanon National Park erlebbar. In südöstlicher Richtung folgt Lampang mit seinem sehenswerten Tempel Phra Kheo Don Tao (17. Jh.). Östlich von Chiang Mai liegt das Dorf Bo Sarn, das über die Grenzen hinaus wegen der handbemalten Schirme aus Seide, Papier und Baumwolle bekannt wurde.

Übernachten

Mandarin Oriental Dhara Dhevi***, 514 Sankampaeng Road, Chiang Mai, Tel. 0 53-88 88 88, Fax 0 53-88 89 99, www.mandarinoriental.com, E-Mail: mocnx-enquiry@mohg.com. Eine Anlage, die wie ein Stück altes Siam wirkt, mitten in Reisfeldern gelegen, bestehend aus zweistöckigen Villen, ausgestattet mit feinsten Antiquitäten. Tennisplatz, Top-Spa, Fitness-Center, zwei Pools.

Four Seasons Resort***, Mae Rim/Samoeng Old Road, Chiang Mai, Tel. 0 53-29 81 81, Fax 0 53-29 81 90, www.fourseasons.com. Zauberhaft im Mae-Rim-Tal gelegen und von Reisterrassen umgeben; innen elegant, außen rustikal. Healthclub, Pool.

Restaurants

Moc Mol, gehoben, Huay Kaew Road, Chiang Mai, Tel. 0 53-226 99 78. Die Abkürzung steht für Monkey Club und Moon Lovers, sozusagen »The crazy way of Restaurant« mit klasse Jazz und Blues sowie 300 Thai-, europäischen, japanischen und Thai-Gerichten.

The Gallery, gehoben, Charoenrat Road, Chiang Mai, Tel. 0 53-432 97 23. Feinste thailändische Küche und exquisite thailändische Dekoration.

Tipp

Im Süden lockt Lamphun. Die knapp 25 Kilometer lohnen sich schon allein wegen des hochverehrten Wat Phra That Haripunchai, aber auch wegen der unverfälschten Kleinstadtatmosphäre.

1

2

3

ZULEX
SK DVD
THE FIGHT AGAINST DRUG
MENACE IS A NATIONAL CAUSE.
4

Reger Kulturaustausch

Goldenes Dreieck – mit grünen Grenzen

Auf einer Brücke zwischen Thailand und Myanmar begegnen sich jeden Tag für zwölf Stunden zwei Völker. Die Brücke ist für die einen der Blick in die Vergangenheit und für die anderen der in die Zukunft.

Dichter Morgennebel liegt über dem Land. Auf der unscheinbaren Brücke am Mae Sai regt sich nichts frühmorgens. Dort soll ein Grenzübergang sein? Einer, der den Grenzgänger mit ein paar Schritten am Rad der Zeit drehen lässt? Einer, der Myanmar und Thailand trennt? Hinter dessen Schlagbaum ein Land liegt, das heute so ist wie der südliche Nachbar noch vor 20 Jahren war? Einer, der wie kein anderer die Welt am Goldenen Dreieck skizziert? Gegen halb sechs Uhr, wenn der Morgennebel langsam aufklart, verlässt Urai seinen Tempel. Es ist die Zeit, welche die Thais lieben. Es wird geputzt, gekocht, gelacht. Mit Elan geht's ans Tagwerk. Alle haben Sanuk – ihren Spaß. Der Mönch geht vom Wat, seiner Klosteranlage, würdevoll durch die Straßen in Richtung Brücke, auf der die Grenze seines Landes zu Myanmar verläuft. Einfache Sandalen an den Füßen, den Körper in orangefarbenes Tuch gehüllt, die runde Opferschale in beiden Händen, den Blick ausdruckslos in die Ferne gerichtet. Urais morgendlicher Opfergang ist sechs bis sieben Kilometer lang. Wenn er vorbeigeht, beeilen sich die Frauen, etwas von dem nur für Mönche frisch Gekochten fein säuberlich in Plastikbeutelchen zu verpacken und es vorsichtig in die Schale zu legen. Ihre Häupter senken sich, die Hände werden gefaltet, denn der Gebende sagt Danke, weil er schenken durfte und damit eine gute Tat vollbracht hat, die ihm in diesem und seinen weiteren Leben Verdienste einbringt. Die meisten Frauen legen dem Mönch Reis und Gemüse in die bauchige Opferschale. Manchmal sind es auch Kerzen, ein Stück Seife oder sogar Zigaretten. Die Zeiten ändern sich – auch in Mae Sai, dem nördlichsten Dorf Thailands, 1010 Kilometer von der Hauptstadt Bangkok entfernt. Urai schaut die Frauen nicht an. Er akzeptiert die Gabe, deckt seine Schale zu und geht wortlos weiter. Er würde auch von einem Farang, also einer Langnase, etwas annehmen. Allerdings sollte der Fremde dabei mit beiden Händen seine Opfergaben in die Schale legen. Denn einhändig schenken bedeutet halbherzig schenken. So viel Thai-Knigge muss sein.

1 Farbenprächtig zeigen sich die Tuk Tuks wie auch **2** die Lampions in Chiang Saen, dem nördlichsten Punkt Thailands. **3** Jugendliche Novizen machen sich auf zum morgendlichen Bettelgang. **4** Reges Treiben herrscht fast täglich an der Brücke am Mae Sai.

1

2

3

Eine schwarze Limousine rollt an. Stoppt. Die hintere Tür öffnet sich. Ein Mann steigt aus, gut gekleidet. Alle beobachten die Szene, nur Urai nicht. Er würde nicht einmal bei Khun Sha aufblicken. Khun Sha ist der uneingeschränkte Drogenkönig Thailands. Über zwei Drittel der weltweiten Opiumproduktion soll von ihm kontrolliert werden. Aber auch für ihn oder den nur regional bedeutsamen Drogenbaron aus der Limousine öffnet Urai die Schale. Es ist nichts Verwerfliches dabei. Auch der Drogenboss bedankt sich beim Mönch – nicht umgekehrt.

Frühmorgens ist in Mae Sai das Leben noch wie vor 20 Jahren. Hauptsache es ist praktisch. Buddhas Ratschläge müssen zu jeder Zeit geachtet, dürfen aber immer praktikabel interpretiert werden. Inzwischen wird häufig mehr interpretiert als geachtet. Auch in Mae Sai ahmen die Menschen nach, was in der Weltstadt Bangkok amerikanisch oder europäisch erscheint. Bangkoks Lebensstil kommt schnell auch in den entlegensten Winkel des Königreichs. Die ersten Sonnenstrahlen fallen auf die Brücke. Braun uniformierte Grenzbeamte sind auf der thailändischen Seite zu sehen. Sie plaudern, rauchen. Die Ruhe vor dem Sturm: Um sechs Uhr öffnen sie den Grenzübergang. Dann setzt karawanenähnlich die Invasion ein, aus Tachilek, dem burmesischen Grenzdorf auf der anderen Seite. Mit leeren Körben laufen die Frauen in ihren Trachten über die Brücke. Junge Männer im Wickelrock fahren mit leeren Anhängern an ihrem Fahrrad oder klapprigen Moped über die Grenze. Und sogar manches Auto überquert von Myanmar kommend leer den Grenzbalken, der sich jeden Tag von sechs bis sechs hebt. Auf dem Rückweg sind die Körbe voll mit Früchten und anderen Lebensmitteln, die Anhänger vollgepackt mit Computerschrott, das Auto beladen mit Kühlschrank- und Alibert-Teilen. Was die Thais nicht mehr brauchen oder im Überfluss besitzen, können die Burmesen haben – gegen wertvolle Baht versteht sich. Mae Sai ist eine Handelsenklave mit Sonderstatus: Burmesen dürfen tageweise in Thailand arbeiten, um sich die eine oder andere, in Myanmar nicht käufliche Ware leisten zu können.

Ebenfalls um sechs Uhr öffnet der Copy-Shop neben dem thailändischen Grenzhäuschen. Für fünf Baht kann sich der Tourist dort seinen Reisepass kopieren lassen. Dann muss er das Original an der Thai-Grenze deponieren und mit der Kopie zu den burmesischen Grenzern gehen, die für fünf US-Dollar zwar kein Visum geben, aber eine Nummer, die man sich tunlichst merken sollte, um am gleichen Tag, rechtzeitig vor 18 Uhr, zurück zu können.

Mae Sai ist der richtige Ort, um zu beobachten, wie die Zeit vergeht und vergangen ist und wie das Goldene Dreieck funktioniert. Bis mittags, wenn der Spaß der frühen Morgenstunden dem alltäg-

1 Ein Eldorado für Burmesen ist das Grenzörtchen Chiang Saen. **2** Kleiner Hausschrein und **3** der große Fluss Mekong, zu sehen vom Aussichtspunkt in Chiang Saen. **4** Schon früh am Morgen beginnt das rege Treiben und werden **5** die Waren feilgeboten.

lichen Stress gewichen ist, die Sonne die morgendliche Kühle vertrieben hat, Lady Gaga aus jedem zweiten CD-Player jault und Urai längst in sein Wat zurückgekehrt ist, um zu meditieren, scheinen in Mae Sai 20 Jahre vergangen zu sein. 20 Jahre, die mit ein paar Schritten über die Brücke nach Myanmar wieder zurückgedreht werden können.

Gegen Mittag wird es ruhiger auf der Brücke. Die Hitze wirkt lähmend. Der Magen knurrt. Und Ploi brutzelt gebratenen Reis wie am Fließband. Ihre Garküche liegt in einer Seitengasse vor der Brücke. Lächelnd fragt sie: »Gehen Sie nachher auch rüber? Sie werden staunen. Die leben dort noch so wie wir vor 20 Jahren.« »Die« sind die Burmesen. Und sie ist sicher noch keine 20. Sie trägt Jeans, hauteng, ein nabelfreies Top und kurze Haare. Sie fühlt sich dem langnasigen, weißhäutigen Farang näher als den Nachbarn aus Myanmar. Denn Thailand hat's geschafft. Thailand ist ein Schwellenland geworden. Ausdruck dessen ist die Mittelschicht, die es in Entwicklungsländern nicht gibt. Sie verbindet Arm und Reich. Sie schafft neue Dimensionen. Die Leute kommen raus aus ihren Dörfern, entdecken ihr eigenes Land, und die Jungen zeigen, animiert von Fernsehserien und Videoclips, Gefühl und Körper. Händchen haltend mit dem Freund auf offener Straße zu flanieren, erregt kein Aufsehen mehr. Vor 20 Jahren war das noch anders. Da gab es keine Händchen haltende Pärchen auf den Straßen und selbst in Bangkok trugen die Frauen keine kurzen Haare. Sie hatten ihre Haare lang und offen oder zum Pferdeschwanz gebunden. Ploi kennt diese Mode hauptsächlich aus Tachilek, wo die ihrer Meinung nach rückständigen Burmesinnen noch so herumlaufen. Sicher auch ein Grund, warum sich die junge Thai überlegen fühlt. Denn sie ist so wie im Fernsehen. Und die auf der anderen Seite sind wie in Omas Erzählungen. Süße Rache? Für historische Narben?

Wenn die Thais in ihrer Geschichte einen Feind hatten, dann waren es die Burmesen. Sie haben einst geraubt und geplündert, die alte Königsstadt Ayutthaya zerstört, das ehrwürdige Siam, das Land der Freien, der nie Besetzten, gedemütigt. Heute sind die Burmesen die Bittsteller. Und natürlich gilt in Tachilek der Baht als gängige, stabile Währung. Sie wird mit Kusshand genommen. Während mit Kyat nur die Ärmsten bezahlen.

Nachmittags, wenn die Brücke im diesigen Licht vor sich hinbrütet, gehen vornehmlich junge Thais auf einen Snack nach drüben, stellen ihre Armani-Brillen, Ralph-Lauren-Polos und Calvin-Klein-Jeans zur Schau und machen sich lustig über Wickelröcke, wie sie noch ihre Eltern getragen haben. Sie wundern sich über die farbenfrohe traditionelle Kleidung der Burmesen. Und auch über Tanaka, die kühlende Sonnenschutzcreme aus Naturholz und -duftstoffen, die mit den Fingern ins Gesicht geschmiert wird und wie eine Kriegsbemalung aussieht. So etwas hatten sie früher auch. Heute wird Jil Sander aufgetragen.

Die burmesische Militärregierung aus der fernen Hauptstadt Yangon scheint die Abläufe zu kennen. Deshalb hat sie aus Tachilek eine Art Musterdorf gemacht. Immerhin kommen täglich bis zu hundert westliche Ausländer und Thais ins Land der Junta. Nah beieinander liegen Kirche und Moschee, buddhistischer und chinesischer Tempel, Letzterer sogar mit integrierter Schule. Und auf einer Anhöhe protzt, überallhin strahlend, eine Replik der weltbekannten goldenen Swedagon-Pagode, allerdings in zweieinhalbfacher Verkleinerung. Tachilek wirkt wie eine Demonstration von Religionsfreiheit. Mit der Meinungsfreiheit ist es dagegen nicht so weit her. Friedensnobelpreisträgerin Aung San Suu Kyi steht in Yangon immer noch unter Hausarrest. Und der Lehrer von Tachilek mag weder fotografiert noch mit Namen genannt werden. Obgleich er sich nur verhalten äußert: »Wir sind arm, aber zufrieden.«

Mit E-Mail, Elektroherd und Sieben-Meilen-Stiefeln ist Thailand den Burmesen enteilt. Die Brücke am Mae Sai ist nur 300 Meter lang, inklusive 40 Schritt Niemandsland, und keine zwölf Meter breit. Eine schlichte Betonkonstruktion mit einem halbrunden Bogen über der Mitte: »Union of Myanmar« steht darauf. Ein Bogen, der zwei Welten trennt. Dort burmesische Arbeiter, Tageslohn fünf Euro, die Werkzeuge sind ein Eimerchen und eine Kelle, hier die jungen Thai-Besucher, für die eine Tachilek-Visite ein günstiger Zeitvertreib ist, ein kleiner Triumph vielleicht und in jedem Fall ein Riesenspaß.

Nur wenn auf der Brücke geschossen wird, hat der Spaß für die einen und die Arbeit für die anderen ein Ende. Dann wird die Brücke geschlossen. Das letzte Mal war's 2008: nichts Dramatisches. Die Grenze war nur für einen Tag zu. »Früher«, sagt der Thai-Grenzbeamte Sawatcham, »war sie öfter zu als offen.« Über das Warum schweigen sich alle aus: die Thais und die Burmesen. Dann kann es nur um Geld gehen. Um viel Geld. Um Opium. Immer noch und schon wieder.

Der Name Goldenes Dreieck, wo Thailand, Myanmar und Laos aneinandergrenzen, rührt vom Drogenhandel her. Früher wurde das Rauschgift in Gold bezahlt. Eine Einheit wog 15,2 Gramm, das Gewicht der heutigen Baht-Münze. Der Lehrer aus Tachilek sagt: »Das Goldene Dreieck ist ein Geflecht aus drei Ländern und drei Komponenten. Mit Opium wird Geld erwirtschaftet, schmutziges Geld. Es fließt ins Casino, wird dort gewaschen und kommt als sauberes Geld wieder heraus.« Er erschrickt. Sein Blick verrät: Das hätte er dem Fremden niemals sagen dürfen, denn Myanmar steckt tief drin im internationalen Rauschgiftgeschäft.

Die Geldwaschmaschine steht wie ein Symbol auf burmesischem Boden direkt am Goldenen Dreieck, wo die drei Länder vom Mekong getrennt werden. Thailändische Investoren haben sie erbaut und zweideutig »Paradise« getauft. Ein Hotel-Casino, das kaum ein Tourist aufsucht, das ohne Passformalitäten aus Thailand und Laos besucht werden kann und nur einem einzigen Zweck dient, dem der Geldwäsche. Das geschieht nachts, wenn die Dunkelheit alle Konturen verwischt, Gesichter nicht erkennbar sind und die Brücke am Mae Sai Ruhe hat. Bis zum nächsten Morgen. Bis sich der Nebel aufklart. Bis Urai auf seinen Opfergang geht. Bis der Copy Shop aufmacht. Bis halb Tachilek über die Brücke geht. Bis wieder ein ganz normaler Tag an der Brücke beginnt.

1 Sowohl im Freien als auch im 2 Inneren werden im »Anantara Resort« feinste Speisen angeboten. 3 Ein Blick auf die drei Länder Thailand, Myanmar und Laos ist aus allen Zimmern möglich. 4 Holzschnitzereien in Chiang Saen am nördlichsten Zipfel Thailands.

Zeit für das Goldene Dreieck

Anreise/Lage

Ausgangspunkt für das Goldene Dreieck ist Chiang Rai, eine schmucklose Provinzstadt, die auch angeflogen werden kann. Am Aussichtspunkt bei Chiang Saen, dem nördlichsten Punkt Thailands, lassen sich Touristen gern fotografieren. Er liegt rund 1000 Kilometer von Bangkok entfernt. Busse benötigen bis zu 15 Stunden. Für Ziele in der Umgebung benutzt man am besten die zahlreichen Songthaews, Sammeltaxen.

Sehenswürdigkeiten

Der Zusammenfluss von Mekong und Mae Sai markiert das Aufeinandertreffen der Staatsgrenzen von Thailand, Myanmar und Laos. Man kann Bootsfahrten buchen und – je nach Schiffsführer – im kleinen Grenzverkehr ohne Passstempel ein bisschen fremde Luft schnuppern. Das geht auch in Mae Sai am Brückenübergang nach Myanmar. Die Flusslandschaft selbst ist schön, aber nicht spektakulär. Sehenswert ist der Hügel des Wat Phra That Chom Kitti bei Chiang Saen, der einen schiefen Chedi aufzuweisen hat. Und wer noch kein Elefanten-Trekking gemacht hat: Diese Ecke Thailands ist ein sehr guter Platz, es nachzuholen.

Übernachten

Four Seasons Tented Camp*****, 18 Post Office Road, Chiang Sean, Tel. 0 53-91 02 00, Fax 0 53-65 21 89, www.fourseasons.com. Klimatisiertes Luxuscamp mit Pool, bei dem man wirklich nicht von einem Zeltlager sprechen kann. Stattdessen gibt es Holzböden, handgefertigte Möbel und Kingsize-Betten. Man ist wohlbehütet untergebracht und spürt doch einen Hauch von Safari- und Abenteuercampstimmung.

Anantara Resort & Spa*****, 229 Moo 1, Chiang Saen, Tel. 0 53-78 40 84, Fax 0 53-78 40 90, www.anantara.com, E-Mail: goldentriangle@anantara.com. Jedes der Luxuszimmer hat Blick auf die drei Länder. Es gibt ein Hotel-Elefantencamp, Top-Spa, Pool.

Restaurants

River Hill, günstig, Sukhapibansai Road, Chiang Saen, Tel. 0 53-65 08 27. Gutes Lokal mit schönem Blick. Thai-Küche.

Golden Iyara, günstig, Ban Sop Ruak Road, Chiang Saen, Tel. 0 53-78 42 27. Empfehlenswerte Karte mit typischen nordthailändischen Gerichten.

Tipp

Das **Four Seasons Tented Camp** hat sich für seine Gäste einen echten Gag ausgedacht. Im hoteleigenen Elefantencamp kann man einen Elefantenführerschein machen und den Dickhäuter mit angelernten Befehlen eigenhändig lenken. Der Fahrlehrer, also der Mahut, ist natürlich ständig dabei ...

1

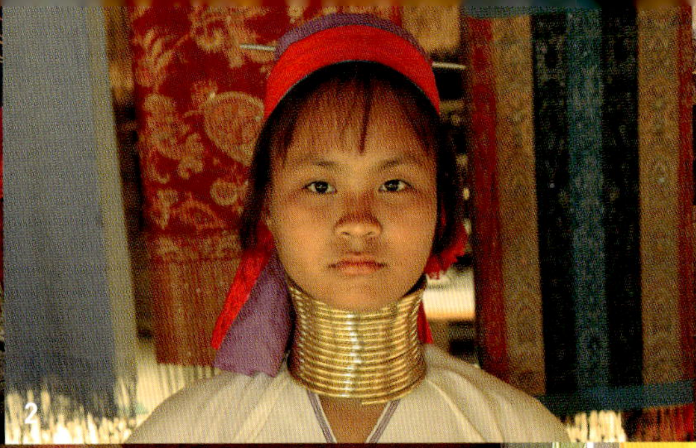
2

3

4

Mit und ohne Ring

Ethno-Dörfer – vom Opium zum Obst

Jährlich platzen mehr als 100 000 schaulustige Touristen, vom Budget-Traveller bis zum Rundreise-Pauschalurlauber, in den Alltag der Bergvölker. Dadurch verändern sich Traditionen und Kultur, im positiven und negativen Sinn.

Wer einmal zu Gast ist bei einem der Stämme im Norden, wird spüren, wie wichtig Drogen und Drogenhandel traditionell waren. Das aus Schlafmohn gewonnene Opium wurde an versteckten Stätten verarbeitet und zu Rauschgifthändlern geschmuggelt. Der Name »Goldenes Dreieck« geht auf diesen einst blühenden Handel zurück. Bhumipol Adulyadej ist es, der seit Jahren die Stämme besucht, Aufklärungsarbeit betreibt und zu einer sinnvolleren Nutzung des Bodens antreibt. Viele Stämme haben sich inzwischen fest angesiedelt, bauen Kaffee, Obst oder Gemüse an und verdienen auch am Besuch von Touristen. Dennoch liefern sich die Drogenkönige mit der thailändischen Armee bis heute erbitterte Gefechte um versteckte Mohnfelder, die von der Staatsarmee gefunden und dann abgebrannt werden sollen, von den Privatsöldnern der Drogenbosse oftmals aber verteidigt werden. Immerhin konnte der König durch seinen Einsatz die Produktion von Opium deutlich drosseln. Waren es früher jährlich etwa 250 Tonnen erzeugtes Opium, dürfte sich der Wert heute auf maximal ein Viertel davon reduziert haben.

Der Opiumhandel ist das eine Problem, die Touristenströme, die in den Menschenzoo Nordthailand pilgern das andere. Selbst in die abgelegensten Dörfer ist die moderne Zivilisation eingedrungen. Denn beinahe jeder Trekkingveranstalter brüstet sich damit, noch nie besuchte Dörfer anzupeilen. Die Entscheidung, ein Bergdorf zu besuchen, hängt von jedem Einzelnen ab. Äußerst wichtig sind in jedem Fall Sensibilität und Toleranz. Der durch Urlauber transportierte Einfluss ist gewaltig, weil durch jedes bezahlte Foto und durch jedes gekaufte Souvenir der Abstand zur Tradition größer wird.

Die sechs wichtigsten ethnischen Gruppen unterscheiden sich stark in Herkunft, Sprache und Kultur. Das Volk der Karen bildet mit 250 000 Menschen den größten Stamm. Die Karen leben hauptsächlich in der Umgebung von Mae Hongsong sowie entlang der Grenze zu Myanmar, zum Teil bis nach Kanchanaburi. Sie sind

1 Ringe an den Ohren, am Hals und an den Knien sind in Huay Pu Keng nicht ungewöhnlich. **2** In der Regel tragen die Karen-Frauen **3** und -Mädchen dagegen zahlreiche Ringe ausschließlich um den Hals. **4** Farbenfroh sind die Tücher und Decken, die in Wat Chong Klang gewebt werden.

1

2

bekannt für ihre Webkunst, leben in einer mutterrechtlich orientierten Gemeinschaft und sind streng auf ihre Sitten bedacht. Wer in einem Karen-Dorf übernachtet, tut dies auf der Veranda, getrennt nach Männlein und Weiblein.

Ein Ausflug ab Mae Hongson führt auch zu den Langhals-Frauen. Sie gehören zu dem kleinen Padaung-Stamm und sind bekannt dafür, ihre Hälse von jung an mittels Messingringen künstlich zu verlängern. Kein Wunder, dass das Longneck Village touristisch total vermarktet wird. Schon der Eintritt ins Dorf kostet Gebühr. Kleine Mädchen haben oft Mull unter dem letzten Ring, um den Schmerz besser zu ertragen. Das Leiden für die Schönheit ist mittlerweile ein Leiden für die Foto-Voyeure. Viele junge Frauen verweigern aber inzwischen die Ringtortur. Auch wer auf einen Besuch bei den Langhals-Frauen verzichtet, sollte Mae Hongson dennoch nicht auslassen. Die wunderschöne Berglandschaft lohnt die Anreise.

Zu den großen Gruppen der »Hilltribes«, wie die Bergvölker auf Englisch genannt werden, gehören auch die Hmong, die freien Menschen. 65 000 siedeln weit verstreut im Norden in ebenerdigen Häusern und nicht wie die anderen Völker in Pfahlbauten. Bei ihnen wird der westliche Besucher die geringsten Verständigungsschwierigkeiten haben. Die Hmong galten immer als Händler und versuchen stets, die Sprache ihrer Partner zu sprechen. Viele verstehen Thai und ein bisschen Englisch. Auch Zivilisationsgütern stehen die Hmong nicht abgeneigt gegenüber. Frauen nähen auf Maschinen, der Transport erfolgt in modernen japanischen Pick-ups, und die Satellitenschüsseln zeugen von großer Fernsehlust.

Alles so schön bunt hier, heißt es auch bei den Lisu. Ihre Kleidung zeichnet sich durch satte Vielfarbigkeit aus. Allerdings tragen viele ihre angestammte Tracht oft nur noch an Festtagen – wie im Westen auch. Jeans und T-Shirt sind nun mal günstiger als die mit viel Liebe zum Detail in meist einjähriger Handarbeit hergestellten Traditionsgewänder. Selbst thailändische Reiseleiter müssen dann fragen, ob sie es nun mit Akha oder Yao, mit Lahu oder eben Lisu zu tun haben. Letztere bevölkern weite Teile des Nordens und leben in strengem Patriarchat. Für niedrigere Arbeiten stellt man gerne Stammesangehörige der Karen oder Lahu ein. Der Reichtum kam und kommt teilweise immer noch – wie könnte es anders sein – vom Mohnanbau. Gäste sollten wissen: Die Lisu lassen sich nur ungern fotografieren, und Männer und Frauen schlafen getrennt.

Sicherlich den schönsten Kopfschmuck tragen die Frauen der Akha. Ihre Kapuzen sind mit Silber, Münzen, Federn und Affenhaar geschmückt. Am häufigsten sind die Akha in den Provinzen um Chiang Mai und Chiang Rai anzutreffen. Das Rauchen von Opiumpfeifen gehört bis heute zu den Vorlieben des Stammes. Dabei wollen sie nicht von Fremden beobachtet und schon gar nicht fotografiert werden.

Vornehmlich in der Umgebung von Chiang Rai leben die Yao, die wegen ihres Ursprungs noch heute die chinesische Schrift benutzen und oftmals in polygamen Verhältnissen leben. Auch die Lahu kamen aus China in thailändische Gefilde und siedelten sich ebenfalls hauptsächlich rund um Chiang Rai an.

1 Mullbinden erleichtern den Schmerz, den die Halsstreckung durch die vielen Ringe mit sich bringt. **2** Die buddhistische Tempelanlage Wat Chong Kham ist im birmanischen Stil erbaut. **3** In den Bergen von Pai kommen zum Wochenmarkt die Bergvölker in bunten Trachten.

Zeit für Ethno-Dörfer

Anreise/Lage

Die Dörfer der ethnischen Minderheiten in Nordthailand liegen verstreut zwischen Mae Hongson im äußersten Nordwesten und Mae Chan bei Chiang Rai. Gemeinden wie Akha, Hmong, Karen, Lahu, Lisu und Yao kann man besuchen. Wer zu den berühmten Langhalsfrauen möchte, muss nach Mae Hongson (200 km von Chiang Rai entfernt) fahren. Busse verkehren ab Chiang Rai, das per Flugzeug oder Bus vom 900 Kilometer entfernten Bangkok aus erreichbar ist.

Sehenswürdigkeiten

Die Dörfer der Bergvölker ziehen viele Reisende magisch an. Bunte Trachten, alte Traditionen und die fotogenen, mit Messingringen verzierten langen Hälse der Frauen vom Stamm der Padaung schüren die Erwartung von einer unverfälschten, authentischen Welt, die es lange nicht mehr gibt. Trekking und Elephant Trekking sind in dieser Gegend ein Muss: Wunderbar überwucherte Karstgebiete mit Steindomen, abenteuerliche Passstraßen und schmale Flüsse, die ihren Weg durch den Dschungel suchen.

Übernachten

Dusit Island Resort****, 1129 Kraisorasit Road, Chiang Rai, Tel. 0 53-60 79 99, Fax 0 53-71 58 01, www.dusit.com. Modernes Haus, direkt am Mae Kok und nahe zum Stadtzentrum. Tennisplätze, Sauna, Fitnesscenter, Pool.

Golden Pai & Suite Resort***, 285 Moo 1, Mae Hongson, Tel. 0 53-61 22 65, Fax 0 53-62 04 17, www.goldenpai.com, E-Mail: singha@goldenpai.com. Angenehme Anlage mit schönen Holzpavillons, hübschen Zimmern. Pool und Whirlpool. Eine Spezialität sind die Mud Treatments, Schlammbehandlungen für eine zartere Haut.

Restaurants

Cabbages & Condoms, mittlere Preisklasse, 62025 Thanalai Road, Chiang Rai, Tel. 0 53-71 91 67. Extensive Thai-Karte, vor allem der Catfish ist zu empfehlen, Live-Bands am Abend und Kondome für die Gäste, um auf die Aids-Problematik aufmerksam zu machen.

Khai Muk, günstig, Udomchaonithet Road, Mae Hongson, Tel. 0 53-61 20 92. Unscheinbares Lokal, das aber aufgrund seiner Karte den Besuch lohnt. Nordthailändische Küche.

Tipp

Das Mae Hongson Royal Folk Art Center bietet allen, die Interesse an der Kultur der Bergstämme haben, aber deren Einwohner nicht behelligen wollen, diesen Ausgleich an. Königin Sirikit steht für die sehenswerte Einrichtung Pate, in der auch diverse Techniken des Kunsthandwerks gezeigt werden; täglich, außer Sonntag, in der Khunlumpraphat Road von Mae Hongson geöffnet.

Der Osten

Die Palmen wiegen sich im Wind: Strand auf Ko Mak.

1

2

3

4

Klein-Thailand ganz groß

Von Bangkok nach Pattaya – am Golf entlang

Für viele Besucher gehört Thailands Ostküste nicht zu den Sahnestückchen im Urlaubsparadies. Doch Vorsicht: Ancient City hat nicht nur die Form des Landes, sondern zeigt auch alles Sehenswerte auf einen Blick.

Den ersten Schock, den der Ankömmling in Thailand überwinden muss, ist der Hitzeschock. Wie eine Wand baut sich die mit extrem hoher Feuchtigkeit fast schwer wirkende Luft auf, wenn der vom langen Flug müde Passagier in Bangkok das klimatisierte Flughafengebäude verlässt. Fast alle Thailand-Touristen landen in BKK, im neuen internationalen Airport Suvarnabhumi im Osten der Hauptstadt. Wenn man den modernen Bau verlässt, öffnen sich sofort die Poren, und Schwitzen wird tagelang zu einer normalen Begleiterscheinung. Erst nach etwa einer Woche hat sich der Körper darauf eingestellt. Schweißperlen, die zu Sturzbächen werden, kommen dann nur noch bei echter Anstrengung vor. Heiße Getränke, dünne Baumwollkleidung und mehrere Duschbäder pro Tag helfen am besten.

Die Fahrt mit dem Überlandbus führt am Flughafen vorbei entlang der Ostküste: über Samut Prakan, Chonburi, Bang Saen, Siracha nach Pattaya. Die letzten Häuser von Bangkok verschmelzen mit den ersten der neuen Provinz. Und statt Pin-up Girls hat der Fahrer Mönchsbilder rund um seine Konsole platziert. Kunstblumengirlanden schmiegen sich um Videogerät, Bildschirm und Rückspiegel. Für Thais ist das kein Kitsch. Vielmehr umgibt sich der Chauffeur mit Glück bringenden Symbolen, die – da sind sich alle einig – in diesem Job im so wuseligen Verkehr von Thailand überlebenswichtig sind.

In Bang Namphueng in der Provinz Samut Prakan lohnt ein erstes Aussteigen: der einzige wirklich noch authentische Floating Market lockt. Dort kauft die Oma tatsächlich noch vom Kanu ein, während daneben die Kinder im Wasser plantschen und die Männer sich den bloßen Oberkörper waschen. Der Hauptzugang der Häuser ist zum Fluss gerichtet. Während der Monsunzeit reicht das Wasser bis zu den Eingangsschwellen, manchmal kommt es sogar zu Überschwemmungen der Stelzenbauten.

Thailand liegt im Tropengürtel und hat daher nicht die uns vertrauten vier Jahreszeiten, sondern bedingt durch den Monsun nur drei:

1 Bangkok ist nicht weit: Graffitis in dem Ort Chonburi. **2** Wie ein holländisches Bier heißt das Boot im Fischerdorf Ang Sila. Das leichtere Thai-Bier heißt übrigens Singha. **3** Gut besucht ist das Kino in Chonburi. **4** Nach einem entspannten Tag am Strand von Bang Saen.

1 Für die Thais ist der Strand von Bang Saen ein beliebter Treffpunkt.
2 Küsschen für das Krokodil bei der Crocodile-Show im Sri Racha Zoo.
3 Bunte Kolibris am seidenen Faden in einem Andenkenladen.

Man unterscheidet zwischen der Trockenzeit, die zwischen März und Juni eine enorme Hitze über das Land bringt, der Regenzeit mit heftigen Monsunschauern, die von Juli bis Oktober dauert und eine extrem hohe Luftfeuchtigkeit mit sich bringt, und der kühlen Jahreszeit von November bis Februar, wobei von kühl im mitteleuropäischen Sinne nicht die Rede sein kann.
Die Provinz Samut Prakan bietet noch ein Highlight. Thailand auf einen Blick: Ancient City. Das riesige Freilichtmuseum hat die Form des Landes und zeigt in der Regel in maßstabsgetreuen Stein- und Holznachbildungen fast alles Sehenswerte – vom Königspalast in Bangkok über Behausungen der Bergvölker bis zu wichtigen Tempelanlagen, wie etwa aus Ayutthaya. Der Park ist weitläufig und meist wohltuend wenig besucht. Besucher, die nicht alles auf ihrer Thailand-Rundreise sehen können, oder Gäste, die lediglich einen Eindruck vermittelt bekommen wollen, sind in Ancient City bestens aufgehoben. Nur sechs Kilometer weiter ist zudem eine der größten Krokodilfarmen beheimatet. Etwa 30 000 Reptilien werden in der Nähe der Provinzhauptstadt Samut Prakan wegen ihres Leders gezüchtet. An einem Imbissstand darf Krokodilfleisch auch gekostet werden: Es schmeckt vorzüglich und ist im Geschmack mit Hühnchen vergleichbar. Auf den Kauf von Krokodilwaren sollte jedoch verzichtet werden. Die Einfuhr all dieser Produkte in die Staaten der Europäischen Union ist verboten.
Gemäß einer Untersuchung der deutsch-thailändischen Handelskammer unter 2000 deutschen Thailand-Touristen spielt erstaunlicherweise Shopping keine tragende Rolle. Die Freundlichkeit der Leute, das Essen, die kulturellen Sehenswürdigkeiten und die landschaftlichen Schönheiten erfreuen das Herz der Farangs am meisten. Die schlechte Müllentsorgung, die Luftverschmutzung und der immer dichter werdende Verkehr stießen den Urlaubern dagegen unangenehm auf. Nur 14 Prozent der Befragten hatten nicht vor, Thailand nochmals zu besuchen, 86 Prozent wollten wieder nach Thailand kommen, 34 Prozent sogar innerhalb des nächsten Jahres.
Der Grund für diese beeindruckende Zahl dürfte allerdings nicht im westlichen Teil der Ostküste zu finden sein. Sicherlich ist Wat Sam Yot auf einem Hügel oberhalb von Chonburi ein Hingucker: Der sitzende 34 Meter hohe Buddha zeigt den Moment der Erleuchtung. Bang Saen gilt als erster Badeort, von Bangkok aus gesehen, wird aber von Ausländern eher wegen des kuriosen Tempels Luk Sam Po besucht, wo in kleinen Schiffskabinen Mönche wohnen. Die Anlage wurde vom einzigen Überlebenden einer Schiffskatastrophe vor Bang Saen gestiftet. In Siracha kann man einen Ausflug auf die nette Halbinsel Loy machen. Aber das erste große Reiseziel liegt ein paar Kilometer weiter südlich: Pattaya, die kuriose Mischung aus Familienseebad und Wunderland für alleinreisende Männer, die sich für die Zeit der Ferien eine thailändische Geliebte aus den unzähligen Bars der Stadt nehmen.

1

2

Zeit für die Golfküste

Anreise/Lage

Die Ostküste ist ab Bangkok bequem mit dem Bus zu bereisen. Zu den einzelnen Sehenswürdigkeiten fährt man vom entsprechenden Busbahnhof mit dem Taxi weiter. Der authentische Floating Market Bang Namphueng in der Provinz Samut Prakan kann auch mit dem Expressboot ab Bangkok angefahren werden: zunächst bis zur Endstation und von dort per Charterboot.

Sehenswürdgkeiten

Ancient City ist der Besuchermagnet im westlichen Teil der Ostküste. Nirgendwo bekommt man ganz Thailand komprimierter und noch dazu in einer sehr angenehmen Parkatmosphäre präsentiert, zwar im Kleinformat, aber doch ohne den ganzen Rummel und Kitsch. Sehenswert vor allem auch der Floating Market Bang Namphueng, Wat Sam Yot und der 34 Meter hohe Buddha von Chonburi sowie der Schiffstempel Luk Sam Po.

Übernachten

Bangpra Resort****, 45 Moo 6, Bangpra, Tel. 0 38-34 11 49, Fax 0 38-34 11 51, www.bangpragolf.co.th.
Im Golf- und Country-Club-Stil gebautes Haus, direkt an Thailands zweitältestem Golfplatz, auf dem auch hochkarätige Turniere ausgetragen werden. Die Zimmer haben in der Ausstattung allerdings eher Drei-Sterne-Niveau. Pool im Garten.
The City Hotel****, 6126 Sukhumvit Road, Sriracha, Tel. 0 38-32 27 00 28, Fax 0 38-32 27 39 40, www.citysriracha.com, E-Mail: admin@citysriracha.com.
Zentral gelegen und geeignet für Leute, die ein paar Tage die westliche Ostküste zwischen Bangkok und Pattaya durchkämmen möchten. Modernes Haus mit schönen Zimmern, Spa, Pool.

Restaurants

Sriracha Seafood Restaurant, mittlere Preisklasse, 160 Sriracha Road, Sriracha, Tel. 0 38-77 08 18. Ob Fisch oder Krustentiere, die Auswahl ist groß, die Gerichte sind lecker und im Vergleich zu Pattaya sehr preiswert.
Shiki, mittlere Preisklasse, 6126 Sukhumvit Road, Sriracha, Tel. 0 38-32 27 00 28. Gute japanische Küche.

Tipp

Wasserbüffel haben in Thailand ihren Dienst getan. Die Feldarbeit wird mittlerweile von Maschinen übernommen. Deshalb gibt es das Thai Buffalo Conservation and Improving Centre in Ban Bung bei Chonburi, wo man sechs Prachtbüffel besuchen kann, die gehegt und gepflegt werden, um die Art zu erhalten. Der Samen von San, Parn, Thong, Daorung, Dao und Petch soll dafür sorgen, dass es auch weiterhin kräftige und große Büffel im thailändischen Königreich gibt ...

1

WORLD WIDE
A GO GO PATTAYA
2

3

Bangkok Hospital Pattaya
BANGKOK HOSPITAL PATTAYA ©1719
RED MEGATONE
4

Nur die 69 gibt es nicht

Von Pattaya nach Trat – Sex, Fisch und Rubine

Der Osten Thailands besteht nicht nur aus dem Sündenbabel der Welt. Pattaya ist trotz seiner touristischen Bedeutung letztlich nur ein Ort an der knapp 500 Kilometer langen Küste, an deren Ende Kambodscha beginnt.

Die Thailänder sind im Vergleich zu den Europäern in Auffassung, Mentalität und Charakter grundverschieden. Expats wissen ein Lied davon zu singen. Denn im inneren Zirkel werden unverwechselbare und unversehrt erhaltene Traditionen gepflegt. Ein Westler hat keine Chance, darin integriert zu werden. Er ist und bleibt ein Farang, ein langnasiger, weißer Ausländer – auch wenn er schon zehn Jahre oder länger im Königreich lebt. Er wird wohl nie einen Freund finden, mit dem er offen über persönliche Probleme reden kann – das tun selbst die Thais kaum. Und er wird kaum verstehen, dass die Thailänder vom Leben als Leiden sprechen, es aber in vollen Zügen genießen. Für den Farang ein klarer Widerspruch, für den Thailänder keiner – und wenn es doch einer sein sollte, dann kümmert ihn das einfach nicht. Der Weiße lernt zwar auch in seiner Kultur, dass man nicht mit Fingern auf Personen oder heilige Dinge zeigt. Aber schon mit einem belanglosen Heranwinken von jemandem fangen die Unterschiede an. Der Thai hält die Außenhand nach oben und winkt mit den Fingern nach unten, der Farang zeigt unschicklich die Innenhand und winkt mit den Fingern nach oben. Auch über die Stimmlage sollte man Bescheid wissen. Möglichst ruhig wird gesprochen und selbst in Situationen, die einen aufbrausen lassen, darf der Tonfall niemals lauter werden, denn das würde Gesichtsverlust bedeuten.
Wer in Pattaya aus dem Bus steigt, glaubt, dass die vorangegangenen Zeilen purer Schwachsinn sind. Pattaya ist schon auf den ersten Blick ein Konglomerat aus Sex und Unsittlichkeit, derbem Benehmen und lautem Getöse. Thailändische Verhaltensweisen anwenden? In Pattaya? Wofür und für wen? Jeder erntet schallendes Gelächter, der meint, auch in Pattaya gelten die üblichen thailändischen Verhaltensregeln.
Ein Sprichwort sagt: »Die Augen sind das Fenster des Herzens ...« In Pattaya sind diese Augen hauptsächlich dem im Fernsehen vorgespielten Schönheitsideal ähnlich. Ob bei Nachrichtensprecherinnen, bei Teilnehmerinnen an der Thai-Version von »Thailand

1 Die romantische Abendstimmung in Pattaya ist die eine Seite, **2** der weltweite Zugang ins Nachtleben die andere ... **3** Einkaufsstraße in Chantaburi. **4** Wer darf in der ersten Reihe liegen? Sonnenschirm an Sonnenschirm und Liege an Liege am Strand von Pattaya.

1

2

1 Eine der vielen auf Kühlschranktemperatur klimatisierten Shoppingmalls in Pattaya. **2** Gebaut wird eigentlich immer, mit und ohne Stil, wie hier in Trat. **3** Die Prostitution ist ein einträgliches Geschäft in Pattaya und zieht Mädchen vor allem aus dem armen Nordosten Thailands an. Sie werden dann sehr schnell zu »Hot Girls«.

sucht den Superstar« oder an den Bars in Pattaya. Selten sieht Mann Plattnasen, Mandelaugen oder glatte schwarze Haare. Eurasierinnen bestimmen das Schönheitsideal: mit Stupsnase, runden Augen, gewelltem Haar, häufig braun-rötlich gefärbt. Nur eine andere ungeschriebene Regel wird sogar in Pattaya peinlichst genau beachtet. Bordelle sind in ganz Thailand übliche Einrichtungen, die als Massagesalons meist Nummern statt Namen erhalten und daran auch erkennbar sind. Bis auf eine Nummer wird man in Pattaya alle Zahlenkombinationen von eins bis 99 finden. Nur die 69 nicht. Sie ist den Thais zu anzüglich, da sie die beidseitige orale Stellung symbolisiert.

Ansonsten ist das Sexgewerbe in der Sexhauptstadt der Nation ein trauriges Kapitel im »Land der Freien und des Lächelns«. Believe it or not ist in Pattaya nicht nur ein Kuriositätenkabinett, sondern es gilt auch für die Einwohnerzahl: 300 000 Menschen leben inzwischen in dem ehemaligen Fischernest. Viele der meist in der Horizontale arbeitenden Mädchen kommen aus dem armen Nordosten, dem Isan. Zum Teil werden sie bis heute von ihren Eltern für rund 2000 Euro verkauft, um die schlimmste Not der Familie zu lindern. Und teilweise haben sie sich selbstständig aufgemacht, um ihr Glück zu finden, oder um wenigstens etwas mehr Geld zu verdienen als auf dem Reisfeld. Die meisten landen dann aber doch in verruchten Bars und verlieren Gesicht und Ansehen. Aber auch für solche gesellschaftlich schier aussichtslosen Fälle gibt's in Thailand Mittel und Wege, um akzeptiert zu bleiben: Durch die monatlichen Schecks nach Hause ist eine Rückkehr ins heimatliche Dorf durchaus möglich. So ist der Pragmatismus der Menschen nun mal.

Dass die Prostitution und einhergehend damit die Ausbreitung von Aids auch mit Tourismuszahlen zu tun hat, bestreitet auf Thailands Regierungs- und Oppositionsbänken niemand. Obgleich man gerade in diesen Kreisen angesichts der Werbewirksamkeit der heimischen Go-go-Girls und Massagesalons im Ausland gerne Augen und Ohren verschließen möchte. Angeblich sollen 70 Prozent der ausländischen Männer in Thailand Kontakt zu Prostituier-

3

ten suchen. Die Reiseveranstalter bestreiten diese Zahl allerdings. Ein Blick in einen Billigflieger nach Bangkok erhärtet aber den Verdacht ...

Thailand gilt neben den Philippinen, Laos und Kambodscha in Asien als Mekka für Sextouristen. Bordelle gibt es aber nicht erst seit den US-amerikanischen GIs, die während des Krieges aus Vietnam zur Erholung nach Thailand geschickt wurden. Nicht nur in Bangkok oder Pattaya, in buchstäblich jedem noch so verschlafenen Kaff findet sich ein Freudenhaus, denn der Gang dorthin ist für thailändische Männer eine Selbstverständlichkeit. Sie leisten sich gerne Nebenfrauen, Mätressen oder Dirnen. Die früheren Könige hatten sogar bis zu 40 Frauen. Das wird gesellschaftlich toleriert, obgleich – unglaublich, aber wahr – Prostitution gesetzlich verboten ist. Das geschriebene Gesetz ist aber eben nur eine Frage der geschickten Interpretation und der richtigen Bestechungssumme. Service-Girls heißen die leichten Mädchen deshalb auch offiziell und unverfänglich. Service kann schließlich alles bedeuten.

Insgesamt gesehen ist die Stellung der Frau im thailändischen Alltag eine untergeordnete. Ein thailändischer Mann würde nicht unter einer Wäscheleine durchgehen, wenn an dieser Damenwäsche zum Trocknen hängt. Sein Kopf könnte von der frischen Wäsche befleckt werden. Genauen Beobachtern wird auffallen, dass deshalb Damenslips stets sehr niedrig aufgehängt werden. Und auch heute noch werden Frauen die »Hinterbeine des Elefanten« genannt. Das Bild symbolisiert die ökonomisch gleichrangige Bedeutung, aber auch den angestammten Platz hinter dem Mann. Der stolze Elefant der Thailänder – in Pattaya verkommt er zum schnöden Ausflugswesen, das nicht artgerecht direkt an der Landstraße gehalten wird, oder sogar zum Bettler, der als Jungtier in den Barstraßen sein Futter erbitten muss. Viele Dickhäuter sind als kräftige Holzarbeiter arbeitslos geworden, nachdem das Abholzen der Wälder deutlich eingeschränkt wurde.

Glücklicherweise besteht der Osten Thailands aber nicht nur aus dem Sündenbabel der Welt. Pattaya ist trotz seiner touristischen Bedeutung letztlich nur ein Ort an der knapp 500 Kilometer langen Küste, die bis an die Grenze zum östlichen Nachbarn Kambodscha reicht. Rayong zum Beispiel, ein Fischerdorf das sich längst zum Kleinstädtchen gemausert hat, besitzt für jeden Thailänder einen ganz wichtigen Stellenwert. Denn in Rayong wird Nam Pla hergestellt, das Maggi der thailändischen Küche, das auf keinem Tisch im Königreich fehlt, wenn es ans Essen geht.

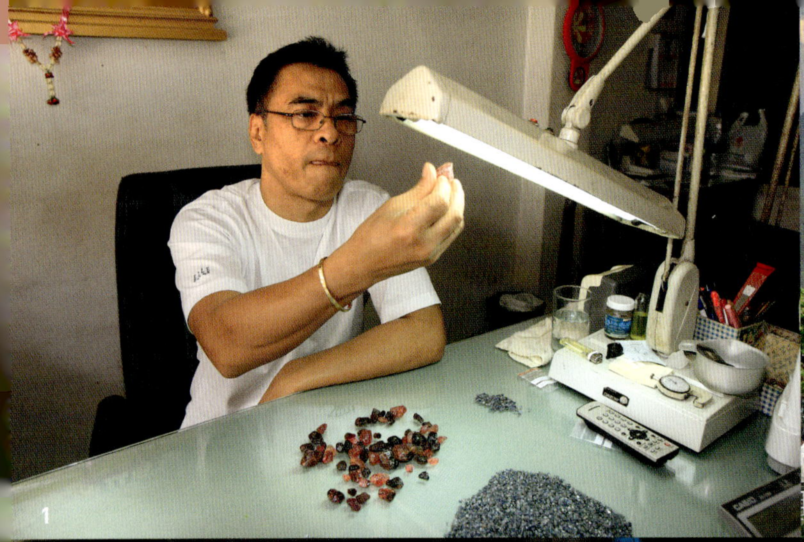

1 In Chantaburi prüft ein Edelsteinhändler die Ware. **2** Die Edelsteine werden genau sortiert und geschliffen. **3** Ein ruhiger Gegenpol zu Pattaya: das Fischerdörfchen Ban Phe. Der Fang der Einwohner wird wiederum in **4** den mit Leuchtreklame ausgestatteten Lokalen in Pattaya gekocht, gebraten, frittiert oder gegrillt und für gutes Geld verkauft.

Im Bus sind die Fenster geöffnet. Und schon kilometerweit vor dem Ort ist der Geruch von Rayong wahrnehmbar. Der Grund ist denkbar simpel. Die ganze Gegend lebt vom Fang winziger Fische, die zu der Fischsauce Nam Pla verarbeitet werden. Eine große Flotte bunt bemalter Schiffe, die jede Nacht ausläuft, zeigt die Bedeutung, der Fischgeruch am Hafen die Intensität von Nam Pla. Arbeiter verrühren in Betonmischern die in der Sonne grell silbrig glitzernden Fischwinzlinge mit grobem Salz. Nach ausreichendem Rotieren wird der Inhalt der Trommel in Zisternen gekippt, wo er ein paar Monate ziehen muss, was den strengen Geruch verursacht. Ist der Reifeprozess abgeschlossen, wird der Hahn aufgedreht, das goldbraune Nam Pla in Kanister abgefüllt und ins ganze Land verschickt. Auch wenn die Prozedur dem Großraum Rayong einen penetrant üblen Geruch beschert: Nam Pla verfeinert viele Gerichte. Die Thais lieben die Sauce und sind froh, dass es Rayong gibt. Besonders zu gebratenem Reis und Nudelgerichten schmeckt es vorzüglich. Das Fischwasser, so die wörtliche Übersetzung, wird in der Regel noch mit kleingeschnittenen Chilischoten angereichert und heißt dann Nam Pla Phrik. Aber man sollte vorsichtig mit dieser verfeinerten Art des thailändischen Maggi umgehen. Schon wenige Tropfen können das Essen höllisch scharf machen!

Auch Chanthaburi kennt jeder Thailänder. Die 50 000-Einwohner-Stadt ist das Edelsteinzentrum des Landes. Die Minen im nahen Bo Rai können besucht werden und in Chanthaburi selbst reiht sich ein Juwelierladen an den anderen. Schmuck mit Rubinen, Saphiren oder Zirkonen lassen – anders als in Pattaya – die Herzen der Damenwelt höher schlagen. 162 Kilometer weiter südöst-lich, an der kambodschanischen Grenzstadt Krong Kaoh Kong, weht schließlich zum letzten Mal die von Rama VI. kreierte rot-weiß-blau gestreifte thailändische Flagge. Bis zur Versailler Friedenskonferenz von 1919, die das Ende des Ersten Weltkriegs endgültig besiegelte, wehte übrigens eine rote Nationalflagge mit einem weißen Elefanten in der Mitte. Da der Albino-Dickhäuter aber nicht als Elefant erkannt wurde, entschied Rama VI., die Flagge zu ändern.

Zeit für Pattaya

Anreise/Lage

Auch der östliche Teil der Küste nach Pattaya lässt sich gut per Bus abfahren. Pattaya selbst hat einen Flughafen, der sehr gut mit anderen inländischen Airports verknüpft ist. Die Grenze Trat – Krong Kaoh Kong gilt als einer der wenigen empfehlenswerten Landübergänge nach Kambodscha, da man nicht windigen Agenturen, Schleppern und Fahrern ausgeliefert ist.

Sehenswürdigkeiten

Man kann es betrachten, wie man will: Ein Besuch in Pattaya ist schon einmal ein Erlebnis. Ansonsten glaubt man nie, was über die Sex- und Küstenstadt so geschrieben wird. Hamburgs Reeperbahn oder Frankfurts Bahnhofsviertel muten dagegen an wie ein katholisches Frauenseminar ...

Übernachten

Dusit Thani****, 2402 Beach Road, Pattaya, Tel. 0 38-425 61 17, Fax 0 38-42 82 39, www.dusit.com, E-Mail: pattaya@dusit.com.
Am angenehmsten an diesem Resort sind die beiden privaten Hotelstrände ohne Nepper, Schlepper, Bauernfänger, mit einem großen Pool direkt hinterm Meeressaum. Moderner Zweckbau, klasse Zimmer, Fitness plus ein weiterer Pool.

Al Medina Beach House****, Khung Viman Beach, Na Yai Am, Tel. 0 85-334 35 55, Fax 0 85-155 33 33, www.almedinabeach.com, E-Mail: info@almedinabeach.com.
In der Nähe von Chanthaburi gelegen, dürfte dieses nur neun Suiten umfassende und komplett im marokkanischen Stil eingerichtete Boutique-Hotel noch ein echter Geheimtipp direkt am Meer sein. Das größte Becken ist allerdings – abgesehen vom Meer – nur ein Jacuzzi.

Restaurants

Green Tree Restaurant, mittlere Preisklasse, Soi 1/North Pattaya Beach Road, Pattaya, Tel. 0 38-41 43 53. Gartenlokal mit thailändischer, europäischer und Seafood-Küche. Dazu gibt's jeden Abend Live-Musik. Wenn schon in Pattaya, dann auch mittenrein ...

Lobster Pot, gehobene Preisklasse, 228 Walking Road, Pattaya, Tel. 0 38-42 60 83. Direkt am Meer beim Old Fisherman's Wharf. Die ruhigere Pattaya-Alternative mit – wer hätte das bei dem Namen gedacht – Hummer in allen möglichen Varianten. Es gibt aber auch Thai-Food, Fisch und andere Meerestiere sowie saftige Steaks oder die beliebte Kombination Surf & Turf, Hummer und Steak.

Tipp

Am Dong Tarn Beach, sozusagen die südliche Verlängerung von Pattaya nach der Halbinsel, aber noch vor Jomtien, bietet im Amara Surfcenter Thailands Surflegende Amara Wichithong Surf-, Kite- und Segelunterricht an (www.windsurfing-thailand.com).

1

2

3

S.CHOKTOUR
4

Die östliche Inselwelt

Von Ko Sichan bis Ko Kut – von voll bis leer

Die Eilande im Osten sind die Spätzünder unter den touristisch erschlossenen Inseln Thailands. Mit Ausnahme von Ko Samet: Dort weilte schon im 19. Jahrhundert Sunthorn Phu, Siams bekanntester Dichter.

Sie steht da und lacht. Wie entschuldigend hält sie sich die Hand vor den Mund. Für Fremde wirkt das un- oder übermotiviert, aber – und das ist das Schöne – es steckt trotzdem an. Also lachen jetzt beide, sie – und er, der Tourist aus Deutschland. »Was ist das denn?«, hatte er nur gefragt und auf die Plastikpyramide neben dem offenen Restaurant gezeigt. »Hast du das gemacht?« Und als Antwort darauf kam ihr Lachen, herzlich und hell, schüchtern und offen. Allen Dingen und Fragen des Lebens humorvoll und unbefangen gegenüberzutreten, scheint das Geheimnis hinter dem Lachen zu sein. Und irgendwie wirkt diese Gelassenheit wie ein Spiel: Die ganze Welt ist Bühne. Wir alle treten auf. Wir alle treten ab.
Sanuanghits Bühne heißt Tantawan, ein schöner weißer Strand auf Ko Samet, mit einer netten Bungalowanlage dahinter. Dort verdient sie ihren Unterhalt. Glücklicherweise. Denn sie kommt ursprünglich aus einem Dorf bei Khon Kaen im Isan. Sie arbeitet nicht wie viele andere Mädchen aus ihrer Gegend in einem Massagesalon oder in einer Bar wenige Kilometer weiter westlich in Pattaya, sondern als Kellnerin auf Ko Samet, einer Urlauberinsel, die am Wochenende gerne die Hauptstädter aus Bangkok aufsuchen. Und: Sanuanghit ist Künstlerin. Sie würde das nie von sich behaupten. Der Tourist tut es! Und sie lacht wieder, leicht nach vorne gebeugt, mit der Hand vor dem Mund. Jetzt aus Verlegenheit – ganz sicher. Ihre Kunst besteht aus Plastikflaschen. Hunderte von Plastikflaschen, aus denen Tag für Tag der Durst von Menschen gelöscht wird. Landesweit sind diese Einwegflaschen ein riesiges, ein millionenfaches Problem. Mit der Theorie von Umweltschutz, Müll und Müllentsorgung oder gar Klima und Klimaerwärmung befasst sich Sanunaghit nicht. Sie weiß nicht so richtig, was damit gemeint sein könnte. Aber sie sieht, was los ist: den täglich anwachsenden Haufen von leeren Plastikflaschen. Also fing sie an und baute eine Pyramide daraus, die im Sonnenlicht glitzert, die in Europa, wenn sie ein Künstler mit einem bedeutsamen Namen gemacht hätte, in den Feuilletons besprochen worden wäre, weil ja ein Aktionskünst-

1 Der White Sand Beach von Ko Chang liegt in einer weiten Bucht, von der man **2** die kleinen Inselchen im Meer vor sich liegen hat. **3** Das Unterkunftsniveau an der Ostküste hat durchaus Charme. **4** Am Pier Ban Na Dan von Ko Samet legen die Fähren an.

1

2

3

ler oder ein Publicity-süchtiger Aufmerksamkeit geschaffen, die Welt wachgerüttelt, den Umweltpolitikern den Weg gezeigt hätte. Sanuanghit hat dagegen nur ein paar Flaschen aufeinandergestapelt, und es gibt niemanden, der ihr sagt, sie habe mit ihrer Pyramide Kunst und Umweltpolitik zugleich gemacht. Die meisten schauen nur, nicken beiläufig oder meinen kurz und knapp: gute Idee. Was vielleicht auch gut so ist. Sanuanghit müsste sonst ja ständig lachen, sich krümmen bis der Bauch weh tut. Denn Komplimente verursachen immer ein Lachen – aus Verlegenheit.

Natürlich ist die Idee nicht neu. In Kalifornien hat schon in den 1920er Jahren ein Trunkenbold sein Haus aus Bierflaschen gebaut. Auf den Grenadinen hat ein Umweltbeauftragter auf einer Sandbank aus zu entsorgenden Conch-Muscheln das Fundament für Happy Island gelegt. Sanuanghit weiß nichts davon. Und sie weiß auch nicht, was es bedeutet, wenn die Urlauber von ihrer Wasserflaschen-Pyramide als dem »Gizeh von Samet« sprechen. Sie erfindet für sich einfach nur das Rad neu. Das ist alles.

Fremdes fühlt sich fern an – und Vertrautes nah. Alle Welt spricht heutzutage vom Global Village. Jeder kennt jeden über sechs Ecken. Mannis Pils-Eck in Pattaya heißt jetzt M-Lounge. Die Gesellschaft fordert: Sei mobil, flexibel und eigenverantwortlich. Das Paradoxe daran: Die Intellektuellen setzen sich damit auseinander, die Politiker schwafeln darüber, die Künstler sinnieren – und Sanuanghit, das Mädchen vom Land, handelt einfach. Sie lebt nicht im Global Village, sie lebt auf Ko Samet. Einmal im Monat schickt sie Geld nach Hause für die Familie. Das ist keine Bühne, sondern ihr Leben – ohne doppelten Boden oder Spielebenen. Das ist ihre Welt, ihre Mentalität, mit der sie mit viel Humor, positiver Einstellung und mutig das Leben und ihre Probleme angeht.

Der touristische Aufschwung bringt natürlich seine Schattenseiten, nicht nur auf Ko Samet. Aber die grüne Bewegung hat auch Thailand erreicht – zumindest gestreift. »Mit der Modernisierung verlieren wir unsere Wurzeln«, sagt eine Professorin der Universität von Chiang Mai. »Wir müssen an unsere Umwelt denken!« Und in manchen Gebieten Thailands tut man auch mehr als nur darauf zu verzichten, die Cola ins Plastikbeutelchen abgefüllt zu bekommen, um sie bequem mitnehmen zu können. Noch vor wenigen Jahren war es üblich, dass man sein Getränk so fachmännisch verknotet bekam, dazu reichlich Eiswürfel und einen Strohhalm. Es waren hauptsächlich westliche Touristen, die auf den unnötigen Plastikverbrauch hinwiesen und die Plastiksäckchen verweigerten. Sie sahen mit die schönsten Strände Südostasiens, aber auch, wie

1 Das Fährboot bringt Touristen und Einheimische nach Ko Chang zum **2** White Sand Beach. **3** Diese Bucht mit seinem weißen Sandstrand scheint bis zum Horizont zu reichen. **4** Individuell wohnen kann man am »Independent Bo-Resort«, das ebenfalls am White Sand Beach liegt.

diese an manchen Stellen unter den Massen von Plastikflaschen fast untergingen. Manche tranken die Cola an Ort und Stelle, andere hinterlegten ein Pfand. Mittlerweile sieht man nur noch selten, dass Softdrinks in Plastiktütchen umgefüllt werden.

In der Tourismusbranche sind In- und Out-Listen schnell erstellt. Zwar lernte man aus den katastrophalen Fehlern in anderen Feriengebieten und erließ eine Verordnung, dass Neubauten an den Stränden Thailands, die ein Teil des Kapitals des Landes sind, nur noch maximal so hoch wie eine Kokospalme gebaut werden dürfen. Aber um die Müllentsorgung, die Trinkwasserversorgung oder das Plastikflaschenproblem auf den Inseln kümmert man sich bis auf wenige Ausnahmen viel zu wenig. Wobei in zahlreichen Fällen korrupte Beamte bestehende Verordnungen einfach nicht überprüfen oder bei Verstößen nicht dagegen einschreiten.

Zu einer bemerkenswerten Ausnahme kam es 1992 auf Ko Samet. Elf Jahre zuvor wurde es in den Nationalpark Khao Laem Ya integriert. Besonders in dieser Zeit wurde eine Bungalowanlage nach der anderen auf der Insel gebaut, ohne Genehmigung, versteht sich. Die kleine Trauminsel mit ihrer Felsküste und den herrlich weißen Sandbuchten dazwischen schien schon zu bersten, ehe 1992 ein drei Monate dauerndes Großreinemachen von den Behörden organisiert wurde und die Insel für Besucher gesperrt war. Auch rund 50 Bungalowanlagen mussten schließen, weil sie ohne Erlaubnis gebaut wurden und sich die Besitzer nicht um die Müllentsorgung und Trinkwasserversorgung kümmerten. Heute wird das Trinkwasser per Boot herangeschafft, da das Inselgrundwasser nur noch in großen Tiefen zur Verfügung steht. Ebenfalls auf dem Seeweg wird der größte Teil des anfallenden Mülls abtransportiert und schließlich auf dem Festland entsorgt.

Nur vier Stunden sind's von Bangkok nach Ko Samet. Und nach Ko Si Chang vor Siracha sowie nach Ko Phai, Ko Lan und vielen anderen Inseln vor Pattaya ist Ko Samet die erste Paradiesinsel der Ostküste – trotz der Wasserflaschenproblematik. Am Wochenende sind Ko Samet, die Resorts, Restaurants und Wassersportcenter voll mit Studenten aus Bangkok. Aber unter der Woche ist es häufig leer an den weißen Sandstränden Phai, Phrao oder eben Tantawan. So ähnlich – und wahrscheinlich noch schöner – muss es

1

2

wohl im 19. Jahrhundert Sunthorn Phu ergangen sein, Siams bekanntestem Dichter, gelegentlich auch der Shakespeare Thailands genannt, der auf der Insel einige seiner Werke schrieb, die bis heute als Klassiker angesehen werden.

Von Bangkok und Pattaya kommend ist Ban Phe, ein kleines Fischerdorf, der Ausgangspunkt für einen Inseltrip nach Ko Samet. Das Meer in Ban Phe ist lehmig-braun, am Pier stinkt es nach Fisch, und normalerweise würde sich in dieses Nest kein Tourist verlaufen, wenn da nicht Ko Samet wäre, die fünf Quadratkilometer große Insel, deren Silhouette schon vom Festland aus zu erspähen ist. Auf Ko Samet ist von der braunen Dreckbrühe aus Ban Phe nichts mehr zu sehen – und zu riechen. Das Wasser vor Ko Samet ist dunkelblau und geht an den Stränden je nach Untergrund in Türkis oder Smaragdgrün über. Schneeweiße Strände mit Palmensaum locken, wobei sich die meisten Touristen auf zehn Buchten verteilen. An erster Stelle liegt Ao Phai. Ein Strand, der kaum einen Wunsch offen lässt: ob nach Büchern oder Surfbrettern, einer großen Auswahl an Restaurants und Unterkünften oder ob nach Liegestühlen, Hängematten und Sonnenschirmen. Am Strand kommen fliegende Händler vorbei und bieten von tragbaren Grillstationen marinierte Hühnchenschenkel oder den teuflisch scharfen Papaya-Salat aus grünen, unreifen Papayas an. Ko Samet ist sicher der beste Ort, um in der Nähe von Bangkok zu faulenzen, gut zu essen oder zu schnorcheln. Das gilt auch für die anderen Strände neben Ao Phai – besonders Ao Tantawan, auch Ao Choh genannt, und Ao Thian im Osten sowie Ao Phrao, der Paradiesstrand im Westen.

Wer noch weiter gen Osten vorstoßen will, findet weitere Inseln; seit Beginn des neuen Jahrtausends sogar mit ansehnlicher touristischer Infrastruktur, etwa auf Ko Chang, oder mit zumindest einem ausreichenden Angebot für Individualisten auf Mini-Eilanden wie Mak, Kham oder Lao Ya. Die Privatinsel Kadaat, fast vollständig mit Kokospalmen bewachsen, sowie Ko Kut mit dem neuen »Soneva«-Luxusresort sind eher die Ausnahmen im östlichen Golf.

Die drittgrößte Insel im Königreich nach Phuket und Samui heißt Ko Chang. Nur einen Steinwurf von Trat entfernt, ist das Dörfchen Laem Ngop der Ausgangspunkt zu der noch nicht »phuketisierten« oder »samuisierten« Insel. Aber man muss kein Abenteurer sein, um auf Ko Chang Urlaub zu machen. Wenn die Komfortansprüche nicht auf Luxusniveau liegen, dann erwartet den Gast eine ruhige Insel, häufig mit aus Naturmaterialien erstellten Unterkünften und urigen Restaurants. Die Strände an der dem offenen Meer zugewandten Westküste strahlen in zartem Goldgelb. White Sand Beach und Klong Plao Beach sind am schönsten. Im Inneren wartet die 30 Kilometer lange und acht Kilometer breite Insel mit üppiger Vegetation und einigen hübschen Wasserfällen auf.

Der Monsunregen fällt in dieser Region sehr heftig, sodass ein Besuch in der trockenen Zeit zwischen November und April anzuraten ist. Für ängstliche und vorsichtige Zeitgenossen eine wichtige Anmerkung: Ab Ko Samet gelten in östlicher Richtung weite Teile der Küste als Malariagebiet. Die weibliche Anophelesmücke – und nur diese – überträgt beim Stich verschiedene Formen der Tropenkrankheit, allerdings nur nachts, wenn sie auf Beutezug ist. Langärmelige Hemden, lange Hosen, Strümpfe und Insekten-Repellents sowie das Schlafen in klimatisierten Zimmern oder unter einem Moskitonetz sind wirksame Schutzmaßnahmen. Die Tropeninstitute in Deutschland nennen auf Anfrage aber auch die wirksamsten Mittel, gegen die noch keine Resistenzen bekannt sind. Sicher ist: Vorbeugung tut not zwischen Sanuanghits kleinem Ko Samet, dem großen Ko Chang und der Insel Kut.

1 Abends ist Party-Time am White Sand Beach von Ko Chang.
2 Man braucht »no news, no shoes«, wenn man im »Soneva Kiri & Six Senses Spa« auf Ko Kut seinen Urlaub gebucht hat und 3 in einer der Traumvillen nächtigt.

Zeit für die östliche Inselwelt

Anreise/Lage

Jede der Inseln an der Ostküste ist ab Bangkok in der Kombination Bus und Boot erreichbar. Je nach Größe und Bekanntheit der Insel gibt es einen festen Fährplan, oder die Schiffe fahren dann ab, wenn nach Auffassung des Bootsführers genügend Passagiere an Bord sind. Bis Pattaya kann man auch fliegen und dann auf dem Land- und Seeweg weiterkommen.

Sehenswürdigkeiten

Viele Inseln im Osten sind noch nicht so bekannt und dementsprechend weniger frequentiert. Ein entsprechend ruhiges Beachlife ist somit garantiert. Trotzdem muss man sich nicht in Verzicht üben, etwa bei der Resort- und Restaurantauswahl. So wurde auf dem mit 36 Quadratkilometern Größe und damit vergleichsweise kleinen Ko Mak in den letzten Jahren die Resortanzahl verfünffacht. Trotzdem sind es insgesamt erst überschaubare 30 Anlagen. Ausnahmen bilden allerdings Ko Samet und Ko Chang, die bereits Einzug in die Katalogwelt der Reiseveranstalter gefunden haben.

Übernachten

Soneva Kiri & Six Senses Spa***, Ko Kut,
Tel. 0 66-26 31 97 77, Fax 0 66-26 31 97 99, www.sixsenses.com,
E-Mail: reservations-kiri@sixsenses.com.
Luxusanlage mit Ökokonzept und dem Motto »No news, no shoes«. Es besteht die Möglichkeit, von Bangkok auf den »Soneva Kiri«-eigenen Flugplatz auf einer Nachbarinsel von Ko Kut zu fliegen. Luxus-Spa, Pool.

Kacha Resort & Spa**, Sai Khao Beach, Ko Chang,
Tel. 0 39-55 12 23, Fax 0 39-55 12 24, www.kohchangkacha.com,
E-Mail: reservations@kohchangkacha.com.
Sehr schöne Anlage direkt am schönsten Strand der Insel. Zum Teil doppelstöckige Bungalows mit elegant-rustikaler Einrichtung. Spa, großer Pool.

Restaurants

Nimmanoradee, gehobene Preisklasse, Pakarang Beach, Ko Samet, Tel. 0 38-64 42 73. Lokal direkt am Golf mit thailändischer, internationaler und Seafood-Küche. Man sitzt sehr romantisch, nur im Kerzenschein, und das Meer plätschert dazu ...

Buddha View, gehobene Preisklasse, Bang Bao Beach, Ko Chang, Tel. 0 39-55 81 57. Die Beine baumeln überm Meer, coole Loungemusik schafft Atmosphäre – und fangfrische Meerestiere schmeicheln dem Gaumen.

Tipp

Ko Kham, Ko Wai, Ko Mak, Ko Rayang und Ko Kut stehen auf dem Anlegeplan des »Island Hopper«, einem Boot, das täglich ab Ko Chang verkehrt und eingefleischten Inselsammlern – aber nicht nur denen – sehr viel Freude bereitet (Tel. 0 39-865 06 10).

1

2

3

4

Das andere Thailand

Isan – wo Khmer-Kultur der Alltag ist

Ban Chiang gilt als Wiege der Menschheit, Khao Phra Viharn als Symbol für den Isan. Nirgends liegt Thailand so nah am Nachbarn Kambodscha und an der Khmer-Kultur– und nirgends ist Thailand ärmer.

Die Geschichte Thailands – manche sagen sogar die der Welt – beginnt im 5. Jahrhundert v. Chr. Archäologische Funde in den 1970er Jahren belegen, dass in Ban Chiang in Nordostthailand aufgrund der ausgegrabenen landwirtschaftlichen Gerätschaften aus Stein zu dieser Zeit vermutlich Reis angebaut wurde – noch weit bevor dies die Chinesen wohl taten. Vor den Mesopotamiern schmiedete man in dieser Gegend auch bereits Waffen. Die Menschen hielten sich Haustiere und schufen reich verzierte Keramikgefäße.

Die Funde von Ban Chiang waren so bahnbrechend, dass sich die Wissenschaft bis heute nicht hundertprozentig darüber im Klaren ist, ob die ältesten Kulturen Asiens tatsächlich im heutigen China beheimatet waren. Das wiederum hieße: Die Wiege der Menschheit liegt in Ban Chiang. Wer sich näher für diese vorchristlichen Ursprünge interessiert, sollte es nicht versäumen, Ban Chiang aufzusuchen, doch – um einer Enttäuschung vorzubeugen – das Museum erlaubt nur einige wenige Einblicke. Die Informationstafeln sind zwar auch in Englisch beschriftet, doch die Präsentation der wenigen übrig gebliebenen Original-Fundstücke kommt im Stil einer Oberstufenausstellung daher. Die wichtigsten Funde wurden zudem längst in die USA und zum Teil nach Bangkok ins Nationalmuseum gebracht.

Rund 600 Kilometer weiter südlich müssen ein Grenzübergang, 2000 Meter Fußweg, 341 Stufen und vier Etagen bewältigt werden, um einen puristisch hinduistischen Tempel zu besuchen, der 1962 zum Zankapfel vor dem internationalen Gerichtshof in Den Haag wurde. Khao Phra Viharn ist zwar dem Urteil nach kein Thai-Besitz mehr, sondern kambodschanisch, aber für die Thai ist er immer noch Heimat. Vom 17. Jahrhundert an bis zum Indochinakrieg hatte Thailand das ganze Gebiet großräumig besetzt. »Außerdem fußt der Berg auf thailändischem Gebiet. Nur der Überhang, auf dem der Tempel steht, ragt in den kambodschanischen Luftraum hinein«, sagt der Thai-Führer direkt an der Grenze im selbst-

1 Die Elefanten-Paraden von Surin sind landesweit bekannt. **2** Der Buddha im Wat Tham Khuha Sawan und seine Handgabe. **3** Hoch hinauf geht es ins Wat Phu Tok. **4** Weithin sichtbar über den breiten Mekong-Fluss grüßen die beiden Drachen auf der Flusspromenade von Nakhon Phanom.

1 Ganz nah am Mekong-Fluss liegt das »Tohsang Khongjiam Resort« mit seinen lauschigen Plätzchen, den **2** geräumigen Villen und dem **3** Pool, der im Isan zu den besten Schwimmbecken zählt.

bewussten Ton eines Thailänders, der milde, aber erhaben über seinen armen Kollegen aus Kambodscha lächelt. »20, ach was, 30 Jahre seid ihr hinter uns zurück«, fügt der Thai hinzu. Der kambodschanische Kollege antwortet trotzig, das stimme zwar, »aber Khao Phra Viharn gehört uns!« Der Tempel kommt einer idealtypischen Khmer-Anlage gleich. Er kann aufgrund der Lage auf einem Felsplateau nur von Kambodscha aus besucht werden. Es gibt zwar keinerlei Grenzformalitäten, aber die Schilder beidseitig des zwei Kilometer langen Zugangsweges lassen Erinnerungen aufkommen, dass beide Staaten auch in der jüngsten Geschichte Kriege gegeneinander führten: Die Flächen rechts und links des Weges sind immer noch vermint.

Dazwischen, also zwischen Ban Chiang und Khao Phra Viharn, liegt der größte Teil des Isan, das Armenhaus des Landes, obgleich dort nur 20 Prozent der Gesamtbevölkerung Thailands fast 50 Prozent der Reisernte erwirtschaften. Dort verdienen die Menschen am wenigsten im ganzen Land. Immer noch werden Kinder –vornehmlich Mädchen – und auch Stimmen bei Wahlen verkauft, um die schlimmste Not zu lindern. Kinderarbeit gehört zum Tagesgeschehen. Nicht nur viele der leichten Mädchen in Bangkok und Pattaya und fast alle fliegenden Händlerinnen an den Stränden auf den Trauminseln kommen aus dem Nordosten, sondern häufig auch die Arbeiter auf den Kautschukplantagen des ganzen Landes. Die schlechten Lebensbedingungen treiben die Menschen von zu Hause fort. In Bangkok wurde das Problem erkannt: Hunderte von Millionen Baht steckte die Regierung in zahlreiche Entwicklungsprogramme, die von der Gründung von Kooperativen bis hin zu Landzuweisungen reichten. Aber trotzdem gilt der Lebensstandard im geplagten Nordosten noch immer als der niedrigste im Königreich. Die Landflucht konnte nicht einmal durch die wertvolle Mutmee-Seide entscheidend gestoppt werden, die traditionell im Isan beheimatet ist. Dabei werden einzelne Fäden gespannt, verknüpft und mehrmals eingefärbt, bevor das eigentliche Weben beginnt.

Auch an Geschichte und Kultur ist der Isan nicht arm. Das beweisen nicht nur Ban Chiang oder Khao Phra Viharn, sondern auch Prasat Phanom Rung. Nach einer Reihe von 130 halbhohen Säulen erheben sich fünf immer schmaler werdende Stufenterrassen. Darauf thront das Heiligtum, von dem man einen prächtigen Blick über die Reisfelder genießen kann. Besonders im warmen Abendlicht scheinen die Reliefs lebendig zu werden: Hier der schlafende Vishnu, dort der meditierende Brahma, und Shiva scheint sogar zu tanzen. Der rein hinduistische Tempel stammt aus dem 10. Jahrhundert.

Abgesehen von außerordentlichen Kulturstätten, viele sind Zeugnisse der Khmer-Kunst, die in dieser Region zum Teil sogar noch unberührt unter der Erde ruhen, findet man im Isan noch das ländliche und ruhigste Stück Thailand, ohne schummrige Nachtclubs oder mondäne Überlaufpools und vor allem ohne Hektik. Der große Touristenstrom hat diese Gegend noch nicht erreicht. Mit einer Ausnahme: Am dritten Wochenende im November ziehen Tausende von Besuchern nach Surin. Dort treffen sich dann die Giganten, dabei werden in Paraden und Wettkämpfen mehr als hundert Elefanten präsentiert und von Touristen Tausende von Speicherkarten vollgeknipst.

Zeit für Isan

Anreise/Lage

Der Nordosten Thailands liegt im Dreieck zwischen Nakhon Ratchasima, auch Korat genannt, das mit 250 Kilometern Entfernung Bangkok am nächsten liegt, Udo Thani im Norden, mit Ban Chiang nur eine Busstunde östlich davon, sowie Ubon Ratchathani im Osten. Weitere wichtige Städte sind Khon Kaen, ein Zentrum der Seidenherstellung zwischen Korat und Udon Thani, dazu Surin, zwischen Korat und Ubon Ratchathani gelegen, sowie Sakhon Nakhon im Nordosten. Alle Orte sind bestens per Bus und Bahn zu erreichen. Nur Sakhon Nakhon hat keine Bahnverbindung. Über nationale Flugverbindungen verfügen Korat, Khon Kaen, Udon Thani, Nakhon Phanom und Ubon Ratchathani. Achtung: Im Isan werden in der kalten Jahreszeit die landesweit niedrigsten Temperaturen (z. T. null Grad) gemessen.

Sehenswürdigkeiten

Ban Chiang, zahlreiche Khmer-Tempel wie Khao Phra Viharn, Prasat Phanom Rung, Prasat Muang Tam, alle im Süden des Isan beheimatet. Wat Phra Thad Phanom mit laotischem Chedi (57 m) in der besuchenswerten Grenzstadt zu Laos, Mukdahan. Das große Elefantentreffen von Surin findet jährlich am dritten Wochenende im November statt.

Übernachten

Tohsang Khongjiam Resort**, 68 Moo 7, Ban Huay Mak, Tel. 0 45-35 11 74, Fax 0 45-35 11 62, www.tohsang.com, E-Mail: reservations @tohsang.com. Wunderbar gelegen, schöne Zimmer mit angenehmen Steinbädern. Spa, Pool.
Nakhon Phanom River View Hotel**, 9 River Road, Nakhon Phanom, Tel. 0 42-52 23 33, Fax 0 42-52 27 77, www.nakhonphanomriverviewhotel.com, E-Mail: info@nakhonphanomriverviewhotel.com. 122 Zimmer, direkt am Mekong, mit Pool am Fluss.

Restaurants

Weon Buk, mittlere Preisklasse, 68 Moo 7, Ban Huay Mak, Tel. 0 45-35 11 74. Der 59-jährige Sal Wang Tapan ist ein unscheinbarer Kochkünstler, der an der Grenze zu Laos ein wunderbares Restaurant oberhalb des Mekong betreibt. Zu empfehlen: Weon Buk, der Namengeber, ein kross gebratener Wels mit glasiertem Koriander. Von Laos schimmern nur ein paar Funzeln herüber.
Satang, günstig, 766 Suntornvijit Road, Nakhon Phanom, Tel. 0 42-52 26 58. Leckere Küche mit Blick von der Holzveranda auf den breiten Mekong.

Tipp

Weitgehend unbekannt ist der Khao-Yai-Nationalpark (etwa 2000 Quadratkilometer groß), der drittgrößte Park des Landes. Unterschiedliche Landschaftstypen kennzeichnen das Gelände. Die höchste Erhebung, der Khao Rom, erreicht 1351 Meter.

1

2

3

4

In der Mitte die Gottheit

Phimai – der hinduistische Kosmos

Für Puristen ist die mächtigste Tempelanlage im Isan ein ganz besonderes Erlebnis. Jeder Stein, der ein Loch hat, ist ein Original aus dem 11. Jahrhundert. Die Löcher dienten einst zum leichteren Transport.

Samruam Mosumried ist 42 Jahre alt und seit zehn Jahren Wahrsager. Er ist einer von zahllosen Glück- und Pechprohezeiern, die beinahe vor jedem Tempel in Thailand ihr Geschäft machen. Samruam sitzt unter einem Banyan-Baum vor dem Tempel in Phimai. Der ehemalige Reisbauer fühlte sich eines Tages dazu berufen, die Zukunft vorherzusagen, und las sich in den Mondkalender ein. Jetzt berät er seine Kunden für 100 Baht pro Sitzung. »Besser ist es, 99 Baht oder eine andere ungerade Zahl einfach in den Becher mit den Glücksstäbchen zu stecken«, sagt der Berufene, das bringe Glück. Er bittet um das Geburtsdatum, das er in das entsprechende Jahr des buddhistischen Mondkalenders umrechnet. Dann charakterisiert er den Kunden in puncto Stärken, Schwächen und Eigenschaften sehr konkret und – im Fall des Autors – auch trefflich. Schließlich kommt es aber, wie es kommen muss: Samruam wird schwächer. Er verliert sich in Allgemeinplätzen und gibt abschließend zu, dass er aus seinem Hobby einen Beruf gemacht hat, mit dem sich durchaus Geld verdienen lässt. Ein Junge will seine Zeugnisnoten wissen, eine Frau, ob sie noch schwanger werde, ein Bauer, ob die nächste Ernte denn mehr verspreche als letztes Mal. Samruam schaut für sie in die Zukunft, mehr oder weniger erfolgreich ... Die Thai Farmers Bank schätzt die jährlichen Ausgaben für Wahrsagerdienste immerhin auf 25 Millionen Euro pro Jahr.
Wahrsager siedeln sich gern in der Nähe von Tempeln an. Denn dort ist alles glaubhaft, mit positiver Aura umgeben. So auch in Phimai: Die Tempelachse wurde gen Südosten gelegt, also in Richtung Angkor Wat. Phimai ist eine der wichtigsten Tempelanlagen Thailands und liegt 50 Kilometer nordöstlich der unscheinbaren Provinzhauptstadt Nakhon Ratchasima. Sie wird gerne auch schlicht Korat genannt. Die Stadt gilt, von Bangkok kommend, als das Tor zum Isan. Und sie war einst eine wichtige Handelsstadt. Ab dem 11. Jahrhundert verlief über Korat eine Verbindungsstraße von Angkor bis nach Kanchanaburi im Westen. Sie demonstrierte die Macht und symbolisierte den Reichtum der Khmer.

1 Wahrsager Samruam Mosumried analysiert die Lebenslinie des Autors. **2** Aus dem 11. Jahrhundert stammen die Khmer-Tempel mit Buddha-Statuen und **3** Türmen. **4** Die Tempelstadt Phimai ist Sinnbild für die Macht und den Reichtum der Khmer in vergangener Zeit.

1

2

Phimai beherbergt die mit Abstand bedeutendste Sammlung von Khmer-Kunst in Thailand. Die Anlage wird oft sogar mit dem berühmten Angkor Wat verglichen, wenngleich Phimai deutlich kleiner als der Märchentempel im kambodschanischen Dschungel ist und in der Khmer-Hierarchie stets als Nummer zwei geführt wurde. Der Tempel symbolisiert den Hindu-Kosmos, auch wenn der tanzende Shiva umgeben ist von buddhistischen Elementen, wie etwa den meisten Verzierungen. Bis heute weiß man nicht genau, ob die heutige Ruinenstadt einst zerstört wurde oder im Lauf von vermutlich acht Jahrhunderten zerfiel. Sicher ist nur, dass die Khmer-Hochkultur aus Phimai im 13. Jahrhundert von der Sukhothai-Periode abgelöst wurde und sich in der Ayutthaya-Zeit (14. Jahrhundert) die pure buddhistische Kultur und Architektur durchsetzten.
Der 100 Meter lange Weg vom Eingangstor mit seinen Tempelwächtern bis zum Zentrum muss, Ausgrabungen zufolge, einst mit Tonschindeln überdacht gewesen sein. Die Hauptausgrabungen fanden erst in den 60er Jahren unter der Federführung Frankreichs statt. Im Hauptheiligtum, dem Prang, dem Turm mit seinem quadratischen Grundriss aus weißem Sandstein, um sich vom Rest aus rotem Sandstein abzuheben, kreuzen sich zwei rechtwinklig zulaufende Gänge, die freie Sicht durch die Anlage gewähren. Das Innerste beherbergt eine schlichte Buddha-Statue, die allerdings nicht mehr das Original ist. Von den ehemals vier Meter hohen Sandsteinmauern sind nur noch Reste zu sehen. Die reichlichen Verzierungen an den Sandsteinmauern des Tempels wurden aber restauriert. Lotosknospen, der von Garudas, den Vogelmenschen, getragene Turm, ein geringelter Schlangenleib als Sockel und Reliefs an den Wänden zeugen von hoher Bildhauerkunst.
Auch wenn einige Statuen, wie das Original der Buddha-Figur im Zentrum, ins Nationalmuseum nach Bangkok überführt wurden, gehört Phimai zu den Höhepunkten für den kunstinteressierten Urlauber. Buddhistische Mönche besuchen Phimai auch sehr gerne – und zwar ebenfalls als Kulturtouristen. Denn Phimai hat keine religiöse Bedeutung für sie und ist auch kein Ort der Meditation.
Das Phimai Museum enttäuscht dagegen. Mit dem Charme einer Schulturnhalle ausgestattet, sieht man zwar eine historisch klar strukturierte Ausstellung, die jedoch äußerst lieblos arrangiert ist. In Sachen Museumsdesign hat Thailand noch großen Nachholbedarf. Für Kunst wird kein Geld zur Verfügung gestellt. Und man nimmt auch kein Geld ein. Für ein so bedeutendes Museum bezahlt der Besucher gerade mal einen Obolus von 30 Baht, den Wert eines Tellers gebratenen Reises von der Garküche ...

1 Der große Khmer-Tempel von Phimai wird gern mit den Anlagen in Angkor Wat verglichen. 2 Die Sandsteinmauern sind reichlich verziert. 3 Mehr als 100 Meter lang ist der Weg vom Eingangstor zum Zentrum mit den mächtigen Tempelwächtern. 4 Die unscheinbare Buddha-Statue im Herz von Phimai.

Zeit für Phimai

Anreise/Lage

Phimai liegt etwa 50 Kilometer nordöstlich der Provinzhauptstadt Nakhon Ratchasima, die auch Korat genannt wird. Korat, knapp 250 Kilometer nordöstlich von Bangkok gelegen, kann man täglich per Bahn, Bus und Flugzeug ansteuern.

Sehenswürdigkeiten

Phimai gehört zu den wichtigsten Tempelanlagen in Thailand. Es ist das am besten erhaltene Zeugnis der Khmer-Kultur im Königreich und gilt nach Angkor Wat in Kambodscha als bedeutendster, im reinsten Stil erbauter Khmer-Tempel.

Übernachten

Sima Thani Hotel***, 21122 Mittraphap Road, Nakhon Ratchasima, Tel. 0 66-44-21 31 00, Fax 0 44-21 31 21, www.simathani.com, E-Mail: sales@simathani.com.
Angenehmes Ex-»Sheraton«-Stadthotel, einfacher Pool.
Phimai Paradise Apartments*, 2 Samairuchi Road, Phimai, Tel. 0 44-28 75 65, Fax 0 44-28 75 75, www.phimaiparadise.com, E-Mail: phimaiparadise@hotmail.com.
Sehr einfaches, sauberes Gästehaus ohne Frühstücksmöglichkeit oder Restaurant. Unglaublich günstig – 10 € pro Apartment – direkt in Phimai gelegen.

Restaurants

Baiteiy Restaurant, günstig, 1 Chumpuang Road, Phimai, Tel. 0 44-28 71 03. Kleines Gartenrestaurant mit super-freundlichem Personal, das sich freut auch mal einen Farang zu bedienen. Hierher kommen selten Ausländer. Einfach, aber *aroy mak* – also fantastische Thai-Küche. Nudeln à la Phimai-Art ist die schärfere Pad-Thai-Version. Und der Rotbarsch mit Mango-Salat – Phra Thop Tim – ist ein Gedicht. Wie im Nobelrestaurant wird ein Stühlchen für die Foto- oder Handtasche bereitgestellt und die Cola am Nebentisch abgestellt, denn es wird nachgeschenkt.
The Emperor, mittlere Preisklasse, 21122 Mittraphap Road, Nakhon Ratchasima, Tel. 0 66-44-21 31 00. Zum Chinesen in Thailand zu gehen, ist eigentlich eine Sünde, aber bei diesen erstklassigen Büffets ist eine Ausnahme erlaubt, da es auch thailändische Elemente gibt, wie Gerichte mit Khao Neow, der nur im Isan angebaute Klebreis.

Tipp

Alle Töpferwaren in den Geschäften rund um den Phimai-Tempel sind jungen Datums, auch wenn manchmal anderes behauptet wird. Trotzdem entsprechen die wunderschönen Muster in der Regel exakt denen, die sich auf den ausgegrabenen Funden zeigten. Der Ton kommt aus dem nahen Ban Dan Kwian. Er wird traditionell in alten Öfen mit Holz gebrannt und in den vielen Familienbetrieben zu Vasen, Skulpturen oder Krügen verarbeitet.

Zu Gast in Thailand

Farbenfrohe Stoffe gibt es im Tha-Sadet-Markt von Nong Khai.

Scharfe Aromen aus Fernost

Thailands Küche

Die thailändische Küche gehört zu den besten Küchen der Welt. Sie ist aber nicht nur aromatisch und scharf, sondern auch gesund und kalorienarm. Ein kulinarischer Streifzug mit einem der besten Köche Deutschlands, Harald Wohlfahrt.

Ungeheure Lust am Essen verspüren die Thais. Man sagt, sie würden, wenn sie nicht gerade essen, zumindest ans Essen denken. Die eine Hälfte kocht, die andere isst. Gegessen wird immer und

1

2

überall, zu jeder Tages- und Nachtzeit, im Feinschmeckerrestaurant und an der Bordsteinkante. Selbst im allerletzten Winkel des Königsreichs ist zumindest eine Garküche zu finden. Und bestellen kann man um acht Uhr morgens wie um vier nachmittags oder um vier nachts. Viele Garküchen in Bangkok und die kleinen Lokale an den Busbahnhöfen haben meist sogar einen 24-Stunden-Betrieb, sind aber von der Qualität nicht schlechter als andere Restaurants. In Thailand kann man für 1 Euro ebenso gut speisen wie für 10 oder 100 Euro. Den Mut, nicht nur in guten Hotelrestaurants zu speisen, sondern auch einmal auf einem der kleinen Hocker an der Straße oder auf einem der Nachtmärkte Platz zu nehmen und von einer Garküche zu bestellen, sollte man sich unbedingt nehmen. Wer einmal dort gegessen hat, greift immer wieder auf diese Art des hervorragenden Fast-Foods zurück.
Mittlerweile gibt es Gourmets, die thailändische Kochkunst in die Kategorie »Weltklasse« einstufen. Die Zeiten, als Frankreich das

3

5

6

Mekka sowie A und O der Gaumenfreuden zugleich war, sind längst vorbei. Europäische, amerikanische und vor allem australische Topköche holen sich vermehrt Anleihen und Ideen aus Siams Töpfen. Auch Harald Wohlfahrt, Deutschlands Nummer eins von der berühmten »Schwarzwaldstube« in Baiersbronn, die seit Jahren mit Höchstnoten aller relevanten Restaurantführer ausgezeichnet ist, sagt: »Vor 15 Jahren war ich zu einem Koch-Event in Phuket. Seitdem schätze ich diese authentische Küche sehr!«

1 Garküchen finden sich überall in Thailand. **2** Auf dem Markt bei den Fledermaushöhlen in Ratchaburi bieten diese beiden Frauen ein reichhaltiges Angebot aus der thailändischen Küche an. **3** Essenszubereitung in Chinatown in Bangkok. **4** »Was darf es sein?« – die Entscheidung fällt nicht leicht angesichts der Vielfalt, die im »Rose Garden Riverside Hotel« in Nakhon Pathom angeboten wird. **5** Auf dem Grill und auf heißen Steinen wird Fisch gebraten. **6** Hähnchen machen ebenfalls überall Appetit.

1

2

3

Schon im 14. Jahrhundert berichtete ein französischer Abgesandter des Hofs: »Ein Siamese bereitet stets sehr gute Mahlzeiten zu.« Umgekehrt befand ein Abgesandter des thailändischen Königshauses, der zu Gast am Hofe Ludwigs XIV. weilte: »Nur der Wein hilft, dem Essen Geschmack zu geben. Es gibt nur wenige Gewürze und der Reiz der Fülle tritt an die Stelle pikanter Bekömmlichkeit.«

Sicher ist, dass die Thai-Küche zumindest als Asiens feinste, verführerischste und beste gilt. Sie hat damit eine lange herrschende Vormachtstellung der Chinesen gebrochen. Thailändische Restaurants sind in den letzten zehn bis 15 Jahren fast aus dem Nichts zu den beliebtesten exotischen Küchen in Europa und in den USA aufgestiegen. »Kein Wunder«, sagt Harald Wohlfahrt, »Urlaubsgenüsse beeinflussen die Gäste, die auch hier nach neuen kulinarischen Erlebnissen suchen.«

Das Schöne: Schnabuliert wird grundsätzlich, was schmeckt. So kann es durchaus auch einmal passieren, dass dem Fremden unter großem Gelächter ein Schüsselchen mit gerösteten Wasserkäfern oder Heuschrecken als Appetitmacher angeboten wird. Die Thais selbst essen nach Lust und Laune, kennen aber bei jedem Ensemble von Mahlzeiten das kleine Geheimnis, was sich bestens ergänzt. »Meist kommen die Köstlichkeiten gleichzeitig auf den Tisch und jeder kann sein persönliches Menü wie von einem Büffet zusammenstellen«, erklärt Wohlfahrt: Das süß-sauer gebratene Gemüse löscht ein wenig die Schärfe des Hühner-Curry, der Barsch in Kräutern ergänzt mit etwas Salzgeschmack, das Rind in Knoblauch und das Thai-Omelett runden das Ganze ab. Dazwischen nimmt man gern vom Garnelen-Süppchen Tom Yang Gung, so etwas wie die Nationalsuppe in Thailand. Nur das Dessert wird auch im Königreich nach dem Essen serviert: frisches Obst oder raffinierte Süßspeisen wie Mango Sticky Rice, ein Traum aus frischen, saftigen Mangos, Kokosnussmilch und Klebreis.

Reis ist traditionell der Hauptbestandteil von fast jedem Gericht. Reis steht im Mittelpunkt der Ernährung. Und Reis wird sowohl zum Frühstück wie zum Abendessen gereicht. Nicht umsonst bedeutet das Thai-Wort für essen »gin kao«, was wörtlich übersetzt heißt »Reis zu sich nehmen«. Dementsprechend zeigt sich das Angebot in den Geschäften: in großen Säcken steht eine Vielzahl unterschiedlicher Reissorten und -qualitäten zur Wahl. Im Norden bevorzugt man den festen Klebreis, im Süden den lockeren Duftreis.

Rote, grüne oder gelbe Curry-Pasten, hergestellt aus unzähligen Ingredienzen und den Hauptbestandteilen Chili, Knoblauch und

1 Das Auge isst mit, wenn Reis so charmant portioniert wird wie hier am Foodmarket von Ratchaburi. **2** Die Vielfalt der thailändischen Küche bei Desserts, bei **3** Fischen, bei **4** Reisgerichten und **5** Gewürzen. **6** Eine Suppe gehört ebenso dazu wie **7** leckere Spießchen.

Salz, sind die Grundlagen für die meist scharfen Saucen. Auch der Küchenchef der »Schwarzwaldstube« mag die Feinheit und den subtilen Geschmack der Pasten. Und Kräuter wie Koriander oder diverse Arten des Thai-Basilikums sowie Ingwer, Zitronengras und Limettensaft sorgen für ein unverwechselbares Aroma, das selbst in Wohlfahrts hochgelobter Küche zu schmecken ist. Ebenso wichtig sind frisches Gemüse von Auberginen bis Zucchini, wobei die thailändische Aubergine in verschiedenen Farbtönen gedeiht und sehr unterschiedlich im Geschmack ist. Noch eine Eigenart: Die Thailänder sehen Kartoffeln als Gemüse an.

Wie aber steht es nun um die viel zitierte Schärfe? Scharfes half früher gegen Bakterien und für eine längere Haltbarkeit. Außerdem bringt es den Kreislauf bei hoher Luftfeuchtigkeit und hohen Temperaturen in Schwung. Folglich schwitzt man, und der Schweiß kühlt die Haut. Thai-Kids wachsen auch in Zeiten von Kühlschrank und Klimaanlage mit Chili statt Schokolade auf. Ihre Geschmacksnerven sind dementsprechend geschult. Farangs, die zum ersten Mal ein original scharfes Thai-Gericht probieren, werden dagegen mit den Tränen kämpfen, sogar bei manchem Thai-Koch, der sich dem deutschen Schärfeniveau schon angepasst hat.

Zum Einstieg sind daher Nudelgerichte, wie Pad Thai mit Erdnussgeschmack, oder gebratener Reis (Khao Phat) mit Huhn oder Krabben zu empfehlen. 1993 kochte man für einen guten Zweck im Queen Sirikit National Convention Centre von Bangkok den größten Khao Phat aller Zeiten: 800 Kilogramm Reis und die entsprechende Menge anderer Zutaten wurden verarbeitet.

Üblicherweise sind die Garzeiten im normal großen Wok über offenem Feuer sehr kurz, sodass das Gemüse frisch und knackig bleibt. Als Besteck dienen grundsätzlich Löffel und Gabel. Wobei der Löffel in der rechten Hand geführt wird und alle Speisen aufnimmt. Diese werden in so kleinen, mundgerechten Bissen serviert, dass ein Messer kaum nötig ist. Stäbchen werden nur für gebratene Nudeln und für Nudelsuppen verwendet. Denn bei Nudelsuppen sind die Zutaten das Wichtigste und Schlürfen das Schönste.

Kaum ein Essen in Thailand wird ohne die Fischsauce Nam Pla serviert. Nam heißt Wasser oder frei übersetzt Sauce, Pla bedeutet Fisch. Sie steht in jedem Restaurant und an jeder Garküche auf dem Tisch, meist in kleinen Schälchen, und ersetzt das Salz. Sie ist sozusagen das thailändische Maggi. Besonders die mit Chilis verschärfte Version Nam Pla Phrik bringt den westlichen Genießer fast um den Verstand. Die eingelegten Chilischoten sind höllisch scharf! Sollte ein Gericht zu heftig auf der Zunge brennen, so helfen ein oder zwei Löffel blanker Reis, den man langsam im Mund kauen sollte, sowie warme Getränke wie Tee.

Neben Jasmintee wird als Getränk üblicherweise Wasser, Saft, Cola oder Bier gereicht. Sitzt eine thailändische Männerrunde beisammen, steht auch häufig eine Flasche Mekong-Whiskey und ein Eiskübel neben der Cola. Die thailändischen Weine haben zwar mächtig aufgeholt, kommen aber insgesamt über Tischweinqualitäten noch nicht hinaus und sind aufgrund der hohen Besteuerung für das gebotene Niveau zu teuer.

»Trotz der Schärfe ist die Thai-Küche leicht und sehr bekömmlich«, weiß Harald Wohlfahrt: »Kurze, vitaminschonende Garzeiten werden bevorzugt und mit Fett und Salz wird sparsam umgegangen.« Zutaten wie Galgant, Kaffir oder Zitronengras haben zudem medizinische Wirkung. Kaum ein Land hat weniger Krebsfälle zu verzeichnen. Außerdem: Wer sich schon einmal in Thailand ausgiebig durch die siamesische Küche geschlemmt hat, weiß, dass man trotz des vielen Essens nicht zunimmt. Sie gehört nicht nur zu den besten, sondern auch zu den kalorienärmsten der Welt.

6

7

Eine spritzige Angelegenheit

Thailands Festkalender

Wenn die Thailänder ihr Neujahr in unserem April feiern, werden alle nass und die Menschen sprühen vor Lebensfreude. Doch auch Songkran geht, wie viele Einträge in Thailands Festkalender, auf buddhistische Ursprünge zurück.

Thailand zählt zwar offiziell nach dem Gregorianischen Kalender, seine älteren Bewohner orientieren sich jedoch häufig noch am Mondzyklus, was etwa zur Folge hatte, dass unser Millennium vielerorts in Thailand eigentlich ein alter Hut war, da man in unserem Jahr 2000 bereits das Jahr 2543 nach Buddha schrieb. Wegen des Mondkalenders schwanken

auch die Termine der Feste, so sie traditionellen Ursprungs sind. Für staatliche Feiertage hingegen gilt der westliche Kalender. Eine hübsche Idee, auf die wahrscheinlich nur Thais kommen: Fällt ein gesetzlicher Feiertag aufs Wochenende, wird er am folgenden Montag nachgeholt.
Der **Jahresbeginn** des Gregorianischen Kalenders im Januar **(1.1.)** wird natürlich auch in Thailand gefeiert, wobei dies vorwiegend in den Städten und Touristenhochburgen geschieht.
Mindestens gleichwertig ist das **Chinesische Neujahr** im Februar, selten auch im Januar **(zwischen 21.1. und 19.2.)**, das landesweit von der zahlreich in Thailand ansässigen chinesischen Bevölkerung im Familienkreis und in den Tempeln begangen wird. Modern eingestellte Thai-Chinesen nutzen diese Wochen gerne für ihren Urlaub, was in den Badeorten häufig zu vielen »Belegt«-Schildern an den Resorttüren führt.

1 Zum Neujahrsfest leuchten die Lampions im Stadtpark von Ubon Ratchathani. **2** Beim Songkran, dem Wasserfest, geht's überall im Land sehr nass zu. **3** Das Central-World-Plaza-Shopping-Center in Bangkok zu Weihnachten. **4** In Surin findet am dritten Wochenende im November der Elephant-Round-Up statt.

Ebenfalls noch im Februar, manchmal auch schon im März, auf jeden Fall immer am ersten Vollmondtag des dritten Mondmonats, findet Makha Bucha statt, das erste wichtige Fest im buddhistischen Jahr. Man gedenkt einer spontanen Predigt Buddhas vor mehr als 1000 Menschen. Besonders schön sind bei Dunkelheit die Lichterprozessionen um die Tempel.
Mit dem **Gay Pride Festival (29.3. bis 1.4.)** haben die Gays ihre größte Veranstaltung des Jahres in Thailand; es findet auf Phuket statt. Während der erste wichtige weltliche Feiertag, der **Chakri Day (6.4.)**, König Rama I., den Gründer der bis heute regierenden Chakri-Dynastie und gleichzeitig auch den Stadtgründer Bangkoks, ehrt. Nur an diesem Tag ist das Pantheon im Wat Phra Kheo der Hauptstadt der Öffentlichkeit zugänglich. Zu sehen sind dort lebensgroße Statuen der acht verstorbenen Könige der Dynastie.

Ebenfalls im April **(Kernzeit 12. bis 13.4.)** findet das turbulenteste, spaßigste und ein ganz nasses Fest statt: Es ist das traditionelle thailändische Neujahr, heißt Songkran, wird aber auch als Wasserfest bezeichnet, da sich alle gegenseitig mit Wasser vollspritzen und dabei Glückwünsche aussprechen. Sogar Buddha-Figuren werden ehrfurchtsvoll mit Wassertropfen beträufelt. Das Fest fällt in den heißesten Monat des Jahres und markiert das Ende der Trockenzeit. Die wildesten Songkran-Partys finden in Chiang Mai statt, aber auch in den Touristenzentren Khao San Road in Bangkok, in Pattaya und Patpong auf Phuket wird hemmungslos drauflos geschüttet und gespritzt. Im Isan feuern die Bauern vor dem Einsetzen des Monsuns auch große, aus Bambus gefertigte Raketen ab. Durch die Schüsse in den Himmel wollen sie sicherstellen, dass auch wirklich genügend Regen fällt. Das Raketenfest heißt bei den Thais Bun Bang Fai.
Der Mai (1.5.) beginnt wie bei uns mit dem Tag der Arbeit. Schon wenige Tage später geht es mit dem **Krönungstag (5.5.)** weiter: Bhumipol Adulyadej wurde an diesem Tag im Jahr 1950 König von Thailand und damit zu Rama IX. Mitte bis Ende des Monats, am Vollmondtag des sechsten Monats im Mondkalender, steht mit Visakha Bucha der wichtigste buddhistische Feiertag an. Er erinnert an Buddhas Geburt, seine Erleuchtung und das Eintreten ins Nirwana. Es finden pompöse Feiern und Kerzenprozessionen in allen Tempeln des Landes statt. Ebenfalls im Mai, an einem von einem Brahmanen festgelegten Tag, wird die königliche Zeremonie des Pflügens begangen. Früher war es der König selbst, heutzutage macht es meist der Landwirtschaftsminister: die symbolische Aussaat auf Bangkoks größtem Platz Sanam Luang. Sie ist das Zeichen für die Bauern die Reisfelder zu bestellen. Viele Reisbauern aus allen Teilen des Königreichs fahren für diesen Ritus extra nach Bangkok.
Asalha Bucha im Juli, am Vollmondtag des achten Monats im Mondkalender, erinnert an Buddhas erste Predigt vor seinen ersten fünf Schülern. Und der Tag leitet die am Folgetag beginnende, dreimonatige buddhistische Fastenzeit ein. In dieser Periode ziehen sich viele junge Thai-Männer als Mönche auf Zeit zur Meditation in ein Kloster zurück. Erst danach gelten die Männer als vollwertige Mitglieder der Gesellschaft.
Der August (12.8.) bringt den Geburtstag von Königin Sirikit mit Feiern im ganzen Land. Während Ende September oder Anfang Oktober in Phuket das absolute Kontrastprogramm läuft. Am ersten Tag des neunten Monats im Mondkalender beginnt das Vegetarier-Festival. Dabei gehen Gläubige barfuß über glühende Kohlen, treiben sich Spieße ins eigene Fleisch oder klettern Leitern empor, deren Sprossen mit scharfen Klingen bestückt sind.
Weniger spektakulär zeigt sich Toth Kathin, wenn im Oktober, direkt nach dem Ende der Fastenzeit, die Leute aus allen Landesteilen in ihr Heimatdorf fahren, um dort in ihrem Heimattempel Opfergaben und den Mönchen neue Roben oder Haushaltswaren zu übergeben. Es folgt der **Chulalongkorn-Tag (23.10.)**: Er erinnert an den Todestag des vielleicht beliebtesten Königs von Thailand. Rama V. Chulalongkorn, der von 1868 bis 1910 regierte, er reformierte das Land und schenkte den Bürgern die Freiheit. Im Zentrum der Feierlichkeiten steht das Reiterstandbild von Rama V. im Norden Bangkoks.
Das romantischste Fest Thailands findet im November statt: **Loy Krathong**. In der Vollmondnacht des zwölften Monats im Mondkalender setzen die Thais auf Seen, Flüssen oder Kanälen die namensgebenden Krathongs aus. Das sind kleine Schiffchen, häufig noch aus Bananenblättern gefertigt, die als Fracht brennende Kerzen, duftende Räucherstäbchen und Blumen als Opfergaben für Mae Khingkhe, die Göttin des Wassers, mitbekommen. Beim Lichterfest hoffen die Menschen, dass mit den abtreibenden Schiffchen auch ihre Sorgen und Sünden weggespült werden. Und man sagt, wenn die Kerze auf dem Schiffchen lange brennt, gehen auch die größten Wünsche in Erfüllung. Als schönste Krathong-Plätze gelten Bangkoks Lumpini Park, der historische Park von Sukhothai und Chiang Mais Ping-Fluss. Regional bedeutend und auch spannend für fremdländische Besucher ist am dritten November-Wochenende der Elephant Round-up in Surin, Nordostthailand. Bis zu 200 Elefanten und ihre Mahuts zeigen dabei, was sie alles können.
Der Dezember (5.12.) bringt in der ersten Woche stattliche Paraden zu Ehren des Königs, der an diesem Tag Geburtstag feiert. Was auch die Armen freut, da landesweit Speisungen angeboten werden. Fünf Tage später folgt der **Verfassungstag (10.12.)** zur Erinnerung an die erste Verfassung von Siam aus dem Jahr 1932. **Weihnachten (24. bis 26.12.)** und **Silvester (31.12.)** bilden den feierlichen Abschluss des Jahres, der besonders in den touristischen Zentren gefeiert wird.

4

Register

Impressum

Der Autor:

Jochen Müssig, Jahrgang 1960, studierte Kommunikationswissenschaften und Germanistik, zeichnete als Chefredakteur für diverse touristische Magazine verantwortlich und ist Autor für die »Süddeutsche Zeitung«, »Welt am Sonntag«, »Westdeutsche Allgemeine Zeitung« sowie zahlreiche weitere Zeitungen und Magazine im In- und Ausland. Thailand kennt er seit 1980. Seitdem hat er das Königreich beinahe jährlich besucht. Müssig lebt in München und Prag.

Der Autor bedankt sich für die großzügige Unterstützung seiner Rechercheреisen besonders bei Lufthansa, Air Berlin, Lotus Travel Service, Avis, Kleber PR Network und der Tourism Authority Thailand.

Lotus TRAVEL SERVICE

Der Fotograf:

Johann Scheibner ist Mitglied der Essener Agentur »Das Fotoarchiv«. Er fotografiert für zahlreiche Zeitschriften und Illustrierten.
Im Bucher- und Bruckmann-Verlag erschienen von ihm die Bände »Mecklenburg-Vorpommern« und »Rügen«.

Einbandfotos:

Vorderseite: Großes Bild: Island Resort, Lamai Beach in Ko Samui an der Ostküste Thailands (Bild: Thomas Stankiewicz/ LOOK-foto).
Kleine Bilder: Die Elefanten-Paraden von Surin sind landesweit bekannt (links). Bunt geschmückt sind die Boote, die in Ko Poda auf Gäste warten (Mitte). Junge Mönche im Wat Srithep in Nakhon Phanom (rechts).
Rückseite v. l. n. r.: Der berühmte liegende Buddha im Khao-Luang-National-Park in Petchaburi; Im Hotel »Lebua« auf dem State Tower in Bangkok hat man eine tolle Aussicht über die ganze Stadt; Ausspannen im Castaway-Beach-Resort im Tarutao-Marine-National-Park am Sunrise Beach.

Bildnachweis:

Alle Bilder stammen vom Fotografen Johann Scheibner, außer: Amanpuri, Phuket: S. 86 (1), (2) und (3), S. 87 (4); Anantara Resort & Spa, Chiang Saen: S. 150 (1) und (2), S. 151 (3); Bildagentur Huber/R. Schmid: S. 188 (3); Buddy Boutique Hotel, Banglampu: S. 23 (3) und (4); Evason Hideaway & Six Senses Spa, Ban Plai Laem: S. 72 (1) und (2); Evason Hideaway & Six Senses Spa, Ko Yao Noi: S. 92 (1) und (2); Evason Hideaway & Six Senses Spa, Pranburi: S. 64 (1) und (2), 67 (4); Hotel Peninsula; Bangkok: S. 16 (1); Mandarin Oriental Dhara Dhevi, Chiang Mai: S. 144 (1) und (2), 145 (3); Manohra Song, Manohra Luxury Cruises, Bangkok: S. 126 (1) und (4); picture-alliance/dpa: S. 38 (3); Rasananda, Ko Phangan: S. 74 (2), S. 78 (1), (2) und (3), S. 79 (4) und (5); Soneva Kiri & Six Senses Spa, Ko Kut: S. 168 (3), S. 172 (2), 173 (3); The Oriental, Bangkok: S. 12 (3)

Für Hinweise und Anregungen sind wir dankbar. Zuschriften an den: Bruckmann Verlag, Produktmanagement, Postfach 400209, D-80702 München,
E-Mail: lektorat@bruckmann.de

Produktmanagement:
Carina Jungchen, Joachim Hellmuth
Textlektorat: Anke Höhne
Graphische Gestaltung:
Werner Poll, München
Karte: Astrid Fischer-Leitl, München
Herstellung: Bettina Schippel
Repro: Repro Ludwig, Zell am See
Printed and bound in Italy
by Printer Trento

Die Deutsche Nationalbibliothek verzeichnet diese Publikation in der Deutschen Nationalbibliografie; detaillierte bibliografische Daten sind im Internet über http://dnb.d-nb.de abrufbar.

ISBN 978-3-7654-4878-2